AF817274

Sozialhilferegress nach Grundbesitzübertragung in vorweggenommener Erbfolge unter Vorbehalt eines dinglichen Wohnungsrechts

Schriftenreihe zum deutschen und internationalen Erbrecht

Herausgegeben von
Christina Eberl–Borges und Rudolf Meyer-Pritzl

Band 6

PL ACADEMIC RESEARCH

Ove Reinbender

Sozialhilferegress nach Grundbesitzübertragung in vorweggenommener Erbfolge unter Vorbehalt eines dinglichen Wohnungsrechts

PL ACADEMIC RESEARCH

Bibliografische Information der Deutschen Nationalbibliothek
Die Deutsche Nationalbibliothek verzeichnet diese Publikation in der Deutschen Nationalbibliografie; detaillierte bibliografische Daten sind im Internet über http://dnb.d-nb.de abrufbar.

Zugl.: Kiel, Univ., Diss., 2013

Gedruckt auf alterungsbeständigem,
säurefreiem Papier.

D8
ISSN 1868-694X
ISBN 978-3-631-64918-3 (Print)
E-ISBN 978-3-653-03991-7 (E-Book)
DOI 10.3726/ 978-3-653-03991-7

© Peter Lang GmbH
Internationaler Verlag der Wissenschaften
Frankfurt am Main 2014
Alle Rechte vorbehalten.
PL Academic Research ist ein Imprint der Peter Lang GmbH.

Peter Lang – Frankfurt am Main · Bern · Bruxelles · New York · Oxford · Warszawa · Wien

Das Werk einschließlich aller seiner Teile ist urheberrechtlich geschützt. Jede Verwertung außerhalb der engen Grenzen des Urheberrechtsgesetzes ist ohne Zustimmung des Verlages unzulässig und strafbar. Das gilt insbesondere für Vervielfältigungen, Übersetzungen, Mikroverfilmungen und die Einspeicherung und Verarbeitung in elektronischen Systemen.

Dieses Buch erscheint in einer Herausgeberreihe bei PL Academic Research und wurde vor Erscheinen peer reviewed.

www.peterlang.com

Vorwort

Die vorliegende Arbeit wurde im Sommersemster 2013 von der Rechtswissenschaftlichen Fakultät der Christian-Albrechts-Universität zu Kiel als Dissertation angenommen. Literatur und Rechtsprechung sind bis Oktober 2011 berücksichtigt.

Mein besonderer Dank gilt meinem Doktorvater Prof. Dr. Rudolf Meyer-Pritzl für die umfassende und gute Betreuung der Arbeit. Während der Promotion stand er mir jederzeit für einen konstruktiven Gedankenaustausch zur Verfügung.

Prof. Dr. Schubert danke ich für die rasche Erstellung des Zweitgutachtens.

Meinen Eltern, Ingrid und Olaf Reinbender, danke ich vor allem für ihre ideelle Unterstützung und ihren steten Zuspruch.

Mein herzlicher Dank gilt meiner Frau, Sabrina Reinbender, die mich stets in vielfältiger Art und Weise unterstützt und mir Rückhalt gegeben hat.

Kiel, im November 2013 *Ove Reinbender*

Inhaltsverzeichnis

Teil A: Einleitung und Gang der Arbeit

In der Landwirtschaft ist es von alters her üblich, durch Hofübergabeverträge[1] den Generationenwechsel durch Rechtsgeschäft unter Lebenden zu vollziehen und zu gestalten.[2] Im Kern versteht man unter dem Vorgang der vorweggenommenen Erbfolge die Übertragung von Vermögensgegenständen durch Rechtsgeschäfte unter Lebenden, die von einem künftigen Erblasser im Hinblick auf den künftigen Erbfall vorgenommen wird.[3] Empfänger der Vermögensgegenstände sind diejenigen, die anderenfalls dafür als gesetzliche oder rechtsgeschäftlich bestimmte Erben in Betracht kämen. Die vorweggenommene Erbfolge stellt kein eigenständiges Rechtsinstitut dar. Vielmehr gilt es in Abhängigkeit von den einzelnen Gestaltungszielen Regeln aus den verschiedensten Rechtsgebieten zu beachten.[4] Diese Form der Übertragung von Grundeigentum wird inzwischen auch beim gewerblich genutzten und beim städtischen Grundbesitz praktiziert[5] und häufig mit weiteren Rechtsgeschäften verbunden, die die weitere Lebensführung und Altersversorgung des künftigen Erblassers wirtschaftlich absichern sollen, vor allem durch den Vorbehalt beschränkter dinglicher Rechte an den übertragenen Vermögensgegenständen oder durch die Begründung von schuldrechtlichen Leistungsverpflichtungen der Erwerber.[6]

---

1 Für die vom *RG* entwickelte Definition siehe Beschluss v. 9.7.1927 – V B 20/27 – RGZ 118, 17 (20).

2 *Schwarz* ZEV 1997, 309 (309).

3 *Olzen* S. 13; ähnliche Begriffsbestimmungen finden sich auch in dem Urteil des *BGH* v. 1.2.1995 – IV ZR 36/94 – DNotZ 1996, 640 (640), sowie bei *Kollhosser* AcP 194 (1994), 231 (231), und *Westhoff* DB 1972, 809 (809). Die vorweggenommene Erbfolge ist vom Begriff her ein Paradoxon, weil eine erbrechtliche Teilung gemäß § 1922 BGB den Tod des Erblassers voraussetzt.

4 *Kollhosser* AcP 194 (1994), 231 (233); *Spiegelberger* Rn. 12 ff.; *Mayer* DNotZ 1996, 604 (610).

5 Die klassische landwirtschaftliche Hofübergabe ist bedingt durch den Strukturwandel in der Landwirtschaft stark auf dem Rückzug, vgl. *Mayer* DNotZ 1996, 604 (608). Vgl. auch die Einleitung von *Scheuber/Roth* NJW-Spezial 2009, 567 (567).

6 *Kollhosser* AcP 194 (1994), 231 (231).

In der Kautelarpraxis kommt es immer häufiger vor, dass Eltern bzw. der verbliebene Elternteil dem Sohn oder der Tochter das Vermögen in Gestalt des Eigenheims gegen Gewährung eines anteiligen dinglichen Wohnungsrechts gemäß § 1093 Abs. 1 Satz 1 BGB in vorweggenommener Erbfolge überlassen.[7] Denn zahlreiche Übergeber[8] möchten die Nachfolge ihres Grundbesitzes bereits zu ihren Lebzeiten geregelt wissen, zugleich jedoch bis zum Lebensende zumindest noch in einem Teil des Hauses als einer ihnen vertrauten Umgebung weiterleben.[9] Der Volksmund spricht auch vom „Geben mit warmer Hand"[10] oder gebraucht das Sprichwort „Vom Friedhof lässt sich nicht die Welt regieren". Zuwendungen solch erheblichen Ausmaßes erzielen zu Beginn einer eigenständigen wirtschaftlichen Existenz eine begünstigendere Wirkung für die jüngere Generation, als dies beim Eintritt des Vermögenswechsels in Folge der Erbfolge zu einem viel späteren Zeitpunkt der Fall ist.[11] Sicherlich treffen einige Grundstückseigentümer diese Entscheidung auch unter Einbeziehung von steuerrechtlichen Aspekten. Der steuerliche Vorteil besteht darin, dass der Wert des vorbehaltenen Wohnungsrechts abzugsfähig ist, den steuerlichen Wert des übertragenen Grundstücks mindert und zur Ausschöpfung von Freibeträgen führen kann.[12] Andere wiederum möchten die Verantwortung für gegebenenfalls vermietetes Grundvermögen abgeben.[13]

Das Wohnungsrecht gemäß § 1093 BGB entsteht nach § 873 Abs. 1 BGB durch Einigung und Eintragung. Unabdingbares Kennzeichen des Wohnungsrechts i. S. v. § 1093 Abs. 1 Satz 1 BGB ist, dass der Grundstückseigentümer von der Benutzung der Räumlichkeiten, die er dem Wohnungsberechtigten überlassen

---

7 *Mensch* BWNotZ 2009, 162 (162), zählt den Überlassungsvertrag unter Zurückbehaltung eines Wohnungsrechts zum Alltag der notariellen Praxis; vgl. ferner *Both* jurisPR-MietR 10/2010 Anm. 6; *Brückner* NJW 2008, 1111 (1111); *Gühlstorf* ZfF 2009, 265 (267); *Herrler* DNotZ 2009, 408 (408 f.); ähnlich auch der Bericht von *Kohler* BWNotZ 2001, 54 (58); *Zimmer* ZEV 2006, 381 (381).

8 Diese Nomenklatur rührt daher, dass der obligatorische Teil der Vermögensübertragung im Wege der vorweggenommenen Erbfolge als Übergabevertrag bezeichnet wird, vgl. *Olzen* S. 20. Übergabeverträge nennt man Rechtsgeschäfte, durch die Vermögenswerte von einem Übergeber auf einen Übernehmer übertragen werden. Sie lassen sich nach ihrem Vertragsmotiv einstufen, z. B. als Schenkungsvertrag.

9 *Auktor* MittBayNot 2008, 14 (14); *Eupen* GE 2010, 590 (590); *Gühlstorf* ZfF 2009, 265 (267); *Zimmer* ZEV 2009, 382 (382).

10 Vgl. *Westermann* ZGR 1991 Sonderheft 10, 505 (527).

11 *Weyland* MittRhNotK 1997, 55 (55); vgl. auch *Kollhosser* AcP 194 (1994), 231 (233).

12 *Frings* SRa 2009, 201 (201); zur Ausschöpfung von Freibeträgen *Eupen* GE 2010, 1398 (1398).

13 Vgl. *Gühlstorf/Ette* ZfF 2008, 13 (13).

hat, ausgeschlossen ist.[14] Es handelt sich um ein absolutes, sich gegen jedermann richtendes Recht. In der Praxis wird der Begriff „Wohnungsrecht" nicht immer eindeutig von dem des „Wohnrechts" abgegrenzt.[15] Ergibt die Auslegung des Bestellungsvertrags[16], dass nur ein Mitbenutzungsrecht des Berechtigten ohne Ausschluss des Eigentümers gewollt war, liegt eine beschränkte persönliche Dienstbarkeit gemäß § 1090 Abs. 1 BGB in der Form eines Wohnrechts vor.[17] Gegenstand dieser Arbeit ist allein das Wohnungsrecht gemäß § 1093 Abs. 1 Satz 1 BGB.

Die Bedeutung und praktische Relevanz der Untersuchung zeigt sich darin, dass das Risiko, die letzten Jahre seines Lebens als Pflegefall in einem Alten- oder Pflegeheim zu verbringen, enorm gestiegen ist.[18] Der stetige medizinische Fortschritt führt zu einer höheren durchschnittlichen Lebenserwartung.[19] Damit einher geht aber auch, dass die Anzahl der pflegebedürftigen Personen steigt[20], weil schwerwiegende – oftmals auch altersbedingte – Erkrankungen Beeinträchtigungen im Lebensalltag nach sich ziehen. Die dauerhafte Pflege einer bedürftigen Person ist dabei in vielen Familien gar nicht mehr möglich. Denn auf der einen Seite haben sich die Haushaltsstrukturen verändert. Der Familienverbund ist im Vergleich zu früheren Zeiten kleiner[21], die Anzahl von sog. Mehrgenerationenhaushalten stark gesunken. Auf der anderen Seite ist die Übernahme der Pflege eines Familienmitgliedes aufgrund des damit verbundenen hohen zeitlichen Aufwands neben der eigenen beruflichen Tätigkeit kaum zu bewerkstelligen. Hinzu kommt, dass einem Berufstätigen

14 *Karpen* MittRhNotK 1988, 131 (146).

15 *Frings* SRa 2009, 201 (202); *Milzer* BWNotZ 2005, 136 (136).

16 Die Wohnungsrechtsvereinbarung ist in den Übergabevertrag eingebettet.

17 *Milzer* BWNotZ 2005, 136 (136).

18 *Schulz/Leidl/König* rechneten bereits 2001 im DIW-Diskussionspapier Nr. 240, S. 15, mit einem Zuwachs von 57 % im vollstationären Bereich bis 2020. Demnach werde die Zahl der Heimbewohner um 330.000 zunehmen.

19 Nach Pressemitteilung Nr. 336 v. 27.8.2007 des Statistischen Bundesamtes betrug die durchschnittliche Lebenserwartung bei Geburt nach der Sterbetafel 2004/2006 für neugeborene Jungen 76,6 Jahre und für neugeborene Mädchen 82,1 Jahre. Nach der vorherigen Sterbetafel 2003/2005 waren es 76,2 bzw. 81,8 Jahre. Auch für ältere Menschen ist die Lebenserwartung weiter angestiegen, vgl. Pressemitteilung.

20 *Schulz/Leidl/König* sagten bereits 2001 im DIW-Diskussionspapier Nr. 240, S. 12, eine Zunahme der Zahl der Pflegebedürftigen bis 2020 um ca. 1 Million voraus. Das entspräche einer Steigerung um mehr als 50 %.

21 Zutreffend *Littig* S. 5, im Vorwort zu seinem Ratgeber; vgl. ferner *Weyland* MittRhNotK 1997, 55 (55).

heutzutage ein hohes Maß an Flexibilität abverlangt wird. Die Inanspruchnahme personalintensiver Dienstleistungen des Pflegesektors hat erhebliche Kosten zur Folge. Viele ältere Menschen sind trotz Einführung der Pflegeversicherung[22] als Pflichtversicherung und entgegen der Einschätzung des Gesetzgebers[23] zur Deckung der Pflegeheimkosten darauf angewiesen, ergänzend Sozialhilfe zu beziehen.[24] Denn die Pflegeversicherung ist keine bedarfsdeckende Vollversicherung, sondern aus ihr erhalten pflegebedürftige Personen abhängig vom jeweiligen Schweregrad der Pflegebedürftigkeit pauschalierte Leistungen. Oftmals reichen die Zahlungen aus der gesetzlichen Pflegeversicherung zusammen mit dem Einkommen und Vermögen des Pflegebedürftigen nicht zur Deckung der Pflegeheimkosten aus.[25] Es besteht daher die latente Gefahr, dass der Übergeber im Alters- oder Pflegefall hilfsbedürftig wird.[26] Wer seinen Bedarf in der besonderen Lebenssituation, in der sich ein pflegebedürftiger Mensch befindet, nicht aus eigenen Mitteln decken kann, hat gemäß § 17 SGB XII Anspruch auf Sozialhilfe. Die Existenz der Sozialhilfe ist Ausfluss des Sozialstaatsgebots aus Art. 20 Abs. 1, 28 Abs. 1 Satz 1 GG.[27] Ihr Ziel ist es nach § 1 Satz 2 HS. 1 SGB XII, den Leistungsberechtigten so weitgehend wie möglich zu befähigen, ohne Sozialhilfe leben zu können. Zum Kreis der Leistungsberechtigten zählen insbesondere auch Personen, die früher in vergleichsweise guten finanziellen Verhältnissen lebten.[28] Der Sozialhilfeträger erbringt dann Hilfe zur Pflege (§ 8 Nr. 5 SGB XII) nach den §§ 61–66 SGB XII.[29] Zu den eigenen Mitteln zählen allerdings auch Ansprüche gegen Dritte. Dies ist

22 Durch Art. 1 des im Jahre 1994 verabschiedeten Gesetzes zur sozialen Absicherung des Risikos der Pflegebedürftigkeit (sog. Pflegeversicherungsgesetz) wurde dem Sozialgesetzbuch ein elftes Buch angefügt, welches am 1.1.1995 in Kraft getreten ist.

23 Vgl. BGBl 1994, 1014.

24 Nach Pressemitteilung Nr. 288 v. 11.8.2008 des Statistischen Bundesamtes empfingen im Laufe des Jahres 2007 in Deutschland 357.000 Personen Hilfe zur Pflege nach dem Siebten Kapitel des SGB XII. 74 % davon befanden sich in stationärer Pflege.

25 So schon die Einschätzung von *Franzen* FamRZ 1997, 528 (528), Fn. 2, und *Schwarz* JZ 1997, 545 (545).

26 *Klinger/Maulbetsch* NJW-Spezial 2004, 301 (301).

27 *Schellhorn* in: Schellhorn/Schellhorn/Hohm, Einf. SGB XII Rn. 1.

28 *Gühlstorf/Ette* ZfF 2008, 13 (13).

29 Durch die Leistungen der Grundsicherung im Alter und bei Erwerbsminderung nach den §§ 41 bis 64a SGB XII werden lediglich die Kosten für den allgemeinen Lebensunterhalt abgedeckt, nicht aber die darüber hinausgehenden Heimunterbringungs- und Pflegekosten, vgl. *Vaupel* RNotZ 2009, 497 (501).

von Bedeutung im Hinblick auf das in § 2 Abs. 1 SGB XII[30] verankerte Prinzip des Nachrangs der Sozialhilfe, welches statuiert, dass der Sozialhilfeträger nur in Vorlage für den vorrangig verpflichteten Beschenkten eintritt. Sozialhilfe ist als nicht beitragserkaufte Sozialleistung[31] gegenüber privater Bedarfsdeckung nachrangig. Zur nachträglichen Durchsetzung dieses Nachrangigkeitsprinzips kann der Sozialhilfeträger gemäß § 93 Abs. 1 Satz 1 SGB XII[32] durch schriftliche Anzeige bewirken, dass ein Anspruch, den der Leistungsberechtigte für die Zeit, für die Leistungen erbracht werden, gegen einen Dritten hat, der kein Leistungsträger i. S. d. § 12 SGB I ist, bis zur Höhe seiner Aufwendungen auf ihn übergeht. Im Rahmen einer Grundbesitzübertragung unter Vorbehalt eines dinglichen Wohnungsrechts in vorweggenommener Erbfolge steht die Überleitung eines etwaigen Schenkungsrückforderungsanspruchs gemäß § 528 Abs. 1 Satz 1 BGB sowie zumindest des Zahlungsanspruchs, der sich möglicherweise bei Nichtausübung des Wohnungsrechts wegen des Bestehens eines dauerhaften subjektiven Ausübungshindernisses herleiten lässt, in Frage.

So hat denn auch die Bedeutung von § 528 BGB aufgrund der Überleitbarkeit des Rückforderungsrechtes des verarmten Schenkers auf den Sozialhilfeträger gemäß § 93 SGB XII in den letzten Jahren stark zugenommen. Denn viele Übergabeverträge werden als Schenkung i. S. d. § 516 Abs. 1 Satz 1 BGB eingeordnet. Die typische Normsituation von § 528 Abs. 1 BGB ist, dass sich später herausstellt, dass die zurückgehaltenen Vermögensteile nicht für die Deckung der steigenden Bedürfnisse im Alter ausreichen. Sozialhilfeträger, die für Pflegeheimkosten aufkommen, erwägen daher häufig einen Rückgriff gegen den Grundstückseigentümer, wenn sie denn von der Schenkung Kenntnis erlangen. Das kann vor oder nach dem Tode des verarmten Schenkers der Fall sein. § 528 BGB ist somit zu einer Schnittstelle von Zivilrecht und Sozialrecht geworden.[33]

Angesichts ständig wachsender Pflegeheimkosten[34] auf der einen und finanzieller Klammheit im öffentlichen Gesundheitswesen auf der anderen Seite ist sogar

---

30 § 2 SGB XII überträgt weitgehend inhaltsgleich das frühere Recht, vgl. dazu *Schellhorn* in: Schellhorn/Schellhorn/Hohm, § 2 SGB XII Rn. 5.

31 *Krauß* ZEV 2001, 417 (418).

32 § 93 SGB XII überträgt weitgehend inhaltsgleich den bisherigen § 90 BSHG.

33 *Zeranski* S. 15; dagegen nahm *Koch* JR 1993, 313 (317), noch an, die Schenkungsrückforderungsfälle würden sich mit Einführung der Pflegeversicherung weitgehend erledigen.

34 Nach Angaben des Statistischen Bundesamts beliefen sich die Ausgaben (netto) 2006 auf 2,5 Mrd. Euro, 2007 auf 2,7 Mrd. Euro (+5,4 % ggü. dem Vorjahr) und

noch eine Verschärfung der Situation zu erwarten.[35] Obendrein zeichnet sich eine Häufung von Fällen des Sozialmissbrauchs ab. Es wird zunehmend der Versuch unternommen, den Sozialhilferegress durch umgehende Vertragsgestaltung auszuschließen oder aber zumindest zu erschweren.[36] Denn um seiner Familie oder einzelnen Angehörigen das Familienvermögen zu erhalten, kommt es vor, dass sich der Schenker im Hinblick auf erwartete Pflegebedürftigkeit vermögenslos stellt. Die höchstrichterliche Rechtsprechung[37] hat vor dem Hintergrund einer veränderten sozialstaatlichen Wirklichkeit denn auch die Zugriffsmöglichkeiten des Sozialhilfeträgers auf das geschenkte Vermögen im Wege des Regresses nach § 93 SGB XII ausgeweitet.

Neben § 528 Abs. 1 Satz 1 BGB versucht der Träger der Sozialhilfe aber auch weitere Ansprüche des sozialleistungsberechtigten Übergebers gegen Dritte gemäß § 93 SGB XII auf sich übergehen zu lassen, um die Aufwendungen im Rahmen der Sozialhilfe ersetzt zu bekommen. Seit Jahren ist zu beobachten, dass Sozialhilfeträger restriktiver gegen Angehörige und Erben vorgehen, um ihre Aufwendungen zu decken.[38] Die Möglichkeit des Sozialhilferegresses bei Übertragung von Grundbesitz in vorweggenommener Erbfolge unter Vorbehalt eines Wohnungsrechts wirft daher Fragen von einiger Brisanz auf. Oftmals wird bei der Einräumung eines Wohnungsrechts gemäß § 1093 Abs. 1 Satz 1 BGB keine ausdrückliche Regelung für den Fall getroffen, dass dieses Recht in fortgeschrittenem Alter aufgrund von Pflegebedürftigkeit nicht mehr wahrgenommen werden kann.[39] Daraus ergeben sich zahlreiche umstrittene Detailprobleme. Das Wohnungsrecht als eine besondere Form der beschränkten persönlichen Dienstbarkeit nach § 1090 BGB ist durch den Ausschluss des Eigentümers von der Nutzung eines bestimmten Gebäudes oder Gebäudeteils zu Wohnzwecken geprägt.[40] Eine Überleitung des Wohnungsrechts selbst als Naturalleistung ist nach einhelliger, wenn auch auf unterschiedliche dogmatische Ansätze zurückzuführender Meinung nicht möglich, wenn die Überlassung der Rechtsausübung an Dritte gemäß § 1092 Abs. 1 Satz 2 BGB nicht vereinbart ist. Was aber geschieht, wenn das Wohnungsrecht wegen der Notwendigkeit stationärer Pflege nicht mehr genutzt

---

2008 auf 2,8 Mrd. Euro (+3,2 % ggü. dem Vorjahr), vgl. Pressemitteilungen Nr. 462 v. 16.11.2007, Nr. 288 v. 11.8.2008 und Nr. 314 v. 26.8.2009.

35 So auch *Sefrin* in: jurisPK-BGB, § 528 Rn. 10.

36 *Koch* in: MüKo-BGB, § 528 Rn. 2.

37 Insbesondere *BGH* v. 25.4.2001 – X ZR 229/99 – BGHZ 147, 288–288.

38 Anmerkung der Redaktion zu dem Aufsatz von *Ruby* ZEV 2005, 102 (106).

39 *Frings* SRa 2009, 201 (201).

40 *Grziwotz* in: Erman-BGB, § 1093 Rn. 1; *Otto* in: AnwKomm-BGB, § 1093 Rn. 1.

werden kann? Ergeben sich Ansprüche, die Gegenstand einer Überleitung sein können? Es geht darum, ob und inwieweit der Wohnungsberechtigte selbst oder der Sozialhilfeträger aus übergeleitetem Recht weiterhin finanzielle Vorteile aus dem bestellten Wohnungsrecht i. S. d. § 1093 Abs. 1 Satz 1 BGB ziehen kann.[41] Vor allem im Hinblick darauf, dass die Schenkungsrückforderung nach Ablauf der Zehnjahresfrist gemäß § 529 Abs. 1, 2. Alt. BGB ausgeschlossen ist, kommt diesen Fragen erhebliche Bedeutung zu. Im umgekehrten Fall, wenn also die Frist noch nicht verstrichen ist, könnte der Wert eines dem Schenker gewährten Wohnungsrechts bei der Ermittlung des Notbedarfs nach § 528 Abs. 1 Satz 1 BGB zu berücksichtigen sein und sich auf die Bedarfshöhe auswirken.

Die derzeitige Aktualität[42] dieser Fragestellungen belegen sowohl die zahlreichen z. T. höchstrichterlichen Gerichtsentscheidungen[43] als auch die stetig wachsende Beachtung durch das Schrifttum. Viele der herangezogenen wissenschaftlichen Veröffentlichungen sind dabei von den Erfahrungen der Autoren aus ihrer täglichen notariellen Beratungspraxis geprägt. Der Praxisbezug der Untersuchung spiegelt sich aber vor allem darin wider, dass das Schicksal des Wohnungsrechts bei Nichtausübung wegen unbefristeter Unterbringung in einem Alten- und Pflegeheim verstärkt im Blickfeld des jeweils in Vorlage tretenden Sozialhilfeträgers steht. Die betroffenen Mitarbeiterinnen und Mitarbeiter werden zunehmend für die Materie sensibilisiert und nehmen an Fortbildungsseminaren teil.[44]

---

41 *Brückner* NJW 2008, 1111 (1111).

42 *Vaupel* RNotZ 2009, 497 (498), bezeichnet den Sozialhilferegress als „juristische(n) Dauerbrenner".

43 Ein Auszug: *BGH* v. 19.1.2007 – V ZR 163/06 – NJW 2007, 1884–1887; *ders.* v. 9.1.2009 – V ZR 168/07 – NJW 2009, 1348–1349; *OLG Braunschweig* v. 11.9.1995 – 2 W 118/95 – MittRhNotK 1996, 222; *OLG Celle* v. 13.7.1998 – 4 W 129/98 – NJW-RR 1999, 10–11; *OLG Düsseldorf* v. 28.5.2001 – 9 U 242/00 – Rpfleger 2001, 542–543; *OLG Hamm* v. 9.5.2005 – 5 U 198/04 – RNotZ 2007, 544–546; *dass.* v. 28.9.2009 – 5 U 80/07, I-5 U 80/07 – DNotZ 2010, 128–130; *OLG Koblenz* v. 6.1.2004 – 5 W 826/03 – MDR 2004, 452–453; *OLG Köln* v. 17.5.1991 – 2 W 76/91 – FamRZ 1991, 1432–1433; *dass.* v. 6.2.1995 – 2 W 21/95 – MDR 1995, 464–465; *OLG Oldenburg* v. 3.5.1994 – 12 U 16/94 – FamRZ 1994, 1621–1622; *dass.* v. 11.10.2007 – 14 U 86/07 – NJW-RR 2008, 1884–1887; *OLG Schleswig* v. 2.1.2007 – 3 U116/06 – NJOZ 2007, 1134–1137; *dass.* v. 7.12.2007 – 14 U 57/07 – NJW-RR 2008, 1705–1706.

44 Bspw. haben die Mitarbeiterinnen und Mitarbeiter des Fachdienstes Soziale Sicherung im Fachbereich Soziales, Arbeit und Gesundheit des Kreis Rendsburg-Eckernförde (SH) zunächst im Jahre 2009 an einem dreitägigen Grundlagenseminar betreffend

Zu Beginn soll der Leser an die Thematik dieser Arbeit herangeführt werden, indem sozialhilferechtliche Grundlagen, insbesondere der öffentlich-rechtliche Vorgang der Anspruchsüberleitung gemäß § 93 SGB XII, zusammenfassend dargestellt werden (Teil B). Im Anschluss werden etwaige überleitungsfähige Ansprüche problematisiert und herausgearbeitet (Teil C). Dafür wird die bisherige Rechtsprechung zum Sozialhilferegress im Zusammenhang mit einem bei einem Übergabe- bzw. Schenkungsvertrag vereinbarten Wohnungsrecht aufbereitet und analysiert. Zu diesem Problemkreis liegt inzwischen eine Vielzahl von gegensätzlichen Entscheidungen der Oberlandesgerichte vor. Darüber hinaus werden die in der Literatur vertretenen Auffassungen ausgewertet. Weiterhin wird in diesem Zusammenhang ausführlich auf den Schenkungsrückforderungsanspruch aus § 528 Abs. 1 Satz 1 BGB eingegangen und die Wechselwirkung zwischen den verschiedenen Regressmöglichkeiten erläutert. Sodann wird hinsichtlich der kautelarjuristischen Tätigkeit ein Ausblick gewagt (Teil D). Denn sozialrechtlichen Fragestellungen kommt im Zusammenhang mit Schenkungen ein zunehmend größerer Stellenwert zu. Kein anderer Bereich des Sozialrechts ist im Rahmen der notariellen Beratung von solcher Bedeutung wie der Regress des Sozialleistungsträgers.[45] Einerseits können Vermögensübertragungen und dabei vereinbarte Versorgungsrechte Auswirkungen auf den Bestand und die Höhe der Sozialleistungen haben, andererseits sind die sich aus den sozialrechtlichen Vorschriften ergebenden Grenzen für die Privatautonomie zu berücksichtigen.[46] Vordergründig stellt sich die Frage nach der Zulässigkeit einer Vertragsgestaltung, wonach für den Fall des Wegzugs des Übergebers das Wohnungsrechts erlischt. Schließlich werden die erzielten Untersuchungsergebnisse resümiert (Teil E).

„Übergabe-, Altenteils- und Schenkungsverträge“ und dann 2010 an einem ebenfalls dreitägigen Vertiefungsseminar zu diesem Thema teilgenommen.

45 *Mensch* BWNotZ 2009, 162 (162).

46 *Krause* in: FAKomm-ErbR, § 528 BGB Rn. 12.

Teil B: Sozialhilferechtliche Grundlagen

Die Sozialhilfe als eine aus allgemeinen Steuermitteln finanzierte Leistung der Sozialfürsorge[47] ist im SGB XII geregelt. Das Sozialhilferecht hat nach § 1 Satz 1 SGB XII zum Leitprinzip, den Leistungsberechtigten die Führung eines Lebens zu ermöglichen, das der Würde des Menschen entspricht. Die Verpflichtung des Staates zur Sicherstellung eines „soziokulturellen Existenzminimums"[48] ergibt sich aus dem in Art. 20 Abs. 1, 28 Abs. 1 Satz 1 GG verankerten Sozialstaatsgebot. Die Sozialhilfe soll dem Leistungsberechtigten eine materielle, individuelle und gemeinschaftliche Teilhabe an der Umwelt und dem gesellschaftlichen Leben ermöglichen.[49] Aus diesem Grunde ist die Bedarfsdeckung unabhängig von der Ursache der Bedürftigkeit.[50]

I. Nachrang der Sozialhilfe, § 2 SGB XII

Dem Sozialhilferecht immanent ist das Nachrangigkeitsprinzip[51]. Dieses Prinzip regelt § 2 SGB XII. In Abs. 1 der Vorschrift ist das sog. Selbsthilfegebot enthalten. Abs. 2 bestimmt das Verhältnis von Sozialhilfe zu Verpflichtungen Dritter (S. 1)

---

47 Vgl. zu den drei Bereichen Sozialversicherung, -versorgung und -fürsorge die Darstellung bei *Vaupel* RNotZ 2009, 497 (498 f.).

48 Dieser Begriff wurde von den Sozialgerichten geprägt, vgl. aus jüngerer Zeit z. B. *LSG Hessen* v. 9.11.2010 – L 7 SO 134/10 BER – Rn. 8 zitiert nach juris; *LSG Nordrhein-Westfalen* v. 16.1.2009 – L 20 B 116/08 SO – FEVS 60, 477 (478); ausführlich zu einem verfassungsrechtlich verbürgten Anspruch auf ein soziokulturelles Existenzminimum *Armborst* in: LPK-SGB XII, § 1 Rn. 5 ff.

49 *Ehmann* in: Plagemann, MüAnwHdb SozR, § 38 Rn. 8.

50 *BVerwG* v. 10.5.1979 – V C 79.77 – BVerwGE 58, 68 (70 f.); vgl. näher zum Bedarfsdeckungsprinzip *Ehmann* in: Plagemann, MüAnwHdb SozR, § 38 Rn. 8; *Rothkegel* ZfSH/SGB 2000, 259 (261); *Schellhorn* in: Schellhorn/Schellhorn/Hohm, Einf. SGB XII Rn. 20.

51 Von diesem materiellen Nachrang ist der in den §§ 5, 75 SGB XII enthaltene institutionelle Subsidiaritätsgrundsatz zu unterscheiden, der besagt, dass die größere Gemeinschaft nicht die Aufgaben der kleineren Gemeinschaft (gemeint ist die freie Wohlfahrtspflege) beeinträchtigen, an sich ziehen und bevormunden soll, vgl. *Winkler* in: Kruse/Reinhard/Winkler [u. a.], § 2 SGB XII Rn. 1.

und betrifft bestimmte Ermessensleistungen anderer Leistungsträger (S. 2). Erfolgt eine Grundstücksübertragung unter Vorbehalt eines dinglichen Wohnungsrechts gemäß § 1093 Abs. 1 Satz 1 BGB durch vorweggenommene Erbfolge und wird der Übergeber später zum Pflegefall, wobei er zur Deckung der Pflegeheimkosten darauf angewiesen ist, Sozialhilfe zu beziehen, spielt in erster Linie das Selbsthilfegebot eine tragende Rolle. Danach erhält Sozialhilfe nicht, wer sich vor allem durch Einsatz seiner Arbeitskraft, seines Einkommens und seines Vermögens selbst helfen kann (1. Alt.) oder wer die erforderliche Leistung von anderen, insbesondere von Angehörigen oder von Trägern anderer Sozialleistungen, erhält (2. Alt.). Nach der zweiten Alternative erhält derjenige Sozialhilfe nicht, der die erforderlichen Leistungen tatsächlich von Dritten erhält. Denn erbringt ein anderer bedarfsdeckende Leistungen, entfällt die Hilfebedürftigkeit faktisch.[52] Näher zu betrachten ist die erste Alternative. Die früher in den §§ 18 ff. BSHG enthaltene Sozialhilfe für den Personenkreis der Erwerbsfähigen ist nunmehr im SGB II geregelt[53], so dass der Selbsthilfemöglichkeit des Einsatzes eigener Arbeitskraft im Vergleich zur früheren Rechtslage eine wesentlich geringere Bedeutung beizumessen ist[54]. Nach § 11 Abs. 3 Satz 4 SGB XII bleibt zwar für nichterwerbsfähige Leistungsberechtigte die Möglichkeit, in einem geringen Umfang noch einer Tätigkeit nachzugehen und Einkommen zu erzielen. Leistungsberechtigte, die stationär gepflegt werden, werden hierzu allerdings nicht in der Lage sein, vgl. auch § 11 Abs. 4 Nr. 1 SGB XII. Hauptaugenmerk ist daher auf den Einsatz eigenen Einkommens und Vermögens zu richten. Was unter Einkommen und Vermögen zu verstehen ist und in welchem Umfang es berücksichtigt werden kann, folgt aus den §§ 82 ff., 90 SGB XII.

1. Einkommen, § 82 SGB XII

Zum einzusetzenden Einkommen i. S. v. § 82 Abs. 1 Satz 1 SGB XII gehören grundsätzlich[55] alle Einkünfte in Geld oder Geldeswert des Leistungsberechtigten

52 Vgl. *BVerwG* v. 9.6.1971 – V C 56.70 – BVerwGE 38, 174 (176).

53 Sie wurde durch das Vierte Gesetz für moderne Dienstleistungen am Arbeitsmarkt vom 24.12.2003, BGBl. I 2003, 2954, mit Wirkung zum 1.1.2005 mit der früheren Arbeitslosenhilfe des SGB III zu einer einheitlichen Grundsicherung für Arbeitslose zusammengefasst.

54 Vgl. *Groth* in: RGKU BeckOK-SGB XII, § 2 Rn. 7.

55 Ausnahmen von der Anrechnung als Einkommen sind in den §§ 82, 83, 84 SGB XII geregelt. Zudem sei darauf hingewiesen, dass bei den Leistungen der Hilfe in besonderen

und der mit ihm in einer Einsatzgemeinschaft i. S. v. § 19 SGB XII[56] lebenden Personen. Das Bundesverwaltungsgericht[57] folgt seit 1999 der sog. Zuflusstheorie. Einkommen kann danach nur sein, was jemand während des Bedarfszeitraums von i. d. R. einem Kalendermonat wertmäßig dazu erhält.[58] Unter Einkünften sind dabei die um die notwendigen Ausgaben bereinigten Einnahmen zu verstehen.[59] Einkünfte in Geld sind in Euro ausgedrückte Zuflüsse, geldwerte Einkünfte sind Zahlungsersatzmittel und alle Sachbezüge, die unmittelbar und allgemein die Teilnahme am Verkehr ermöglichen.[60] Zu berücksichtigen sind vor allem Renteneinkünfte des Leistungsberechtigten. Der nach Ablauf eines Bedarfszeitraumes nicht verbrauchte Teil der Einkünfte wächst dem Vermögen zu.[61]

2. Vermögen, § 90 Abs. 1 SGB XII

Zum Vermögen zählen nach § 90 Abs. 1 SGB XII grundsätzlich alle verwertbaren Vermögensgegenstände. In Abgrenzung zum Einkommen ist Vermögen der Bestand an Geld und anderen Vermögenswerten zu Beginn des Bedarfszeitraums.[62] Vom Vermögensbegriff umfasst werden Geld oder Geldeswerte, Forderungen und Ansprüche gegen Dritte sowie bewegliche und unbewegliche Gegenstände.[63] Dabei darf die Leistungserbringung nicht vom Einsatz der in Abs. 2 katalogisierten Schonvermögensgegenstände abhängig gemacht werden. Abs. 3 enthält eine

---

Lebenslagen nach den §§ 47 bis 74 SGB XII abweichende Einkommensgrenzen gemäß den §§ 85 bis 89 SGB XII gelten.

56 Ausführlich zum Begriff der Einsatzgemeinschaft z. B. *Vaupel* RNotZ 2009, 497 (502 f.).

57 *BVerwG* v. 18.2.1999 – 5 C 35/97 – BVerwGE 108, 296 (301), unter Aufgabe der Identitätstheorie.

58 Grundsätzliche Anerkennung erfährt die Zuflusstheorie u. a. von *Brühl* in: LPK-SGB XII, § 82 Rn. 7; *Ehmann* in: Plagemann, MüAnwHdb SozR, § 38 Rn. 90; *Hohm* in: Schellhorn/Schellhorn/Hohm, § 82 SGB XII Rn. 20; *Siebel-Huffmann* in: RGKU BeckOK-SGB XII, § 82 Rn. 2; *Wahrendorf* in: Grube/Wahrendorf, § 82 SGB XII Rn. 16 ff. m. w. N.

59 *Hohm* in: Schellhorn/Schellhorn/Hohm, § 82 SGB XII Rn. 9; *Wahrendorf* in: Grube/Wahrendorf, § 82 SGB XII Rn. 70; *Winkler* in: Kruse/Reinhard/Winkler [u. a.], § 82 SGB XII Rn. 5.

60 *Winkler* in: Kruse/Reinhard/Winkler [u. a.], § 82 SGB XII Rn. 8.

61 *Kunkel* in: Klinger/Kunkel/Peters, Rn. 206.

62 *BVerwG* v. 18.2.1999 – 5 C 35/97 – BVerwGE 108, 296 (299).

63 *Wolf* in: Fichtner/Wenzel, § 90 SGB XII Rn. 2.

allgemeine Härtefallregelung, die atypische Lebenssachverhalte erfasst, die nicht unter Abs. 2 Nr. 1 bis 9 subsumiert werden können.[64]

Zu den Ansprüchen gegen Dritte zählt auch ein etwaiger Rückforderungsanspruch wegen Verarmung des Schenkers gemäß § 528 Abs. 1 Satz 1 BGB.[65] Zumindest vor seiner „Materialisierung"[66] stellt der Anspruch als solcher Vermögen dar. Der Schenkungsrückforderungsanspruch ist also in Abhängigkeit von seinem Anspruchsinhalt[67] entweder als Vermögen zu verstehen, oder aber es sind erst bei Zufluss entsprechender Leistungen diese als Einkommen zu berücksichtigen.[68]

Der Übergeber ist zudem Berechtigter eines dinglichen Wohnungsrechts i. S. d. § 1093 Abs. 1 Satz 1 BGB. Dieses wird nicht vom Schonvermögenstatbestand des angemessenen Hausgrundstücks nach § 90 Abs. 2 Nr. 8 SGB XII erfasst.[69]

Schließlich muss das Vermögen des Hilfesuchenden verwertbar sein. Das ist der Fall, wenn die Vermögensgegenstände verbraucht, übertragen und belastet werden können[70], also ein Verkehrswert erzielbar ist[71]. Damit ist Verwertbarkeit im wirtschaftlichen Sinne zu verstehen. Ihr können tatsächliche wie auch rechtliche Gründe entgegenstehen. Mit dem Begriff der Verwertbarkeit wird an das Selbsthilfegebot des § 2 SGB XII angeknüpft.[72] Entscheidend für das Eingreifen der Sozialhilfe ist danach, ob es an bereiten Vermögensmitteln fehlt.[73]

3. Bereite Mittel

Eine Selbsthilfemöglichkeit nach § 2 Abs. 1, 1. Alt. SGB XII besteht stets nur dann, wenn Einkommen und Vermögen dem Hilfesuchenden als „bereite Mittel"[74]

---

64 Vgl. *Ehmann* in: Plagemann, MüAnwHdb SozR, § 38 Rn. 120.

65 Vgl. nur *OVG Hamburg* v. 5.4.1995 – Bs IV 21/95 – FamRZ 1995, 1453 (1453); *VG Düsseldorf* v. 10.6.2008 – 21 K 2144/07 – Rn. 35 zitiert nach juris; *Armborst/Brühl* in: LPK-SGB XII, § 2 Rn. 26; *Brühl/Geiger* in: LPK-SGB XII, § 90 Rn. 8; *Ehmann* in: Plagemann, MüAnwHdb SozR, § 38 Rn. 108, Fn. 153; *Krauß* MittBayNot 1992, 77 (81).

66 *Krauß* MittBayNot 2005, 349 (352).

67 Siehe zu den Rechtsfolgen von § 528 Abs. 1 Satz 1 BGB ausführlich Teil C/III./3.

68 Vgl. *BSG* v. 2.2.2010 – B 8 SO 21/08 R – Rn. 13 zitiert nach juris.

69 Vgl. dazu die Aufzählung bei *Wolf* in: Fichtner/Wenzel, § 90 SGB XII Rn. 16.

70 *BSG* v. 6.12.2007 – B 14/7b AS 46/06 R – BSGE 99, 248 (250).

71 *Kunkel* in: Klinger/Kunkel/Peters, Rn. 207.

72 *Wahrendorf* in: Grube/Wahrendorf, § 90 SGB XII Rn. 17.

73 *Wahrendorf* in: Grube/Wahrendorf, § 90 SGB XII Rn. 17.

74 Zum Begriff der „bereiten Mittel" *BVerwG* v. 12.10.1993 – 5 C 38/92 – MDR 1994, 847 (847); *dass.* v. 23.11.1995 – 5 C 13/94 – BVerwGE 100, 50 (54); vgl. ferner *BSG*

zur Verfügung stehen.[75] Hat der Hilfesuchende Ansprüche gegen Dritte, bei deren Erfüllung der Sozialhilfebedarf vollständig entfiele, kommt die Sozialhilfeleistung nur in Betracht, wenn die Ansprüche nicht alsbald realisierbar sind.[76] Ist es dem Betroffenen möglich, seinen Rechtsanspruch auf Hilfe durch einen Dritten rechtzeitig – also kurzfristig – durchsetzen, steht dies einem Sozialhilfeanspruch entgegen, weil es sich um ein bereites Mittel der Selbsthilfe gemäß § 2 Abs. 1, 1. Alt. SGB XII handelt.

Daher kommt in Betracht, dass der Hilfesuchende keine Leistungen der Sozialhilfe verlangen kann, wenn er in der Lage ist, seinen Schenkungsrückforderungsanspruch aus § 528 Abs. 1 Satz 1 BGB ohne weiteres selbst zu realisieren.[77] Allerdings kann er nicht auf bereite Mittel verwiesen werden, wenn ein Anspruch gegen Dritte besteht, der nur schwer durchsetzbar ist.[78] Der Hilfesuchende muss zwar hinreichende Bemühungen entfaltet haben. Geht es um die Durchsetzung geldwerter Ansprüche ist davon bei Klageerhebung oder Stellung eines entsprechenden Prozesskostenhilfeantrags auszugehen.[79] Ein Rechtsstreit kann im Einzelfall wegen der Gefährdung familiärer Beziehungen unter Verweis auf § 16 SGB XII ausscheiden.[80] Der Beschenkte wird sich zumindest häufig mit der mangelnden Unentgeltlichkeit der Schenkung verteidigen[81] und eine Rückabwicklung der Schenkung nicht freiwillig durchführen.

In Bezug auf das dingliche Wohnungsrecht ist zu beachten, dass es ein an die Person des Rechtsinhabers gekoppeltes Nutzungsrecht darstellt, weshalb

---

v. 18.3.2008 – B 8/9b SO 9/06 R – BSGE 100, 131 (134 f.); *dass.* v. 19.5.2009 – B 8 SO 7/08 R – NVwZ-RR 2010, 152 (154); vgl. zu diesem Strukturprinzip des Sozialhilferechts ferner *Rothkegel* S. 97.

75 *Armborst/Brühl* in: LPK-SGB XII, § 2 Rn. 8; *Groth* in: RGKU BeckOK-SGB XII, § 2 Rn. 3; *Müller* Rn. 128.

76 *LSG Berlin-Brandenburg* v. 10.10.2007 – L 23 B 146/07 SO – ZEV 2008, 547 (548); *Mittelmann/Ehmann* in: Plagemann, MüAnwHdb SozR, § 39 Rn. 3; vgl. ferner *Schellhorn* in: Schellhorn/Schellhorn/Hohm, § 2 SGB XII Rn. 8; *Sefrin* in: jurisPK-BGB, § 528 Rn. 42.

77 Vgl. *OVG Hamburg* v. 5.4.1995 – Bs IV 21/95 – FamRZ 1995, 1453 (1454); *VG Düsseldorf* v. 25.1.2008 – 21 K 3379/07 – ZfSH/SGB 2008, 307 (311 f.).

78 *Wahrendorf* in: Grube/Wahrendorf, § 2 SGB XII Rn. 19 m. w. N., 27 ff.; vgl. auch *Armborst/Brühl* in: LPK-SGB XII, § 2 Rn. 8; *Kunkel* in: Klinger/Kunkel/Peters, Rn. 179.

79 *Groth* in: RGKU BeckOK-SGB XII, § 2 Rn. 4.

80 Vgl. *Brühl/Geiger* in: LPK-SGB XII, § 90 Rn. 96.

81 *Wahrendorf* in: Grube/Wahrendorf, § 2 SGB XII Rn. 29.

es nicht verwertbar ist.[82] Einzusetzen wäre dagegen der Zahlungsanspruch, der gegebenenfalls[83] als Ausgleich für die Nichtausübung eines Wohnungsrechts bei dauerhafter Heimunterbringung existiert.[84] Die Zahlungen wären als Einkommen zu qualifizieren. Die Umwandlung eines dinglichen Wohnungsrechts in einen solchen Zahlungsanspruch aufgrund eines in der Person des Berechtigten liegenden Ausübungshindernisses ist, wie noch zu zeigen sein wird[85], sehr umstritten und bislang nicht abschließend geklärt.

Folglich ist bei beiden Ansprüchen regelmäßig nicht mit einer Durchsetzung innerhalb einer angemessenen Zeit, sondern mit einem langwierigen Rechtsstreit zu rechnen. Die gerichtliche Durchsetzung muss aber eine rechtzeitige Bedarfsdeckung ermöglichen.[86] Gerade bei der Hilfe zur Pflege gemäß den §§ 61 ff. SGB XII liegt typischerweise kein aufschiebbarer Bedarf vor, so dass die Sozialhilfe eingreifen muss, weil es dem Hilfesuchenden nicht zuzumuten ist, seine Ansprüche durchzusetzen.[87] Um den Nachrang der Sozialhilfe nachträglich wiederherzustellen, muss der Träger der Sozialhilfe etwaige Ansprüche des Leistungsberechtigten auf sich überleiten.

II. Überleitung sonstiger Ansprüche auf den Sozialhilfeträger, § 93 SGB XII

Nach § 93 SGB XII können Ansprüche, die dem Leistungsberechtigen für die Zeit, für die Leistungen erbracht werden, gegen einen anderen zustehen, der kein Leistungsträger i. S. d. § 12 SGB I ist[88], vom Träger der Sozialhilfe durch schriftliche Anzeige bis zur Höhe seiner Aufwendungen auf sich übergeleitet werden. Dies ist der Fall, wenn Ansprüche des Leistungsberechtigten aus Übergabe- oder Schenkungsverträgen zur Geltendmachung auf den Sozialhilfeträger übergeleitet

---

82 *Kunkel* in: Klinger/Kunkel/Peters, Rn. 207.

83 Diese zentrale Rechtsfrage wird in Teil C/II./3. ausführlich erörtert.

84 *Münder* in: LPK-SGB XII, § 93 Rn. 18; vgl. *Mittelmann/Ehmann* in: Plagemann, MüAnwHdb SozR, § 39 Rn. 2; *Schellhorn* in: Schellhorn/Schellhorn/Hohm, § 93 SGB XII Rn. 20.

85 Siehe Teil C/II./3.

86 *VG Düsseldorf* v. 25.1.2008 – 21 K 3379/07 – ZfSH/SGB 2008, 307 (310, 312).

87 So auch die Bewertung von *Armborst/Brühl* in: LPK-SGB XII, § 2 Rn. 33.

88 Damit wird auf die Erstattungsansprüche nach den §§ 102–114 SGB X Bezug genommen.

werden.[89] Der Behörde kommt bei ihrer Entscheidung hinsichtlich des Ob und Wie der Überleitung ein Ermessen zu.[90]

1. Anspruchsübergang im SGB XII, §§ 93, 94 SGB XII

Das SGB XII unterscheidet im Rahmen des Sozialhilferegresses zwischen gesetzlichen Unterhaltsansprüchen, § 94 SGB XII, und sonstigen Ansprüchen des Leistungsberechtigten gegen Dritte, § 93 SGB XII.[91] Die Überleitungsvorschriften dienen der Wiederherstellung der Nachrangigkeit der Sozialhilfe gemäß § 2 SGB XII.[92] Gleichzeitig sind die Regelungen eine Konsequenz des Faktizitätsprinzips, nach welchem Sozialhilfe Soforthilfe darstellt.[93] Gewissermaßen wird rückwirkend der finanzielle Zustand hergestellt, wie er bei rechtzeitiger Erfüllung der vorrangigen Leistungs- oder Unterhaltspflicht des Dritten bestanden hätte.[94] Der Anspruchsübergang nach § 93 SGB XII setzt nach Abs. 2 der Vorschrift eine schriftliche Überleitungsanzeige voraus. Der Übergang gemäß § 94 SGB XII ergibt sich kraft Gesetzes für die Zeit, für die Sozialhilfeleistungen erbracht wurden.[95] Die schriftliche Mitteilung nach § 94 Abs. 4 SGB XII stellt keinen Verwaltungsakt, sondern lediglich eine Rechtswahrungsanzeige dar.[96] Da es sich weder bei Zahlungsansprüchen als Ausgleich für die Nichtausübung eines Wohnungsrechts noch bei Schenkungsrückforderungsansprüchen nach § 528 Abs. 1 Satz 1 BGB um Unterhaltsansprüche handelt, richtet sich die Überleitung nach § 93 SGB XII.

89 *Schnur* in: AK-Broschüre ALG II, Sozialgeld, Sozialhilfe, S. 408.

90 Vgl. dazu z. B. *Müller*, Rn. 116 f.

91 Sog. kompensatorische Drittrechtsverhältnisse, vgl. *Doering-Striening* ErbR 2009, 362 (362).

92 *BVerwG* v. 10.5.1990 – 5 C 63/88 – BVerwGE 85, 136 (137), siehe auch Teil C/III./5./c); *Wahrendorf* in: Grube/Wahrendorf, § 93 SGB XII Rn. 1; *Rosendorfer* MittBayNot 2005, 1 (1); vgl. zum BSHG bereits *Wahl* S. 262.

93 *Wahrendorf* in: Grube/Wahrendorf, § 93 SGB XII Rn. 2; vgl. auch *Schulte* NJW 1989, 1241 (1242).

94 *Jehle* ZfSH 1966, 65 (65).

95 Eine ausführliche Darstellung zum Anspruchsübergang nach § 94 SGB XII findet sich z. B. bei *Schellhorn* in: Schellhorn/Schellhorn/Hohm; vgl. zur weitgehend inhaltsgleichen Vorgängernorm *Münder* NJW 2001, 2201–2210.

96 *BVerwG* v. 18.12.1975 – V C 2.75 – BVerwGE 50, 64 (66); *Hölzer* in: RGKU BeckOK-SGB XII, § 94 SGB XII Rn. 9; *Mittelmann/Ehmann* in: Plagemann, MüAnwHdb SozR, § 39 Rn. 69.

2. Gegenüberstellung von § 93 SGB XII und § 90 BSHG

Mit dem Vierten Gesetz für moderne Dienstleistungen am Arbeitsmarkt[97] – besser bekannt unter der Kurzbezeichnung Hartz IV – wurde auch das Gesetz zur Einordnung des Sozialhilferechts in das SGB[98] beschlossen. Art. 1 SozhiEinOG überführt das bisherige BSHG mit Wirkung zum 1.1.2005 in das Sozialgesetzbuch als dessen 12. Buch. § 93 SGB XII überträgt im Wesentlichen inhaltsgleich den bisherigen § 90 BSHG.[99] Daher werden in dieser Arbeit auch Gerichtsentscheidungen und einschlägige Fachliteratur zitiert, die sich auf § 90 BSHG beziehen. Im Übrigen sind alle weiteren sozialhilferechtlichen Anführungen in die seit Beginn 2005 geltende Gesetzesfassung transformiert worden.

3. Überleitungsanzeige, § 93 Abs. 2 Satz 1 SGB XII

Die Anspruchsüberleitung erfolgt durch schriftliche Anzeige des Sozialhilfeträgers gemäß § 93 Abs. 2 Satz 1 SGB XII. Nach dem Prinzip der Gleichzeitigkeit müssen überzuleitender Anspruch und Hilfegewährung zeitlich aufeinander bezogen sein.[100] Die Überleitungsanzeige stellt nach den §§ 93 Abs. 2, 3 SGB XII, 31 SGB X einen belastenden Sozialverwaltungsakt dar und wirkt mit ihrem eigenen Wirksamwerden gemäß den §§ 39 ff. SGB X ab dem Zeitpunkt des Beginns der Leistungsgewährung.[101] Dem Grundsatz der Identität von Hilfe gewährendem und überleitendem Sozialhilfeträger nach besitzt die Behörde die örtliche und sachliche Zuständigkeit, die die Hilfeleistung erbracht hat.[102]

Gegen die Überleitungsanzeige sind Widerspruch gemäß §§ 68 ff. VwGO und Anfechtungsklage gemäß § 42 Abs. 1, 1. Alt. VwGO möglich. Nach § 93 Abs. 3 SGB XII entfalten sie jedoch keine aufschiebende Wirkung. Der Dritte kann

97 Vom 24.12.2003, BGBl. I 2003, 2954.

98 Vom 27.12.2003, BGBl. I 2003, 3022.

99 Einen Überblick über die Neuerungen im Rahmen des SGB XII gewähren z.B. *Ehmann* in: Plagemann, MüAnwHdb SozR, § 38 Rn. 1 ff, und *Krauß* MittBayNot 2004, 330 (330 ff.).

100 Vgl. dazu z. B. *Münder* in: LPK-SGB XII, § 93 Rn. 28 ff.

101 *Doering-Striening* ErbR 2009, 362 (370).

102 *Wahrendorf* in: Grube/Wahrendorf, § 93 SGB XII Rn. 21; vgl. ferner *Schellhorn* in: Schellhorn/Schellhorn/Hohm, § 93 SGB XII Rn. 10; *Wolf* in: Fichtner/Wenzel, § 93 SGB XII Rn. 27. Zur örtlichen und sachlichen Zuständigkeit wird insbesondere auf *Schoch* in: LPK-SGB XII, § 3 Rn. 1 ff., verwiesen; vgl. auch die Übersicht zur Aufgabenerfüllung nach dem SGB XII bei *Kunkel* in: Klinger/Kunkel/Peters, Rn. 45.

allerdings in einem Eilverfahren nach § 86b Abs. 1 Nr. 2 SGG beim zuständigen Gericht erreichen, dass die aufschiebende Wirkung angeordnet wird. Seit dem 1.1.2005 fallen Sozialhilfeangelegenheiten nicht mehr in die Zuständigkeit der Verwaltungsgerichte, sondern in die der Sozialgerichte, vgl. § 51 Abs. 1 Nr. 6a SGG.

Der Sozialverwaltungsakt ist für die Zivilgerichte bindend, solange er nicht durch die zuständige Behörde oder durch sozialgerichtliche Entscheidung aufgehoben ist.[103] Ein ordentliches Gericht kann sich nur dann über einen Verwaltungsakt hinwegsetzen, wenn er nichtig, also auf eine so grobe Weise fehlerhaft ist, dass er gesetzlich überhaupt nicht gerechtfertigt werden kann und von jedermann als rechtsunwirksam zu erkennen ist.[104]

a) Rechtmäßigkeit trotz zu Unrecht erfolgter Leistungserbringung

§ 93 Abs. 1 Satz 1 SGB XII setzt zunächst voraus, dass Hilfen nach dem Fünften bis Neunten Kapitel[105] gewährt wurden. Fraglich ist jedoch, ob die Rechtmäßigkeit der Überleitung von der rechtmäßigen Erbringung der Sozialhilfeleistungen abhängt.

aa) Rechtsprechung des Bundesverwaltungsgerichts

Das Bundesverwaltungsgericht hat in seinem Urteil vom 18.12.1975 – V C 2.75[106] – die bisherige Rechtsprechung zu dieser Rechtsfrage zusammengefasst und ausgewertet, sie letztlich aber offengelassen. Eine allgemeingültige und einheitliche Aussage sei nicht möglich, weil die Entscheidung in dem einen oder anderen Sinn davon abhängen könne, ob die Voraussetzungen für die Sozialleistung und den überzuleitenden Anspruch wesentlich unterschiedlich seien.[107] Somit könne der Charakter des überzuleitenden Anspruchs bedeutsam sein.

---

103 Allerdings bezogen auf die Aufhebung vor einem Verwaltungsgericht: *BGH* v. 23.11.1951 – V ZR 89/50 – BGHZ 4, 68 (71); *ders.* v. 19.12.1978 – VI ZR 43/77 – BGHZ 73, 114 (117); *Schultz* MDR 1983, 101 (101).

104 *BGH* v. 13.6.1972 – VI ZR 83/71 – MDR 1972, 856 (856) m. w. N.; vgl. auch *BVerwG* v. 7.9.1960 – VI C 22.58 – BVerwGE 11, 106 (108).

105 Hilfen zur Gesundheit (Fünftes Kapitel), Eingliederungshilfe für behinderte Menschen (Sechstes Kapitel), Hilfen zur Pflege (Siebtes Kapitel), Hilfe zur Überwindung besonderer sozialer Schwierigkeiten (Achtes Kapitel), Hilfe in anderen Lebenslagen (Neuntes Kapitel).

106 BVerwGE 50, 64–73.

107 *BVerwG* v. 18.12.1975 – V C 2.75 – BVerwGE 50, 64 (68 f.).

So hatte der V. Senat noch in seinem Urteil vom 27.3.1968 – V C 3.67[108] – die Auffassung vertreten, dass es einem allgemeinen Rechtsgrundsatz zuwiderlaufen würde, wenn eine Behörde, die rechtswidrig Sozialhilfeleistungen erbracht hat und vom Empfänger die Rückzahlung nicht erlangen kann, durch Überleitung von Ansprüchen des Empfängers gegen einen Dritten die Folgen ihres fehlerhaften Verhaltens auf diesen am Verfahren nicht beteiligten Dritten abwälzen dürfe. Dagegen sprach derselbe Senat dieser Rechtsauffassung in seiner Entscheidung vom 17.5.1973 – V C 108.72[109] – zumindest die allgemeine Gültigkeit ab. Die Auslegung aus dem Wortlaut des Gesetzes gebe für eine Entscheidung nichts her, da er auch eine dahingehende Auslegung gestatte, dass die Rechtmäßigkeit der Überleitung von der Rechtmäßigkeit der geleisteten Hilfe abhängig sei. Entscheidend sei daher, dass der Sinn der Überleitungsregelung in der Wiederherstellung des vom Gesetz gewollten Nachrangverhältnisses zwischen den Leistungen der Sozialhilfe und den Leistungen Drittverpflichteter liegt.[110] Das Bedürfnis nach Realisierung des Nachrangigkeitsgrundsatzes bestehe nämlich schon dann, wenn Sozialhilfe geleistet worden ist, unabhängig von ihrer Rechtmäßigkeit. Des Weiteren würden auch nicht die Belange des im Wege der Überleitung in Anspruch Genommenen verkürzt. Soweit dem Drittverpflichteten nach dem Gesetz ein besonderer Schutz[111] zukomme, bleibe dieser erhalten. Es komme letztlich auch nicht zu einer Abwälzung des Risikos einer unrechtmäßigen Sozialhilfeleistung in unzulässiger Weise auf den Dritten, weil sich der Hilfeempfänger regelmäßig gegenüber dem Träger der Sozialhilfe nicht auf Vertrauensschutz werde berufen können, wenn ihm aus demselben Anlass, aus dem ihm Sozialhilfe erbracht worden ist, ein realisierbarer Anspruch gegen einen Dritten zustehe.[112] Es stelle sich schließlich auch nicht als unbillig dar, wenn der Dritte aus einem solchen Fehler des Sozialhilfeträgers keinen Vorteil ziehe.

Die vorstehende Argumentation hat der V. Senat des Bundesverwaltungsgerichts in der Entscheidung vom 27.10.1977 – V C 9.77[113] – noch ergänzt. Die unmittelbare Anspruchsüberleitung auf die Behörde sei prinzipiell unbedenklich und erweise sich lediglich als „Instrument sinnvoller technischer Vereinfachung". Daran ändere sich auch dann nichts, wenn der Sozialhilfeträger an der Rückforderung der rechtswidrig

108 BVerwGE 29, 229 (233 f.).
109 BVerwGE 42, 198 (201 ff.).
110 *BVerwG* v. 17.5.1973 – V C 108.72 – BVerwGE 42, 198 (202 f.).
111 Vgl. §§ 93 Abs. 1 Satz 3, 94 SGB XII.
112 *BVerwG* v. 17.5.1973 – V C 108.72 – BVerwGE 42, 198 (203).
113 BVerwGE 55, 23 (26).

gewährten Leistung gehindert[114] sei, da dann höchstens der Begünstigte, nicht aber der Dritte durch die Überleitung des Anspruchs belastet sein könnte.[115]

Das Bundesverwaltungsgericht sprach sich weiterhin in seinem Urteil vom 4.6.1992 – 5 C 57/88[116] – dagegen aus, die Rechtmäßigkeit der Leistungserbringung als Voraussetzung anzusehen. Als weiteren Anhaltspunkt für seine Auffassung führt der Senat an, dass mit der Anwendung der Überleitungsvorschrift keine Durchbrechung der abschließenden Regelung der Rückforderung rechtswidriger Leistungen über die §§ 45, 50 SGB X verbunden sei, weil damit keine derartige Rückforderung ermöglicht werde, sondern allein die Inanspruchnahme Dritter. Auch bestünden keine durchgreifenden Bedenken dagegen, dass der Sozialhilfeträger von dem Unterhaltsverpflichteten Zahlung verlangen könnte, obwohl auch der Unterhaltsschuldner selbst zur Erstattung der Sozialhilfe verpflichtet wäre, da beide Ansprüche nicht kumulativ durchgesetzt werden können.[117] Im Übrigen erschiene es unbillig, dass der Dritte durch das fehlerhafte Vorgehen des Sozialhilfeträgers einen Vorteil in dem Sinne ziehen könnte, dass eine Anspruchsüberleitung nicht stattfinde und er von einer Klage des Sozialhilfeträgers verschont bliebe.[118] Auf die Rechtswidrigkeit der erbrachten Sozialhilfe solle sich der Dritte nur ausnahmsweise berufen können, wenn andernfalls seine schutzwürdigen Belange in unzulässiger Weise verkürzt würden.

Das Bundesverwaltungsgericht tendiert letztlich also dazu, in der Inanspruchnahme des Dritten keine unbillige Abwälzung des Risikos einer unrechtmäßigen Sozialhilfegewährung zu sehen. Seiner Rechtsprechung sind inzwischen auch das LSG Nordrhein-Westfalen in seinem Beschluss vom 20.12.2006 – L 20 B 135/06 SO ER[119] – sowie das LSG Hessen in seinem Beschluss vom 1.11.2007 – L 9 SO 79/07 ER[120] – gefolgt.

bb) Teile der Literatur

Dementgegen ist nach Teilen der Literatur[121] an der Rechtmäßigkeit der Leistungserbringung als materieller Voraussetzung für die Überleitungsanzeige

114 Etwa durch eine Regelung vergleichbar § 20 BAföG.

115 *BVerwG* v. 27.10.1977 – V C 9.77 – BVerwGE 55, 23 (26).

116 MDR 1992, 1092 (1092).

117 *BVerwG* v. 4.6.1992 – 5 C 57/88 – MDR 1992, 1092 (1092).

118 Vgl. schon *BVerwG* v. 17.5.1973 – V C 108.72 – BVerwGE 42, 198 (203).

119 FEVS 58, 448–450.

120 SAR 2008, 14–16.

121 *Münder* ZfSH/SGB 1985, 248–256; *ders.* NVwZ 1993, 1031 (1033); *ders.* in: LPK-SGB XII, § 93 Rn. 13 f.

festzuhalten. Mit einer von jeweiligen Fallkonstellationen abhängigen unterschiedlichen Auslegung der Tatbestandsmerkmale bei demselben Normtext werde der durch die Auslegung angestrebte Rationalitätsgewinn nicht erzielt.[122] Zudem bestehe bei rechtswidriger Leistungserbringung eine nachrangige Verpflichtung des Sozialhilfeträgers überhaupt nicht, so dass auch nicht mit dem Bedürfnis nach Einhaltung des Nachrangigkeitsgrundsatzes argumentiert werden könne.[123] Schließlich sei das Interesse einer Behörde an der Beseitigung einer rechtswidrigen Leistung durch § 45 SGB X gesichert.[124]

cc) Bewertung

Für die von der Rechtsprechung vertretene Auffassung sprechen die gewichtigeren Argumente. Nach dem Wortlaut des § 93 SGB XII bleibt zunächst offen, ob die rechtmäßige Leistungserbringung Voraussetzung für die Rechtmäßigkeit der Überleitung ist oder nicht, weil der Gesetzgeber zwar durch die Neufassung des SGB XII den früher in § 90 BSHG verwendeten Begriff des Hilfeempfängers durch die Formulierung „leistungsberechtigte Person" ersetzt, aber damit lediglich § 93 an die im SGB XII übliche Bezeichnung „Leistungsberechtigter" sprachlich angepasst hat.[125]

Unter systematischen Gesichtspunkten ist aber zu berücksichtigen, dass ein rechtswirksamer Verwaltungsakt nicht nur gegenüber den Adressaten, sondern auch gegenüber allen Gerichten und Verwaltungsbehörden, die nach geltendem Recht nicht gerade zur Überprüfung des betreffenden Verwaltungsaktes berufen sind, eine Tatbestandswirkung entfaltet.[126] Sie bringt zum Ausdruck, dass alle Staatsorgane die im Verwaltungsakt getroffene Regelung zu beachten und ihren eigenen Handlungen zugrunde zu legen haben.[127]

Weiterhin hat die Überleitungsvorschrift des § 93 SGB XII den Zweck, den in § 2 SGB XII statuierten sozialhilferechtlichen Nachrang wiederherzustellen und den Sozialhilfeträger finanziell zu entlasten. Bei dem Nachrangigkeitsprinzip handelt es sich um eines der Grundprinzipien des Sozialhilferechts.[128] Das Bedürfnis nach Realisierung dieses Grundsatzes ist bereits mit der Sozialhilfeleistung begründet,

---

122 *Münder* ZfSH/SGB 1985, 248 (250); *ders.* in: LPK-SGB XII, § 93 Rn. 13, spricht von einem wenig hilfreichen „Sowohl-als-auch".

123 *Münder* ZfSH/SGB 1985, 248 (250); *ders.* NVwZ 1993, 1031 (1033).

124 *Münder* in: LPK-SGB XII, § 93 Rn. 15.

125 *Wahrendorf* in: Grube/Wahrendorf, § 93 SGB XII Rn. 7.

126 *Münder* in: LPK-SGB XII, § 93 Rn. 14 f.; *Schultz* MDR 1983, 101 (101).

127 *Maurer* Allg. VerwR, § 11 Rn. 8; *Schultz* MDR 1983, 101 (101); ausführlich zur Tatbestandswirkung von Verwaltungsakten *Wilhelms* NJ 2005, 337–343.

128 *BVerwG* v. 4.6.1992 – 5 C 57/88 – MDR 1992, 1092 (1092).

unabhängig von der Rechtmäßigkeit ihrer Erbringung.[129] Ansonsten müsste die Allgemeinheit für die durch die unrechtmäßige Leistungserbringung entstandenen Kosten aufkommen, während dem Dritten aus einem solchen Fehler ein Vorteil erwächst.

Darüber hinaus trifft es zu, dass mit der Anspruchsüberleitung gemäß § 93 SGB XII allein die Inanspruchnahme Dritter verbunden ist. Die Rückforderung rechtswidriger Leistungen richtet sich nach den §§ 45, 50 SGB X und bleibt davon unberührt. Liegen Anhaltspunkte für zu Unrecht erbrachte Sozialhilfeleistungen vor, hat der Sozialhilfeträger aufgrund des in Art. 20 Abs. 3 GG verankerten Rechtsstaatlichkeitsprinzips nach § 45 SGB X über die Rücknahme des Verwaltungsakts zu entscheiden.[130] Mit der Rücknahmeentscheidung entfällt der Überleitungstatbestand, so dass auch dem berechtigten Interesse des Dritten gedient ist.[131] Ein Vorgehen gegen den Dritten nach § 93 SGB XII und die Durchsetzung eines Anspruchs auf Erstattung zu Unrecht erbrachter Sozialhilfeleistungen gegenüber dem Leistungsberechtigten sind kumulativ nicht möglich.

b) Rechtmäßigkeit trotz Nichtbestehens des übergeleiteten Anspruchs

Den mit der Überleitungsanzeige verbundenen Eingriff des Sozialhilfeträgers in die Rechtsbeziehung zum Leistungsberechtigten braucht der Dritte nur hinzunehmen, wenn die gesetzlichen Voraussetzungen erfüllt sind und das dem Sozialhilfeträger eröffnete Ermessen im Verhältnis zu ihm fehlerfrei ausgeübt worden ist.[132] Für den Bestand der Überleitung als solcher kommt es aber nach ständiger Rechtsprechung[133] nicht auf das Bestehen und den Umfang des übergeleiteten Anspruchs an.[134] Seinem Wortsinn nach sagt der Begriff der Überleitung nicht mehr, als dass ein Gläubigerwechsel in Bezug auf den übergeleiteten

129 So auch *Wolf* in: Fichtner/Wenzel, § 93 SGB XII Rn. 9.

130 *Wahrendorf* in: Grube/Wahrendorf, § 93 SGB XII Rn. 7.

131 *Wahrendorf* in: Grube/Wahrendorf, § 93 SGB XII Rn. 7.

132 *BVerwG* v. 27.5.1993 – 5 C 7/91 – BVerwGE 92, 281 (285 f.).

133 *BVerwG* v. 26.11.1969 – V C 54.69 – BVerwGE 34, 219–225; *dass.* v. 21.1.1982 – 2 C 46/81 – BVerwGE 64, 333–343; *dass.* v. 27.5.1993 – 5 C 7/91 – BVerwGE 92, 281–288; *LSG Bayern* v. 14.2.2008 – L 11 SO 20/07 – FEVS 60, 131–134; *LSG Hessen* v. 1.11.2007 – L 9 SO 79/07 ER – SAR 2008, 14–16.

134 Ebenso die überwiegende Ansicht in der Literatur: *Hußmann* ZEV 2005, 54 (55); *Münder* in: LPK-SGB XII, § 93 Rn. 22; *Schellhorn* in: Schellhorn/Schellhorn/Hohm, § 93 SGB XII Rn. 23; *Winkler* in: Kruse/Reinhard/Winkler [u. a.], § 93 SGB XII Rn. 10; *Wolf* in: Fichtner/Wenzel, § 93 SGB XII Rn. 10.

Anspruch eintritt.[135] Es geht bei der Überleitung nach dem Sinn der Vorschrift um die Wiederherstellung des vom Gesetz gewollten Verhältnisses des Nachrangs der Sozialhilfe und dabei ist die Orientierung am jeweiligen Bedarfszeitraum von entscheidender Bedeutung. Daher kommt es bei dem Bedingungssatz in § 93 Abs. 1 Satz 1 SGB XII vielmehr auf die zeitliche Deckungsgleichheit an, dass selbst bei Bestehen eines Anspruchs eine Überleitung nur für die Zeit erfolgt, für die Leistungen erbracht worden sind.[136] Das Recht zur Überleitung hat gerade den Sinn, strittige Ansprüche vor dem für den übergeleiteten Anspruch zuständigen Gericht zu klären.[137] Nur wenn eine Überleitungsanzeige erlassen wird, gleichwohl der übergeleitete Anspruch offensichtlich ausgeschlossen ist und die Überleitungsanzeige sinnlos wäre, könnte sie rechtswidrig sein – sog. Negativevidenz.[138] Der überzuleitende Anspruch muss also nur mutmaßlich bestehen. Es genügt eine der Höhe nach unbezifferte Überleitung dem Grunde nach.[139]

Es ist folglich zwischen den öffentlich-rechtlichen Tatbestandsmerkmalen der Überleitungsanzeige und den Voraussetzungen für Bestand und Umfang des übergeleiteten Anspruchs zu differenzieren. Dies führt zu einer „Doppelgleisigkeit des Rechtswegs“[140]. Das verwaltungsgerichtliche – nunmehr sozialgerichtliche – Verfahren betrifft die Überleitung, während die Prüfung des Bestehens einer Forderung der fachgerichtlichen Kontrolle bei der Durchsetzung des übergeleiteten Anspruchs vorbehalten bleibt.[141] Auf diese Weise soll verhindert werden, dass das Sozialgericht letztverantwortlich über die Rechtmäßigkeit rechtswegfremder Forderungen entscheidet.[142]

c) Begrenzung des Anspruchsübergangs zum Schutz des Dritten, § 93 Abs. 1 Satz 3 SGB XII

Um sicherzustellen, dass eine Anspruchsüberleitung nur erfolgt, wenn dem Nachrangigkeitsgrundsatz zuwiderlaufende Sozialhilfeleistungen gewährt

---

135 *BVerwG* v. 26.11.1969 – V C 54.69 – BVerwGE 34, 219 (220); siehe dazu Teil B/II./4.

136 *BVerwG* v. 26.11.1969 – V C 54.69 – BVerwGE 34, 219 (220); krit. *Münder* ZfSH/SGB 1985, 248 (251).

137 *Schellhorn* in: Schellhorn/Schellhorn/Hohm, § 93 SGB XII Rn. 23.

138 *BVerwG* v. 27.5.1993 – 5 C 7/91 – BVerwGE 92, 281 (283 f.) m. w. N.

139 *Schellhorn* in: Schellhorn/Schellhorn/Hohm, § 93 SGB XII Rn. 9.

140 *Münder* ZfSH/SGB 1985, 248 (251); ähnlich *Eberl-Borges/Schüttlöffel* FamRZ 2006, 589 (591), die von einer Rechtswegspaltung sprechen.

141 *Mittelmann/Ehmann* in: Plagemann, MüAnwHdb SozR, § 39 Rn. 6; vgl. *Brückner* NJW 2008, 1111 (1111); *Münder* NVwZ 1993, 1031 (1033).

142 *Wahrendorf* in: Grube/Wahrendorf, § 93 SGB XII Rn. 10.

worden sind[143], darf nach § 93 Abs. 1 Satz 3 SGB XII die Überleitung nur insoweit bewirkt werden, als bei rechtzeitiger Leistung des anderen entweder die Leistung nicht erbracht worden wäre oder in den Fällen des § 19 Abs. 5 und des § 92 Abs. 1 SGB XII Aufwendungsersatz oder ein Kostenbeitrag zu leisten wäre. Nach der ersten Alternative muss zwischen der Nichterfüllung des Anspruchs und der Leistung des Sozialhilfeträgers ein unmittelbarer Zusammenhang bestehen. Die Überleitung darf nur in dem Maße bewirkt werden, in dem die Erfüllung des Anspruchs die Sozialhilfeleistung beeinflusst hätte, sog. Kausalitätsbetrachtung[144]. Entspricht die Überleitungsanzeige nicht diesem Erfordernis, ist sie rechtswidrig. Daher sind für die Ermittlung, ob und gegebenenfalls in welcher Höhe der Leistungsberechtigte Sozialleistungen erhalten hätte, unterstellt der andere hätte rechtzeitig erfüllt, insbesondere die Vorschriften über einzusetzendes Einkommen und Vermögen zu prüfen.[145] In diesem Zusammenhang stellt sich die Frage nach der Bedeutung der Vorschrift über Schonvermögen für den Übernehmer. Zum Schonvermögen zählen die in § 90 Abs. 2 SGB XII näher bezeichneten Vermögenswerte, die entgegen dem Nachrangprinzip der Sozialhilfe nicht zum Lebensunterhalt eingesetzt oder verwertet werden müssen. Unter Nr. 8 ist das angemessene Hausgrundstück aufgeführt. In der Entscheidung des Bundesgerichtshofes vom 19.10.2004 – X ZR 2/03[146] – ging es um die Geltendmachung des Anspruchs auf Rückforderung eines dem Schonvermögen angehörenden Hausgrundstücks wegen Notbedarfs des Schenkers durch den Sozialhilfeträger. Der Beklagte erwehrte sich der Klageforderung im Wesentlichen mit dem Argument, dass die Sozialhilfeleistung an den Schenker nach § 90 Abs. 2 Nr. 8 SGB XII nicht von der Verwertung des Hausgrundstücks hätte abhängig gemacht werden dürfen. Für eine Prüfung der Rechtmäßigkeit der Überleitungsanzeige unter Berücksichtigung der sozialhilferechtlichen Schranke des § 93 Abs. 1 Satz 3 SGB XII hätte der Beschenkte ein Verfahren vor dem zuständigen Sozialgericht anstrengen müssen. Daher verwies der Bundesgerichtshof darauf, dass es für die Überleitung des Rückforderungsanspruchs wegen Notbedarfs gemäß § 528 Abs. 1 Satz 1 BGB unbeachtlich sei, ob das geschenkte

143 *von Koppenfels-Spies* in: Kreikebohm/Spellbrink/Waltermann, § 93 SGB XII Rn. 5.

144 *Mittelmann/Ehmann* in: Plagemann, MüAnwHdb SozR, § 39 Rn. 11; vgl. auch *Wilhelm* NDV 1998, 171 (178); *LSG Bayern* v. 14.2.2008 – L 11 SO 20/07 – FEVS 60, 131–134.

145 *Münder* in: LPK-SGB XII, § 93 Rn. 32.

146 *BGH* v. 19.10.2004 – X ZR 2/03 – FamRZ 2005, 177–178.

Grundstück im Eigentum des Schenkers Schonvermögen gewesen wäre.[147] Die Überleitungsanzeige bewirke den Eintritt des Sozialhilfeträgers in die Rechtsstellung des Schenkers hinsichtlich des übergeleiteten Anspruchs.[148] Der Anspruch aus § 528 Abs. 1 Satz 1 BGB sei aber nicht durch Regelungen beschränkt, die denjenigen des SGB XII vergleichbar wären. Sowohl das Schenkungsrecht als auch das Sozialhilferecht seien jeweils in sich geschlossene Rechtssysteme mit unterschiedlichen ausgestalteten Billigkeitsregelungen.[149]

Aber selbst im Rahmen der Anfechtung der Überleitungsanzeige als Sozialverwaltungsakt sind die Schonvermögenstatbestände häufig nicht zu prüfen. Der Anspruch aus § 528 Abs. 1 Satz 1 BGB besteht nämlich nur in dem Umfang, in welchem der Schenkungsgegenstand zur Deckung des Notbedarfs erforderlich ist.[150] Im Regelfall wird bei Grundstücksschenkungen der eingetretene Bedarf unter dem Wert der Zuwendung liegen.[151] Bei einem solchen real unteilbaren Schenkungsgegenstand ist der Rückforderungsanspruch dann von vornherein auf Zahlung in Höhe des der Bedürftigkeit des Schenkers entsprechenden Wertteils des Geschenks gerichtet.[152] Besteht ein regelmäßig wiederkehrender Bedarf, können nur monatliche Zahlungen in einer dem Bedarf entsprechenden Höhe verlangt werden, bis der Wert des Schenkungsgegenstandes aufgezehrt ist.[153] In diesen Fällen wären die eingehenden Zahlungen beim Leistungsempfänger und Schenker als Einkommen zu berücksichtigen, so dass § 90 Abs. 2 Nr. 8 SGB XII nicht eingreift.[154]

---

147 Vgl. bereits *BGH* v. 11.3.1994 – V ZR 188/92 – BGHZ 125, 283 (287).

148 Siehe dazu sogleich.

149 *BGH* v. 19.10.2004 – X ZR 2/03 – FamRZ 2005, 177 (178). Als Billigkeitsregelung für das Schenkungsrecht verweist der Senat auf § 529 Abs. 2 BGB. Zu den Voraussetzungen im Einzelnen siehe Teil C/III./4./b)/cc).

150 *BGH* v. 29.3.1985 – V ZR 107/84 – BGHZ 94, 141 (143); *BVerwG* v. 25.6.1992 – 5 C 37/88 – BVerwGE 90, 245 (247 f.). Siehe zu den möglichen Rechtsfolgen ausführlich Teil C/III./3./b).

151 So auch *Krauß* MittBayNot 2005, 349 (350).

152 *BGH* v. 29.3.1985 – V ZR 107/84 – BGHZ 94, 141 (143 f.).

153 *BVerwG* v. 25.6.1992 – 5 C 37/88 – BVerwGE 90, 245 (248).

154 So auch *Kunkel* in: Klinger/Kunkel/Peters, Rn. 473; *Klinger/Maulbetsch* NJW-Spezial 2004, 301 (301); *Krauß* MittBayNot 2005, 349 (353); *Schellhorn* in: Schellhorn/Schellhorn/Hohm, § 93 SGB XII Rn. 30; *Wolf* in: Fichtner/Wenzel, § 93 SGB XII Rn. 17; a. A. *Münder* NJW 1993, 1031 (1034), nach dem das Wort „soweit“ den Anspruch des Schenkers gegebenenfalls in der Höhe begrenzt, ihn aber nicht von einem Herausgabeanspruch in einen Anspruch auf Geldleistung verwandelt; *ders.* in: LPK-SGB XII, § 93 Rn. 33.

Ist der Rückforderungsanspruch seinem Inhalt nach auf Naturalrestitution gerichtet, würde durch den Umzug in ein Pflegeheim die Zugehörigkeit eines angemessenen Hausgrundstücks zum Schonvermögen aufgehoben werden, weil es vom Hilfesuchenden dann nicht mehr selbst bewohnt wird.[155] Die Selbstnutzung endet nicht, solange ein Mitglied der Einsatzgemeinschaft nach § 19 SGB XII das Objekt weiterhin bewohnt.

Die zweite Alternative in § 93 Abs. 1 Satz 3 SGB XII stellt klar, dass die Überleitung auch bewirkt werden kann, wenn in einem Falle des § 19 Abs. 5 oder des § 92 Abs. 1 SGB XII Sozialhilfe zwar auch bei rechtzeitiger Leistung des Dritten gewährt worden wäre, der Leistungsempfänger dann aber nach der entsprechenden Vorschrift Aufwendungs- oder Kostenersatz zu leisten hätte. In der Überleitungspraxis spielt diese Alternative kaum eine Rolle.

4. Rechtsfolgen der Überleitungsanzeige

Gemäß § 93 Abs. 2 SGB XII bewirkt die Überleitungsanzeige den Übergang des Anspruchs für die Zeit, für die der leistungsberechtigten Person die Leistung ohne Unterbrechung von mehr als zwei Monaten erbracht wird. Die Überleitung kann somit sowohl für bereits erbrachte als auch für künftig noch zu erbringende Sozialhilfe vorgenommen werden.[156] Sie dient der finanziellen Entlastung des Sozialhilfeträgers, indem zumindest ein Teil der Sozialhilfeausgaben wieder eingenommen werden kann. Der Sozialhilfeträger rückt durch eine Überleitungsanzeige vergleichbar mit einer Abtretung[157] mit unmittelbarer Wirkung in die Rechtsstellung des Anspruchsinhabers, ohne dass sich dadurch der Anspruch seinem Wesen oder

---

155 Vgl. *BVerwG* v. 5.12.1991 – 5 C 60/88 – NJW 1992, 1402 (1402); *VG Schleswig-Holstein* v. 19.5.2006 – 7 A 164/04 – Rn. 25 zitiert nach juris; *Ehmann* in: Plagemann, MüAnwHdb SozR, § 38 Rn. 114; *Krauß* MittBayNot 1992, 77 (84); *ders.* MittBayNot 2005, 349 (350). *Krauß* spricht sich weitergehend für eine Ergänzung der in § 93 Abs. 1 Satz 3, 2. Alt. SGB XII aufgezählten Sachverhalte um den Fall des Kostenersatzes gemäß § 102 SGB XII im Wege einer Gesamtanalogie aus, so dass bei von vornherein geschuldeter Naturalrestitution die Überleitung des Rückforderungsanspruchs statthaft wäre, sie allerdings zunächst, längstens bis zum Tode des Leistungsberechtigten, nicht zu einer Verwertung führen würde, vgl. MittBayNot 2005, 349 (353).

156 Künftige Ansprüche können unter der aufschiebenden Bedingung übergeleitet werden, dass der Träger der Sozialhilfe dem Leistungsberechtigten Leistungen erbringt, vgl. *BGH* v. 13.1.1988 – IVb ZR 15/87 – NJW 1988, 1147 (1147).

157 Zu den Unterschieden *Eberl-Borges/Schüttlöffel* FamRZ 2006, 589 (591).

seinem Inhalt nach ändert.[158] Für den Forderungsübergang gelten die Vorschriften der §§ 399 bis 404 und 406 bis 410 BGB entsprechend.[159] Aufgrund des Anspruchsübergangs kommt es zu einem Gläubigerwechsel. Allerdings verbleibt das dem Anspruch zugrunde liegende „Stammrecht“ beim Leistungsempfänger[160], so dass er seine Gestaltungsrechte weiterhin ausüben kann[161]. Der Dritte soll für eine Zeit, in der noch keine Sozialhilfe geleistet worden ist, seine Verpflichtung gegenüber dem Leistungsempfänger erfüllen können.[162] Davon abgesehen kann der verpflichtete Dritte nach Zugang der Überleitungsanzeige nur noch an den Sozialhilfeträger mit befreiender Wirkung leisten. Leistet er jedoch in Unkenntnis der Überleitung an den bisherigen Gläubiger, wird sein guter Glaube entsprechend § 407 Abs. 1 BGB geschützt. Dem Träger der Sozialhilfe stehen zur Realisierung seines Anspruchs die gleichen prozessualen Möglichkeiten offen, die dem Leistungsberechtigten zur Verfügung standen. Sämtliche Einwendungen, die der Dritte gegen den Leistungsberechtigten hatte, bleiben ihm erhalten.[163] Der Leistungsempfänger kann nach der Überleitung gemäß § 93 SGB XII nicht mehr wirksam auf den Anspruch verzichten, da er nicht mehr verfügungsberechtigt ist.

---

158 Vgl. *BGH* v. 29.3.1985 – V ZR 107/84 – BGHZ 94, 141 (142); *ders.* v. 13.7.2004 – VI ZR 273/03 – MDR 2005, 34 (34).

159 *BAG* v. 18.2.1971 – 5 AZR 296/70 – MDR 1971, 696 (696); differenzierend *Eberl-Borges/Schüttlöffel* FamRZ 2006, 589 (592).

160 *BVerwG* v. 26.11.1969 – V C 54.69 – BVerwGE 34, 219 (225).

161 *Eberl-Borges/Schüttlöffel* FamRZ 2006, 589 (591); *Litzenburger* ZEV 2009, 278 (279); *Münder* in: LPK-SGB XII, § 93 Rn. 50; *Schellhorn* in: Schellhorn/Schellhorn/Hohm, § 93 SGB XII Rn. 35; *Wahrendorf* in: Grube/Wahrendorf, § 93 SGB XII Rn. 20 m. w. N.

162 *BVerwG* v. 26.11.1969 – V C 66/68 – IV U 5/275 – BVerwGE 34, 219 (225) m. w. N.; *dass.* v. 18.12.1975 – C 2.75 – BVerwGE 50, 64 (66 f.); *BSG* v. 13.5.1981 – 7 RAr 102/79 – Rn. 22 zitiert nach juris.

163 *Eberl-Borges/Schüttlöffel* FamRZ 2006, 589 (592); *Jehle* ZfSH 1966, 65 (69); *Mittelmann/Ehmann* in: Plagemann, MüAnwHdb SozR, § 39 Rn. 15; *Schellhorn* in: Schellhorn/Schellhorn/Hohm, § 93 SGB XII Rn. 38; *Wahrendorf* in: Grube/Wahrendorf, § 93 SGB XII Rn. 25.

Teil C: Überleitungsfähige Ansprüche des Leistungsberechtigten nach § 93 SGB XII

Die Anforderungen an eine rechtmäßige Überleitungsanzeige gemäß § 93 SGB XII bereiten in der Praxis weniger Probleme. Denn wie bereits erörtert[164], hat der Bestand des überzuleitenden Anspruchs grundsätzlich keine Auswirkungen auf die öffentlich-rechtlich zu beurteilende Rechtmäßigkeit der Überleitungsanzeige. Für die unter materiell-rechtlichen Gesichtspunkten wirksame Überleitung nach § 93 SGB XII ist hingegen das Bestehen eines überleitbaren Anspruchs von Bedeutung, damit sie nicht ins Leere geht.[165] Ein Anspruch ist nach der Legaldefinition in § 194 Abs. 1 BGB das Recht, von einem anderen ein Tun oder Unterlassen zu verlangen. Für den Sozialhilfeträger gestaltet es sich weitaus schwieriger, im Einzelfall vor Gericht, darzulegen und zu beweisen, dass ein überleitbarer Anspruch des Leistungsberechtigten nach § 93 SGB XII besteht. Der Vorschrift liegt dabei ein weites Verständnis zu Grunde, wie Abs. 1 Satz 4 verdeutlicht. Hiernach ist der Übergang nicht dadurch ausgeschlossen, dass der Anspruch nicht übertragen, verpfändet oder gepfändet werden kann. Ferner ist unerheblich, ob es sich um einmalige oder wiederkehrende Ansprüche handelt. Auch künftige Ansprüche sind überleitbar, sofern sie schon genügend bestimmt oder bestimmbar sind.[166]

I. Überleitungsfähigkeit des dinglichen Wohnungsrechts, § 1093 Abs. 1 Satz 1 BGB

Das dingliche Wohnungsrecht i. S. v. § 1093 Abs. 1 Satz 1 BGB ist als spezielle Form der beschränkten persönlichen Dienstbarkeit gemäß § 1092 Abs. 1 Satz 1 BGB nicht übertragbar. Der Anwendung der Vorschrift stünde § 93 Abs. 1 Satz 4 SGB XII entgegen. Hierin heißt es, dass der Übergang nicht dadurch ausgeschlossen ist, dass der Anspruch nicht übertragen werden kann. Darauf kommt es aber nicht an, weil das dingliche Wohnungsrecht schon keinen Anspruch i. S. d.

---

164 Siehe Teil B/II./3./b).

165 Vgl. auch die Klausurlösung von *Eckebrecht* JA 2003, 209 (210).

166 *Schellhorn* in: Schellhorn/Schellhorn/Hohm, § 93 SGB XII Rn. 43.

§ 194 Abs. 1 BGB darstellt.[167] Kennzeichnend für das dingliche Wohnungsrecht ist nicht das Recht von einem anderen etwas verlangen zu können, sondern das unmittelbare Recht an einer Sache.[168] Es zeichnet sich also durch seine absolute Wirkung gegenüber jedermann aus. Die Annahme einer positiven Leistungspflicht, die ohne Weiteres auf den Sozialhilfeträger übergehen könnte, kommt von vornherein nicht in Betracht.[169]

Teilweise[170] wird weitergehend angenommen, dass die Überleitung nicht mit § 93 Abs. 1 Satz 1 und 3 SGB XII vereinbar sei. Satz 1 der Vorschrift sieht vor, dass der Träger der Sozialhilfe den Anspruch „nur bis zur Höhe" seiner Aufwendungen auf sich überleiten kann. Eine Überleitung von einem Anspruch auf eine Naturalleistung komme laut dieser Formulierung erst nach Umwandlung in einen Geldanspruch in Betracht.[171] Nach § 93 Abs. 1 Satz 3 SGB XII darf der Übergang des Anspruchs nur insoweit bewirkt werden, als bei rechtzeitiger Leistung des anderen Sozialhilfe nicht zu erbringen gewesen wäre. An dieser Überleitungsvoraussetzung fehle es, wenn der Übergeber als Wohnungsberechtigter infolge der unbefristeten Aufnahme in ein Alten- oder Pflegeheim persönlich nicht mehr zur Ausübung seines Rechts gemäß § 1093 Abs. 1 Satz 1 BGB in der Lage, der verpflichtete Eigentümer aber weiter zur Leistung bereit ist.[172]

Im Ergebnis herrscht Einigkeit darüber, dass das dingliche Wohnungsrecht selbst nicht übergeleitet werden kann.[173] Das überzeugt allein deswegen, weil der Träger der Sozialhilfe aufgrund der schriftlichen Überleitungsanzeige mit unmittelbarer

---

167 *Mayer* DNotZ 2008, 672 (674), berichtet von einer abweichenden Praxis der Sozialhilfeträger; a. A. *Baur* ZfS 1982, 229 (230).

168 *Karpen* MittRhNotK 1988, 131 (146).

169 *Mayer* DNotZ 2008, 672 (673).

170 Beruhend auf *OLG Braunschweig* v. 11.9.1995 – 2 W 118/95 – MittRhNotK 1996, 222 (222).

171 Beipflichtend *Eupen* GE 2010, 590 (592); a. A. *Rosendorfer* MittBayNot 2005, 1 (2), die eine derartige Beschränkung als unvereinbar mit dem Nachrangigkeitsprinzip sieht, weil auch ein auf Naturalleistung gerichteter Anspruch durchaus einen Geldwert besitzen könne.

172 *OLG Braunschweig* v. 11.9.1995 – 2 W 118/95 – MittRhNotK 1996, 222 (222).

173 Vgl. *OLG Braunschweig* v. 11.9.1995 – 2 W 118/95 – MittRhNotK 1996, 222 (222); *Brückner* NJW 2008, 1111 (1113); *Eupen* GE 2010, 590 (592); *Everts* ZEV 2004, 495 (497); *Gühlstorf/Ette* ZfF 2007, 265 (265); *Herrler* DNotZ 2009, 408 (409); *Karpen* MittRhNotK 1988, 131 (146); *Krauß* NotBZ 2007, 129 (129); *ders.* MittBayNot 1992, 77 (95); *Mayer* DNotZ 2008, 672 (673 f.); *Rosendorfer* MittBayNot 2005, 1 (2); *Vaupel* RNotZ 2009, 497 (515 f.); *Volmer* MittBayNot 2009, 276 (279); *Winkler* in: Kruse/Reinhard/Winkler [u. a.], § 93 SGB XII Rn. 9.

Wirkung die Rechtsstellung des bisherigen Anspruchsberechtigten erlangt.[174] Der Sozialhilfeträger könnte von dem Übernehmer als Grundstückseigentümer keine Nutzung der betroffenen Wohnung für eigene Zwecke verlangen. Das Wesen des dinglichen Wohnungsrechts ist nämlich dadurch geprägt, dass gemäß § 1092 Abs. 1 Satz 2 BGB ohne eine abweichende Vereinbarung allein der Berechtigte das Wohnungsrecht ausüben darf. Nach § 1093 Abs. 2 BGB ist er lediglich befugt, seine Familie sowie die zur standesgemäßen Bedienung und zur Pflege erforderlichen Personen in die Wohnung aufzunehmen.[175] Bei unverändertem Leistungsinhalt wäre das „übergeleitete" Wohnungsrecht für den Sozialhilfeträger an sich nichts wert.[176] Selbst wenn der Sozialhilfeträger das Wohnungsrecht auf sich überleiten dürfte, könnte er als Behörde begreiflicherweise das Wohnungsrecht nicht selbst ausüben. Von Wert wäre das Wohnungsrecht für den Träger der Sozialhilfe nur, wenn er die dem Recht unterliegenden Räumlichkeiten entgeltlich einem Dritten überlassen dürfte. Ein Wechsel in der Person des Wohnungsberechtigten würde dann aber eine unzulässige Inhaltsänderung der Leistungspflicht des Grundstückseigentümers nach sich ziehen.[177] Für den Übernehmer als Verpflichteter des Wohnungsrechts macht es einen nicht unerheblichen Unterschied, ob der ihm persönlich vertraute Partner des Übergabevertrags – zumeist der verbliebene Elternteil – dieses nutzt oder eine für ihn fremde Person.[178] Demnach ist die Überleitungsfähigkeit des dinglichen Wohnungsrechts zu verneinen, wenn ausschließlich der Berechtigte zur Rechtsausübung befugt ist.

Für den seltenen Ausnahmefall, dass der Übergeber mit dem Übernehmer im Übergabevertrrag nach § 1092 Abs. 1 Satz 1 BGB ausdrücklich vereinbart hat, dass die Ausübung des Wohnungsrechts entgeltlich oder unentgeltlich an Dritte überlassen werden kann, soll nach einer in der Literatur verbreiteten Ansicht[179] die Überleitungsfähigkeit des Wohnungsrechts gegeben sein. Die grundsätzliche Höchstpersönlichkeit des dinglichen Wohnungsrechts stehe dann einer Ausübung durch Dritte nicht entgegen. Die Duldung der Vermietung durch

---

174 Zu den Rechtsfolgen der Überleitung siehe bereits Teil B/II./4.

175 Diese Berechtigung erfasst nur die Mitbenutzung durch diesen Personenkreis, vgl. *Klinger/Roth* NJW-Spezial 2004, 157 (157).

176 *Everts* ZEV 2004, 495 (497).

177 Vgl. *Krauß* MittBayNot 1992, 77 (95).

178 *Eupen* GE 2010, 590 (592).

179 So bereits *Karpen* MittRhNotK 1988, 131 (146); vgl. ferner *Eupen* GE 2010, 590 (592); *Everts* ZEV 2004, 495 (497); *Herrler* DNotZ 2009, 408 (409); *Mayer* DNotZ 2008, 672 (673 f.); *Vaupel* RNotZ 2009, 497 (515 f.). Zum Bestehen eines Anspruchs auf Gestattung der Vermietung siehe Teil C/II./2.

den Sozialhilfeträger hätte jedoch gravierende Auswirkungen aus Sicht des Grundstückseigentümers. Er müsste gegebenenfalls über den Tod des Übergebers hinaus eine ihm fremde Person in den Räumen wohnen lassen.[180]

II. Schicksal des dinglichen Wohnungsrechts bei Unterbringung in einem Pflegeheim

Da das dingliche Wohnungsrecht selbst nicht überleitungsfähig ist, stellt sich die Frage, welches Schicksal es bei Unterbringung des Berechtigten in einem Pflegeheim hat.

1. Kein Erlöschen des dinglichen Wohnungsrechts

Das Wohnungsrecht erlischt gemäß den §§ 1090 Abs. 2, 1061 Satz 1 BGB jedenfalls mit dem Tod des Berechtigten. Ist der Berechtigte nur vorübergehend[181] an der Ausübung seines Rechts aus § 1093 Abs. 1 Satz 1 BGB gehindert, hat dies keine Auswirkungen auf das Bestehen seines Wohnungsrechts. Möglicherweise führt es aber zum Erlöschen des dinglichen Wohnungsrechts, wenn der Wohnungsberechtigte sein Recht dauernd infolge des Umzugs in ein Pflegeheim nicht mehr persönlich ausüben kann.

a) Auffassung der Rechtsprechung

Das OLG Köln hatte im Jahre 1995[182] darüber zu befinden, wie sich ein in der Person des Berechtigten liegendes Ausübungshindernis auf den Bestand seines dinglichen Wohnungsrechts i. S. d. § 1093 Abs. 1 Satz 1 BGB auswirkt. Nach dem festgestellten Sachverhalt stand die Wohnung des Klägers, an der für ihn ein lebenslanges Wohnungsrecht eingetragen worden war, seitdem er wegen Pflegebedürftigkeit in einem Pflegeheim lebte, leer. Mit seiner Klage begehrte der Kläger von den Miteigentümern[183] Einverständnis mit einer Vermietung an Dritte, hilfsweise Duldung. Der erkennende Senat führt in seiner Entscheidungsbegründung

---

180 Ausführliche Darstellung unter Teil C/II./2./b)/dd).

181 Als Beispiele nennt *Auktor* MittBayNot 2008, 14 (14), Krankenhausaufenthalte und Urlaubsreisen.

182 Beschluss v. 6.2.1995 – 2 W 21/95 – MDR 1995, 464–465.

183 In Erbengemeinschaft.

zunächst aus, dass das Wohnungsrecht nach § 1090 Abs. 2 i. V. m. § 1061 Satz 2 BGB grundsätzlich erst mit dem Tod des Wohnungsberechtigten erlösche. Ob das Wohnungsrecht darüber hinaus erlösche, wenn die Ausübung objektiv dauernd unmöglich[184] sei, könne unbeantwortet bleiben.[185] Denn zumindest könne dann nicht von dem Erlöschen des Wohnungsrechts ausgegangen werden, wenn ein bloß subjektives in der Person des Berechtigten liegendes Ausübungshindernis bestehe.[186]

Dem schloss sich das OLG Celle mit Beschluss vom 13.7.1998 – 4 W 129/98[187] – mit der Begründung an, dass nicht sicher vorherzusehen sei, ob sich der gesundheitliche Zustand des Berechtigten bessere. In dem ähnlich gelagerten Fall stritten die Parteien u. a. darüber, ob die Antragsgegner die leer stehenden Räume selbst nutzten und ob die Wohnung vermietbar sei. Weiterhin wandte sich das OLG Düsseldorf[188] gegen ein Erlöschen des Wohnungsrechts, wenn dem Berechtigten die Ausübung infolge Umzugs in ein Altenheim subjektiv unmöglich ist.

Der Umzug eines Wohnungsberechtigten in ein Alten- und Pflegeheim bringt nach den genannten obergerichtlichen Entscheidungen mithin das Wohnungsrecht nicht zum Erlöschen. Ausnahmsweise mag nach dem Urteil des OLG Schleswig vom 2.1.2007 – 3 U 116/06[189] – etwas anderes gelten, wenn zwar ein bloß subjektives Ausübungshindernis vorliegt, es aber aus besonderen Gründen – wie etwa die Notwendigkeit einer dauerhaften apparativen medizinischen Versorgung des Betroffenen, die ausschließlich in einer Klinik geleistet werden kann – ausgeschlossen scheint, dass der Wohnungsberechtigte das Wohnungsrecht gemäß § 1093 BGB jemals wieder nutzen kann.

Inzwischen liegt auch ein veröffentlichtes höchstrichterliches Urteil zu der Frage vor, ob ein subjektives Ausübungshindernis zum Erlöschen des dinglichen

---

184 Beispiel des *OLG Köln*: zerstörtes Gebäude, das nicht wiedererrichtet werden kann.

185 Vgl. *BGH* v. 5.10.1979 – V ZR 178/78 – JZ 1980, 34 (35); *ders.* v. 24.2.1984 – V ZR 177/82 – NJW 1984, 2157 (2158) m. w. N.

186 So schon *OLG Zweibrücken* v. 8.9.1986 – 3 W 130/86 – OLGZ 1987, 27–29; später auch *BayObLG* v. 2.9.1999 – 2Z BR 116/99 – NJW-RR 1999, 1691–1692, zur Löschung eines zugunsten einer katholischen Benefiziumsstiftung eingetragenen Wohnungsrechts wegen Gegenstandslosigkeit aus rechtlichen oder tatsächlichen Gründen gemäß § 84 GBO.

187 NJW-RR 1999, 10–11.

188 *OLG Düsseldorf* v. 28.5.2001 – 9 U 242/00 – MDR 2001, 1287 (1288), bezugnehmend auf *Schneider* Anm. zu *OLG Celle* v. 13.7.1998 – 4 W 129/98 – NJW-RR 1999, 10–11.

189 NJOZ 2007, 1134–1137.

Wohnungsrechts führt. In seinem Urteil vom 19.1.2007 – V ZR 163/06[190] – stellt der Bundesgerichtshof klar, dass der Wohnungsberechtigte bei Aufnahme in ein Pflegeheim sein Recht aus § 1093 Abs. 1 Satz 1 BGB zwar nicht mehr ausüben könne, ihm aber nach § 1092 Abs. 1 Satz 2 BGB[191] die Möglichkeit bleibe, mit Gestattung des Grundstückseigentümers die Ausübung seines Rechts anderen zu überlassen und dadurch z. B. für sich einen Mietanspruch gegen den Besitzer der dem Recht unterliegenden Räume zu begründen. Damit fehle es an der dauernden Unmöglichkeit der Ausübung des Rechts aus tatsächlichen oder rechtlichen Gründen. Diese Voraussetzung sei nur gegeben, wenn das Wohnungsrecht niemandem mehr einen Vorteil biete.[192] Selbst wenn das subjektive Ausübungshindernis auf Dauer bestehe, könne daraus folglich nicht generell auf das Erlöschen des Wohnungsrechts geschlossen werden.

b) Auffassung der Literatur

Auch in der Literatur[193] ist auf Grundlage der ergangenen Rechtsprechung[194] anerkannt, dass das Bestehen eines dauernden subjektiven Ausübungshindernisses – insbesondere Pflegebedürftigkeit – in der Person des Wohnungsberechtigten nicht generell zum Erlöschen der Dienstbarkeit führt. Außer in dem gesetzlich geregelten Fall des Ablebens des Berechtigten erlösche das Wohnungsrecht nur durch objektive Unmöglichkeit.

---

190 NJW 2007, 1884–1887; bestätigt mit Urteil v. 9.1.2009 – V ZR 168/07 – NJW 2009, 1348–1349.

191 Der *BGH* zitiert in seinen Entscheidungsgründen offensichtlich irrtümlich § 1090 Abs. 1 Satz 2 BGB. Denn § 1090 Abs. 1 BGB enthält keinen Satz 2 und auch inhaltlich wird vielmehr auf § 1092 BGB Bezug genommen.

192 So bereits *BGH* v. 11.3.1964 – V ZR 78/62 – BGHZ 41, 209 (211), mit Hinweis auf *Baur/Stürner* Sachenrecht, § 34 I./2./b): Für die Wirksamkeit der Dienstbarkeit genügt jedes eigene oder fremde schutzwürdige Interesse, das nicht vermögenswerter Natur zu sein braucht.

193 *Auktor* MittBayNot 2008, 14 (14); *Brückner* NJW 2008, 1111 (1111); *Dümig* ZfIR 2007, 638 (638); *Eupen* GE 2010, 590 (591 f.); *Everts* ZEV 2004, 495 (496); *Gühlstorf/Ette* ZfF 2007, 265 (266); *Grziwotz* in: Erman-BGB, § 1093 Rn. 16; *Joost* in: MüKo-BGB, § 1093 Rn. 24; *Krauß* NotBZ 2007, 129 (129); *Mayer* in: Staudinger-BGB, § 1093 Rn. 64; *Mensch* BWNotZ 2009, 162 (169); *Mittelmann/Ehmann* in: Plagemann, MüAnwHdb SozR, § 39 Rn. 49; *Otto* in: AnwKomm-BGB, § 1093 Rn. 37; *Spieker* jurisPR-FamR 2/2011 Anm. 3; *Stürner* in: Soergel-BGB, § 1093 Rn. 16; *Zimmer* ZEV 2009, 382 (384).

194 Darstellung vorstehend unter Teil C/II./1./a).

c) Bewertung

Nach alledem entspricht es der allgemeinen Meinung in Rechtsprechung und Literatur, dass es für die Frage, ob das dingliche Wohnungsrecht erlischt, wenn ein persönliches Ausübungshindernis nicht nur vorübergehend vorliegt, nicht auf die konkrete, vom Einzelfall abhängige Situation ankommt, ob der Eigentümer überhaupt gewillt ist, eine Überlassung an einen anderen zu gestatten. Im Gegenteil ist insbesondere nach der Argumentation des Bundesgerichtshofes[195] die abstrakte Vermietungsmöglichkeit ausschlaggebend.

Einzig das OLG Schleswig[196] erwägt für den atypischen Fall, dass eine Rückkehr des pflegebedürftigen Wohnungsberechtigten nicht bloß unwahrscheinlich, sondern völlig ausgeschlossen erscheint, dass das Recht aus § 1093 Abs. 1 Satz 1 BGB erlischt. Für eine am Einzelfall orientierte Beurteilung spricht, dass im Unterschied zu einer Grunddienstbarkeit im Sinne von § 1018 BGB Berechtigter einer beschränkten persönlichen Dienstbarkeit nur eine bestimmte Person sein kann.[197] Es handelt sich von daher bei dem dinglichen Wohnungsrecht als besondere Ausprägung der beschränkten persönlichen Dienstbarkeit gemäß § 1090 Abs. 1, 1. Alt. BGB um ein subjektiv-persönliches Recht.[198] So bestimmt sich nach der Zweifelsregelung des § 1091 BGB der Umfang nach den persönlichen Bedürfnissen des Berechtigten.

Weiter könnte man auch darauf abstellen, ob der Eigentümer dem Wohnungsberechtigten die Vermietung der dem Recht unterliegenden Räume nach § 1092 Abs. 1 Satz 2 BGB gestattet oder aber ein Gestattungsanspruch besteht, und dadurch tatsächlich ein Vorteil z. B. in Gestalt eines Mietzinsanspruchs für den Berechtigten gegen den neuen Besitzer begründet werden kann. Doch obwohl der Eigentümer dem Ersuchen zunächst nicht nachkommen wird und ein Anspruch auf Gestattung der Vermietung im Ergebnis abzulehnen ist[199], fehlt es häufig an einer die Wirksamkeit der Dienstbarkeit beeinträchtigenden dauernden Unmöglichkeit der Ausübung des Rechts aus tatsächlichen oder rechtlichen Gründen. Denn es ist denkbar, dass der Eigentümer seine Meinung angesichts des erhöhten Erhaltungsaufwandes für ein teilweise nicht bewohntes Gebäudes

---

195 *BGH* v. 19.1.2007 – V ZR 163/06 – NJW 2007, 1884 (1885).

196 *OLG Schleswig* v. 2.1.2007 – 3 U 116/06 – NJOZ 2007, 1134 (1136), siehe Teil C/II./1./a).

197 So *Auktor* MittBayNot 2008, 14 (14).

198 *Eckert* Sachenrecht, Rn. 995.

199 Dazu sogleich Teil C/II./2.

ändert, und sich auf Dauer ein Interesse an einer anderweitigen Nutzung, die ihm durch das Wohnungsrecht verwehrt ist, ergibt.[200]

Letztlich spricht für die vorherrschende Auffassung, dass eine unbefristete, auf Dauer angelegte Unterbringung des Berechtigten in einem Alten- oder Pflegeheim keinen Erlöschensgrund darstellt, die Einordnung des Wohnungsrechts i. S. d. § 1093 BGB als Institut des Sachenrechts. Im Interesse der Rechtssicherheit und -klarheit muss dessen Bestand möglichst klar geregelt sein. Somit kommt in Betracht, dass sich aus der Nichtinanspruchnahme des Wohnungsrechts überleitbare Ansprüche ergeben.[201]

2. Anspruch auf Gestattung der Vermietung

Von der der Rechtsinhaberschaft des Wohnungsrechts ist die Überlassung zur Ausübung zu unterscheiden.[202] Nach § 1092 Abs. 1 Satz 2 BGB kann die Ausübung des Wohnungsrechts einem anderen überlassen werden, wenn die Überlassung gestattet ist. Das setzt aber eine entsprechende Vereinbarung zwischen Verpflichtetem und Berechtigtem voraus. Diese kann entweder bereits im Übergabevertrag enthalten sein oder nachträglich geschlossen werden. In den meisten Übergabeverträgen wird die Ausübung des Wohnungsrechts durch Dritte ausgeschlossen.[203] Dies wird in der Regel darauf zurückzuführen sein, dass Beweggrund für den Abschluss eines solchen Vertrages ist, noch zu Lebzeiten den Grundbesitz an die Kinder oder Enkel zu übertragen und zugleich berechtigt zu sein, den Lebensabend in vertrauter Umgebung zu verbringen. Zum Zeitpunkt des Vertragsschlusses ist den vertragsschließenden Parteien nicht daran gelegen, eine Vermietung durch den Rechtsinhaber sicherzustellen. Kommt es später dazu, dass der Berechtigte sein Wohnungsrecht nicht mehr selbst ausüben kann, hat der Grundstückseigentümer häufig kein Interesse mehr an einer Vermietung der Räume durch den Berechtigten. Befinden sich die dem Wohnungsrecht unterliegenden Räume im selben Haus wie die Wohneinheit des Eigentümers, wird dies mit noch höherer Wahrscheinlichkeit anzunehmen sein.[204] Fraglich ist daher, ob dem Wohnungsberechtigten ein

---

200 Vgl. *LG Heidelberg* v. 12.11.2009 – 7 O 14/09 – NotBZ 2010, 155 (157).

201 Zur Aufnahme einer auflösenden Bedingung in den Übergabevertrag siehe Teil D/II./2./a)/aa).

202 *Stürner* in: Soergel-BGB, § 1093 Rn. 14.

203 *Auktor* MittBayNot 2008, 14 (15); *Mayer* DNotZ 2008, 673 (674); *Volmer* MittBayNot 2009, 276 (279).

204 So auch *Auktor* MittBayNot 2008, 14 (15).

Anspruch auf Gestattung der Vermietung gegenüber dem Eigentümer zukommt, wenn ein dauerndes subjektives Ausübungshindernis gegeben ist. Dann könnte das „tote Kapital“ Wohnungsrecht zu Geld gemacht werden.[205]

a) Treu und Glauben, § 242 BGB, und Wegfall der Geschäftsgrundlage, § 313 Abs. 1 BGB

In der Rechtsprechung der Oberlandesgerichte wurde die Frage, ob ein solcher Anspruch besteht, überwiegend an dem Grundsatz von Treu und Glauben i. S. v. § 242 BGB bzw. dem Wegfall der Geschäftsgrundlage, § 313 Abs. 1 BGB, festgemacht. Vor der Einfügung des § 313 BGB durch das am 1.1.2002 in Kraft getretene Gesetz zur Modernisierung des Schuldrechts vom 26.11.2001[206] war das Rechtsinstitut der Störung der Geschäftsgrundlage aus dem Grundsatz von Treu und Glauben, § 242 BGB, abgeleitet worden. § 313 BGB kodifiziert dieses durch Richterrecht geschaffene Rechtsinstitut. Der Begriff der Störung, der in der amtlichen Überschrift zu § 313 BGB enthalten ist, fasst die früher üblicherweise als Fehlen und als Wegfall der Geschäftsgrundlage bezeichneten Tatbestände zusammen.[207] Zwar geht eine ergänzende Auslegung des der Bestellung des Wohnungsrechts zugrunde liegenden Vertrages gegenüber der Vertragsanpassung wegen Wegfalls der Geschäftsgrundlage vor.[208] Die Vertragsanpassung nach § 313 BGB setzt die Ermittlung eines anpassungsbedürftigen Vertragsinhalts voraus. Dennoch erfolgt zuerst die Darstellung des Meinungsstands in Rechtsprechung und Literatur zur Herleitung einer Vermietungsberechtigung des Wohnungsberechtigten wegen Wegfalls der Geschäftsgrundlage. Damit wird der Rechtsprechungshistorie Rechnung getragen. Zudem verläuft die Grenze zwischen beiden Beurteilungsmethoden umso fließender, je mehr bereits in die ergänzende Vertragsauslegung Wertungsmomente eingehen.[209]

Ob in den Fällen, in denen der Wohnungsberechtigte dauernd an seiner Rechtsausübung aus gesundheitlichen Gründen gehindert ist, eine Vertragsanpassung

---

205 *Volmer* MittBayNot 2009, 276 (279).

206 BGBl. I 2002, 3138.

207 *Grüneberg* in: Palandt-BGB, § 313 Rn. 1; *Stadler* in: Jauernig-BGB, § 313 Rn. 3; *Schulte-Nölke* in: Hk-BGB, § 313 Rn. 1.

208 *BGH* v. 24.1.2008 – III ZR 79/07 – NJW-RR 2008, 562 (563) m. w. N.; vgl. *Grüneberg* in: Palandt-BGB, § 313 Rn. 10; *Krüger* ZNotP 2010, 2 (4); *Larenz/Wolf* BGB AT, § 38 Rn. 6; *Roth* in: MüKo-BGB, § 313 Rn. 130 ff.; *Unberath* in: Bamberger/Roth BeckOK-BGB, § 313 Rn. 17.

209 *Roth* in: MüKo-BGB, § 313 Rn. 131.

nach Treu und Glauben bzw. wegen Wegfalls der Geschäftsgrundlage vorgenommen und eine Vermietungsberechtigung begründet werden kann, wird von mehreren Oberlandesgerichten uneinheitlich beurteilt. Auch die Literatur ist in zwei Lager gespalten. Unterdessen hat der Bundesgerichtshof in einer aktuellen Entscheidung zu dieser Rechtsproblematik Stellung genommen.

aa) Anspruchsbejahende obergerichtliche Entscheidungen

In einigen oberlandesgerichtlichen Entscheidungen[210] wurde ein Anspruch des Berechtigten auf Gestattung der Vermietung mit dem Rückgriff auf § 242 BGB und § 313 Abs. 1 BGB bejaht.

(1) OLG Köln vom 17.5.1991 – 2 W 76/91 – FamRZ 1991, 1432–1433

In der Beschwerdeentscheidung wegen Bewilligung von Prozesskostenhilfe vom 17.5.1991 – 2 W 76/91[211] – zog das OLG Köln den Grundsatz von Treu und Glauben heran, um einen Anspruch des Wohnungsberechtigten auf Duldung der Nutzung durch andere zu begründen. Das Nießbrauchsrecht der Klägerin am Hausgrundstück der Beklagten[212] und deren Ehemannes war gegen Einräumung eines Wohnungsrechts, dessen Ausübung Dritten nicht überlassen werden kann, und eine Barzahlung aufgehoben worden. Die Klägerin verzichtete auf die Auszahlung des vollen Betrages. Nach der Trennung der Beklagten von ihrem Ehemann verließ die mittlerweile pflegebedürftig gewordene Antragstellerin die Wohnung und zog zu einer ihrer Töchter. Die Antragstellerin trug vor, sie habe umziehen müssen, da ihr die Antragsgegnerin jegliche Hilfe verweigert habe und sie inzwischen pflegebedürftig sei. Damit sei die Geschäftsgrundlage, die der Einräumung des Wohnungsrechts zugrunde gelegen habe, entfallen. Das lebenslängliche Wohnrecht sei ihr bestellt worden, um ihre Versorgung bis zu ihrem Lebensende zu sichern. Deshalb sei die Antragsgegnerin verpflichtet, ihr einen Teilbetrag des Betrages, der ihr seinerzeit mit Rücksicht auf die Einräumung des Wohnungsrechts nicht ausgezahlt worden sei, noch zu zahlen. Die Beklagte sei jedenfalls verpflichtet, die leer stehenden Räume anderweitig zu nutzen und eine ohne weiteres erzielbare Nutzungsentschädigung monatlich an sie zu zahlen.

---

210 *OLG Köln* v. 17.5.1991 – 2 W 76/91 – FamRZ 1991, 1432–1433; *dass.* v. 6.2.1995 – 2 W 21/95 – MDR 1995, 464–465; *OLG Celle* v. 13.7.1998 – 4 W 129/98 – NJW-RR 1999, 10–11.

211 FamRZ 1991, 1432–1433.

212 Die Beklagte ist die Schwiegertochter der Klägerin.

Entgegen der Auffassung der Antragstellerin befand das OLG Köln die Beschwerde für in der Sache unbegründet. Die seinerzeit geschlossene Vereinbarung der Parteien sei nicht von der Vorstellung[213] bestimmt, die Antragstellerin werde das Wohnungsrecht lebenslang nutzen können. Nach Ansicht des Gerichts sei bei Einräumung eines Wohnungsrechts für ältere Menschen mit der Bestimmung, dass die Ausübung einem anderen nicht überlassen werden kann, das Risiko, infolge späterer Pflegebedürftigkeit die Wohnung nicht mehr persönlich nutzen zu können, grundsätzlich dem Rechtsinhaber zugewiesen.[214] Die Geschäftsgrundlage für das Rechtsgeschäft sei nicht weggefallen, denn den Beteiligten sei dieses Risiko auch bekannt.

Anhaltspunkte für eine Verpflichtung der Antragsgegnerin, die dem Wohnungsrecht unterfallenden Räume anderweitig zu vermieten, enthalte der notarielle Vertrag nicht. Ungeachtet der vereinbarten Höchstpersönlichkeit der Nutzung des Wohnungsrechts könnte die Antragsgegnerin jedoch bei einer grundlegenden Veränderung der Verhältnisse nach den Maßstäben der Zumutbarkeit nach Treu und Glauben zur Duldung einer anderweitigen Nutzung der leer stehenden Räume durch die Antragstellerin für die Zeit des Bestehens des persönlichen Ausübungshindernisses verpflichtet sein.[215] Das OLG Köln knüpft die Duldungspflicht aber an zwei Voraussetzungen. Erstens hänge sie davon ab, ob nach Art und Lage der Räume eine Nutzung ohne eine nennenswerte Beeinträchtigung[216] der Antragsgegnerin möglich sei. Die Nutzung des Wohnungsrechts müsse also gegebenenfalls beschränkt[217] werden. Zweitens widerspreche es Treu und Glauben, sich auf die Vereinbarung zum Inhalt des Wohnungsrechts, nach der einem anderen die Ausübung der Nutzung nicht gestattet ist, zu berufen, wenn sich der Wohnungsberechtigte in einer wirtschaftlich existenzbedrohenden Notlage befinde, die durch eine Nutzung des Wohnungsrechts ganz oder teilweise würde behoben werden können.

213 Genauer: „weder von der gemeinsamen Vorstellung noch von der einseitigen Vorstellung der Antragstellerin, die der Antragsgegnerin erkennbar geworden wäre“.

214 *OLG Köln* v. 17.5.1991 – 2 W 76/91 – FamRZ 1991, 1432 (1432).

215 *OLG Köln* v. 17.5.1991 – 2 W 76/91 – FamRZ 1991, 1432 (1432).

216 Dies ist bspw. bei einer in sich abgeschlossenen Wohnung und insbes. der Nutzungsmöglichkeit der Sanitäreinrichtungen ohne Beeinträchtigung der Privatsphäre anzunehmen (anders als z. B. bei Einfamilienhäusern).

217 Das *OLG Köln* führt als Beispiel die Beschränkung der Duldungspflicht nur auf die Mitbenutzung der im gemeinschaftlichen Gebrauch stehenden Räume, Anlagen und Einrichtungen des Hauses, deren Benutzung zur Nutzung der Räume unerlässlich ist und die gleichzeitig im wesentlichen unabhängig von den anderen Hausbewohnern vorgenommen werden kann, an.

(2) OLG Köln vom 6.2.1995 – 2 W 21/95 – MDR 1995, 464–465

Auch in dem bereits dargestellten[218], 1995 vor dem OLG Köln[219] verhandelten Streitfall wandte sich der in einem Pflegeheim lebende Kläger gegen die Beschränkung des Wohnungsrechts auf eine höchstpersönliche Nutzung und verlangte von den Beklagten Einverständnis mit einer Vermietung an Dritte, hilfsweise Duldung. Nach Auffassung des Gerichts, stehe es der Nutzung im Interesse des Wohnungsberechtigten nicht entgegen, dass eine Gestattung i. S. v. § 1092 Abs. 1 Satz 2 BGB nicht eingeräumt worden war. Denn die Verpflichteten des Wohnungsrechts[220] könnten in Ausnahmefällen nach Treu und Glauben, § 242 BGB, verpflichtet sein, bei unvorhergesehener persönlicher Verhinderung die Nutzungen dem Wohnungsberechtigten zukommen zu lassen[221], weil insoweit die Geschäftsgrundlage für die Beschränkung auf eine höchstpersönliche Nutzung weggefallen sei. Nach § 1093 Abs. 2 BGB ist der Wohnungsberechtigte befugt, seine Familie sowie die zur standesmäßigen Bedienung und zur Pflege erforderlichen Personen in die Wohnung aufzunehmen. Diese Regelung gebe die sozialen Verhältnisse beim Inkrafttreten des BGB wieder. Die Intention des Gesetzgebers, so das OLG Köln, sei gewesen, dem nach § 1093 Abs. 1 Satz 1 BGB Berechtigten die Nutzung des Wohnungsrechts auch im Falle seiner Pflegebedürftigkeit zu ermöglichen. Die wirtschaftlichen und gesellschaftlichen Verhältnisse hätten sich aber im Laufe der Zeit stark gewandelt. Die Aufnahme von Pflegepersonal in die Wohnung sei nahezu ausgeschlossen. Aus diesem Grund könne in Abhängigkeit von den Umständen des Einzelfalls[222] eine Anpassung des Rechtsgeschäfts[223] dahingehend geboten sein, dem Berechtigten weiter die Vorteile seines Wohnungsrechts zukommen zu lassen. Ausschlaggebend sei, ob eine Nutzung durch andere Personen nach Art und Lage der Räume ohne Beeinträchtigung des Eigentümers möglich sei und ob sich der Berechtigte[224] in

---

218 Siehe Teil C/II./1./a).

219 Beschluss v. 6.2.1995 – 2 W 21/95 – MDR 1995, 464–465.

220 In dem Fall die Miteigentümer in Erbengemeinschaft.

221 Vgl. schon *OLG Köln* v. 17.5.1991 – 2 W 76/91 – FamRZ 1991, 1432–1433, siehe Teil C/II./2./a)/aa)/(1).

222 In dem Streitfall war es bei der mit dem Leibrentenversprechen einhergehenden Wohnungsrechtsgewährung erkennbar Ziel, für die Deckung des Wohnbedarfs und sonstigen Lebensbedarfs zu sorgen.

223 Rechtsfolge des Wegfalls der Geschäftsgrundlage ist nach § 313 Abs. 1, 3 BGB vorrangig die Anpassung des Vertrags.

224 Das *OLG Köln* schreibt in seinen Entscheidungsgründen irrtümlicherweise „Verpflichtete".

einer existenzbedrohenden Notlage befinde und mithin auf die Fortsetzung der Nutzung angewiesen sei.[225]

Die Beurteilung, ob eine existenzbedrohende Notlage des Wohnungsberechtigten gegeben ist, sei unabhängig von der Sozialhilfegewährung zu beantworten, weil aufgrund des Nachrangs der Sozialhilfe Verpflichtungen anderer durch die Sozialhilfeleistungen nicht berührt würden und vorrangig das eigene Einkommen und Vermögen einzusetzen sei. Daher erfolge die Vertragsanpassung auch nicht zur Besserstellung des Sozialhilfeträgers, sondern zugunsten des Berechtigten.[226] Der Senat räumt jedoch ein, dass die Rechtsposition der Eigentümer gegenüber dem Mieter nach Erlöschen des Wohnungsrechts beeinträchtigt werden könnte.[227] Der Wohnungsberechtigte habe bei berechtigten Interessen der Eigentümer eine Selbstnutzung oder die Mieterauswahl durch diese hinzunehmen.

Im Unterschied zu der Senatsentscheidung vom 17.5.1991[228] wurde der Anspruch auf Duldung der Nutzung der dem Wohnungsrecht unterfallenden Räume durch einen Dritten in dem vorliegenden Fall nicht allgemein auf den Grundsatz von Treu und Glauben gestützt. Der Senat begründet den Anspruch ausdrücklich mit dem Wegfall der Grundlage des die Nutzung auf eine höchstpersönliche einschränkenden Rechtsgeschäfts. Als tragendes Argument der abweichenden Sichtweise fungiert das Streben nach einer zeitgemäßen Fortentwicklung von § 1093 Abs. 2 BGB.

(3) OLG Celle vom 13.7.1998 – 4 W 129/98 – NJW-RR 1999, 10–11

Das OLG Celle[229] trat der Entscheidung des OLG Köln vom 6.2.1995 – 2 W 21/95[230] – bei. Es sei im Hinblick auf dessen überzeugende Argumentation nicht einzusehen, dass die unter keinem denkbaren rechtlichen Gesichtspunkt zur Selbstnutzung befugten Antragsgegner die Wohnung leer stehen lassen, unter

225 Vgl. auch *OLG Köln* v. 17.5.1991 – 2 W 76/91 – FamRZ 1991, 1432 (1433), siehe Teil C/II./2./a)/aa)/(1).

226 So das *OLG Köln* v. 6.2.1995 – 2 W 21/95 – MDR 1995, 464 (465), entgegen den Überlegungen der Vorinstanz.

227 Siehe dazu noch Teil C/II./2./b)/dd).

228 *OLG Köln* v. 17.5.1991 – 2 W 76/91 – FamRZ 1991, 1432–1433, siehe Teil C/II./2./a)/aa)/(1).

229 Beschluss v. 13.7.1998 – 4 W 129/98 – NJW-RR 1999, 10–11; vgl. zum Bestehen eines Anspruchs auf Gestattung der Vermietung auch *dass.* v. 15.10.2007 – 4 W 195/07 – NJW-RR 2008, 397–399.

230 MDR 1995, 464–465, siehe Teil C/II./2./a)/aa)/(2).

Berufung auf § 1093 Abs. 2 BGB aber gleichwohl eine ihnen zumutbare Vermietung ablehnen.

bb) Anspruchsverneinende obergerichtliche Entscheidungen

Die überwiegende Mehrheit der Oberlandesgerichte[231] lehnen einen Gestattungsanspruch des Wohnungsberechtigten dagegen ab.

(1) OLG Oldenburg vom 3.5.1994 – 12 U 16/94 – FamRZ 1994, 1621–1622

Fast drei Jahre nachdem das OLG Köln[232] Voraussetzungen für eine Verpflichtung des Eigentümers zur Gestattung einer Vermietung durch den Wohnungsberechtigten aufgestellt hatte, wandte sich das OLG Oldenburg mit Urteil vom 3.5.1994 – 12 U 16/94[233] – gegen die Möglichkeit eines solchen Anspruchs.[234] Die beklagten Eigentümer hatten je zur ideellen Hälfte ein Grundstück erworben, an welchem dem Verkäufer ein Wohnungsrecht i. S. v. § 1093 BGB[235] eingeräumt worden war. Die Eigentümer erzielten nach Auszug des heimpflege- und sozialhilfebedürftig gewordenen Wohnungsberechtigten mit dessen Zustimmung Mieteinnahmen, die der Sozialhilfeträger aus übergeleitetem Recht beanspruchte. Dem Gericht zufolge stehe dem Sozialhilfeträger aus keinem rechtlichen Gesichtspunkt ein Anspruch auf den Mietzins der Beklagten zu. Zum einen bestehe keine Verpflichtung der Eigentümer nach Treu und Glauben, eine Vermietung durch den Berechtigten oder durch die Klägerin gemäß § 1092 Abs. 1 Satz 2 BGB zu gestatten. Zum anderen sei durch das persönliche Ausübungshindernis nicht die Geschäftsgrundlage für den Grundstückskaufvertrag entfallen, weil nichts dafür ersichtlich sei, dass die Vertragsteile bei Vertragsabschluss davon ausgegangen seien, der Fall, dass

---

231 *OLG Oldenburg* v. 3.5.1994 – 12 U 16/94 – FamRZ 1994, 1621–1622; *OLG Düsseldorf* v. 28.5.2001 – 9 U 242/00 – MDR 2001, 1287–1288; *OLG Hamm* v. 9.5.2005 – 5 U 198/04 – RNotZ 2007, 544–546; *dass.* v. 17.9.2007 – 5 U 80/07 – NJW-RR 2008, 607 (607).

232 *OLG Köln* v. 17.5.1991 – 2 W 76/91 – FamRZ 1991, 1432–1433, siehe Teil C/II./2./a)/aa)/(1).

233 FamRZ 1994, 1621–1622.

234 Dagegen bezeichnete der 14. Senat des *OLG Oldenburg* im Urteil v. 11.10.2007 – 14 U 86/07 – NJW-RR 2008, 399 (400), einen nicht streitgegenständlichen Anspruch auf Gestattung i. S. v. § 1092 Abs. 1 Satz 2 BGB aus dem Gesichtspunkt von Treu und Glauben gemäß § 242 BGB als „erwägenswert“.

235 Das *OLG Oldenburg* sah das vereinbarte lebenslängliche unentgeltliche Wohnungsrecht als eine beschränkt persönliche Dienstbarkeit nach § 1093 BGB an.

der Berechtigte die Wohnung infolge Pflegebedürftigkeit nicht mehr selbst würde nutzen können, werde nicht eintreten.

(2) OLG Düsseldorf vom 28.5.2001 – 9 U 242/00 – Rpfleger 2001, 542–543

Auch nach der Entscheidung des OLG Düsseldorf vom 28.5.2001 – 9 U 242/00[236] – kommt ein Gestattungsanspruch des Wohnungsberechtigten bei bloßer Nichtausübung des Rechts nicht in Betracht. In dem Fall waren die Beklagten aus zwei notariellen Verträgen verpflichtet, bestimmte Versorgungsleistungen zu erbringen und der Mutter ein Wohnungsrecht zu gewähren. Es waren keine Zahlungsverpflichtungen vertraglich vereinbart. Der klagende Sozialhilfeträger machte aber einen Zahlungsanspruch aus übergeleitetem Recht geltend[237], u. a. weil die pflegebedürftige Mutter ihr Wohnungsrecht nicht mehr ausüben konnte. Diese Tatsache führt nach dem OLG Düsseldorf jedoch nur dazu, dass die Wohnung leer stehe. Eine wirtschaftliche Verwertung dergestalt, dass die Mutter oder gar die Beklagten zur Vermietung der Wohnung berechtigt gewesen wären, folge daraus nicht. Denn der Wohnungsberechtigte sei lediglich berechtigt, die Wohnung unter Ausschluss des Eigentümers zu nutzen und nach § 1093 Abs. 2 BGB die Rechtsausübung Familienangehörigen zu überlassen.

(3) OLG Hamm vom 9.5.2005 – 5 U 198/04 – RNotZ 2007, 544–546

Sehr ausführlich begründete das OLG Hamm in seinem Urteil vom 9.5.2005 – 5 U 198/04[238] – seine Ablehnung des Umschlagens des Wohnungsrechts mit Umzug des Berechtigten in ein Altersheim nach den Regeln über den Wegfall der Geschäftsgrundlage in ein Vermietungsrecht. Der Senat sah weder einen Anlass noch eine Möglichkeit zur Annahme eines Wegfalls der Beschränkung des Wohnungsrechts auf eine höchstpersönliche Nutzung der dem dinglichen Wohnungsrecht unterliegenden Räume gemäß § 1092 Abs. 1 Satz 1 BGB und des Entstehens übergangsfähiger Vermietungsrechte. Einerseits sei der Eintritt einer späteren Pflegebedürftigkeit des Wohnungsberechtigten, verbunden mit dem Wunsch oder der Notwendigkeit eines Heimaufenthaltes, für die Parteien des Grundstücksübertragungsvertrags mit Wohnungsrechtsbestellung grundsätzlich vorhersehbar.[239]

236 Rpfleger 2001, 542–543.

237 Nach Art. 96 EGBGB i. V. m. Art. 15 § 9 Abs. 3 und 2 PrAGBGB (analog) und den Grundsätzen über den Wegfall der Geschäftsgrundlage.

238 RNotZ 2007, 544–546.

239 Bestätigt durch *OLG Hamm* v. 17.9.2007 – 5 U 80/07 – NJW-RR 2008, 607 (607), siehe Teil C/II./3./b).

Folglich stelle der Nichteintritt der Heimpflegebedürftigkeit regelmäßig schon nicht die Geschäftsgrundlage des Vertrages dar. Überdies bestehe angesichts des zwingenden Charakters des § 1092 Abs. 1 Satz 1 BGB für die Parteien in aller Regel auch kein Grund, die uneingeschränkte Weitergeltung der §§ 1090 bis 1093 BGB im Zuge der Wohnungsrechtsbestellung für einen derartigen Fall zur Klarstellung ausdrücklich festzuschreiben. Andererseits dürfe der Rückgriff auf allgemeine Billigkeitserwägungen keinesfalls dazu führen, zwingende, für die allgemeine Rechtsklarheit und Rechtssicherheit besonders bedeutsame sachenrechtliche Bestimmungen wie die §§ 1092 Abs. 1 Satz 1, 1093 Abs. 2 BGB zu unterlaufen. Es sei nicht einzusehen, dass eine privatautonom getroffene Entscheidung der an der Wohnungsrechtsbestellung beteiligten Parteien, die bewusst keine, eine entgeltliche Überlassung des Wohnraums an Dritte erlaubende Gestaltung ihrer Rechtsbeziehungen gewählt haben, nachträglich im Interesse von Sozialhilfeträgern richterlich korrigiert würde.

cc) Bundesgerichtshof

Bereits in seiner Entscheidung vom 19.1.2007 – V ZR 163/06[240] – deutete der Bundesgerichtshof an, dass eine Vertragsanpassung nach den Grundsätzen des Wegfalls der Geschäftsgrundlage dahingehend, dass dem Wohnungsberechtigten eine Vermietungsberechtigung zu erteilen sei, wenn ein dauerndes subjektives Ausübungshindernis bestehe, wohl nicht in Betracht komme. Zwar stand eine Vermietung durch den Wohnungsberechtigten nicht in Frage. Außerdem fehlte es an einer entscheidenden Voraussetzung für eine gerichtliche Vertragsanpassung nach den Grundsätzen des Wegfalls der Geschäftsgrundlage.[241] Allerdings führte der Senat *obiter dictum* aus, dass bei der Vereinbarung eines lebenslangen Wohnungsrechts jede Vertragspartei damit rechnen müsse, dass der Berechtigte sein Recht infolge Krankheit und Pflegebedürftigkeit nicht bis zu seinem Tod ausüben könne. Mit Urteil vom 9.1.2009 – V ZR 168/07[242] – beseitigte der Bundesgerichtshof die aus den gegensätzlichen obergerichtlichen Entscheidungen resultierende Rechtsunsicherheit. Der Umzug in ein Pflegeheim sei regelmäßig kein Grund für eine

240 NJW 2007, 1884 (1886), siehe ausführlich Teil C/II./3./c/aa)/(1).

241 Der Senat musste von einem nur vorübergehenden subjektiven Ausübungshindernis der Wohnungsberechtigten ausgehen, weil nicht feststand, dass eine Rückkehr aus dem Pflegeheim ausgeschlossen sei. Darüber hinaus hatten der Beklagte als Eigentümer und die Wohnungsberechtigte den Übergabevertrag schon durch nachträglichen Abschluss einer Vermietungsvereinbarung angepasst.

242 NJW 2009, 1348 (1348), siehe ausführlich Teil C/II./3./c)/aa)/(4).

gerichtliche Vertragsanpassung nach § 313 BGB, weil es an einer unvorhergesehenen Änderung der Umstände, die Geschäftsgrundlage geworden sind, fehle.

dd) Literatur

Gegen den Ausschluss eines Gestattungsanspruchs schon aufgrund der Regelung des § 1092 Abs. 1 Satz 2 BGB spricht nach einem Teil der Literatur[243] eine zeitgemäße Fortentwicklung der gesetzlichen Regelung des § 1093 Abs. 2 BGB. Seit Entstehung der Vorschrift zu Beginn des letzten Jahrhunderts[244] hätten sich die tatsächlichen Verhältnisse gewandelt. Die Zeiten, in welchen häusliche Pflege und Versorgung innerhalb der Familie die Regel darstellte, gehörten der Vergangenheit an.[245] Die Verweigerung der Gestattung verstoße somit dann gegen Treu und Glauben, wenn der Wohnungsberechtigte tatsächlich, unverschuldet und dauerhaft an der Ausübung seines Rechts gehindert und dem Eigentümer im konkreten Fall die Vermietung zumutbar sei, so dass er kein schutzwürdiges Interesse an einem Leerstand auf unabsehbare Zeit habe.[246] Unzumutbar sei eine Vermietung insbesondere dann, wenn die Wohnung nach heutigen Lebensstandards nicht an Fremde vermietet würde, etwa weil Sanitäranlagen gemeinsam genutzt werden müssen oder keine ausreichende Abtrennung der Wohnung besteht.[247]

Andere[248] wiederum sprechen sich für den Ausschluss eines Anspruchs auf Gestattung der Vermietung aus. Das Wohnungsrecht sei vom Gesetzgeber gerade als im Grundsatz höchstpersönliches Recht ausgestaltet worden, wie den §§ 1092 Abs. 1 Satz 2, 1093 Abs. 2 BGB zu entnehmen sei.[249] Im Hinblick auf die eindeutige gesetzliche Regelung sei die Argumentation des OLG Celle in seinem Beschluss vom 13.7.1998 – 4 W 21/95[250] – „Ausdruck methodischer Hilflosigkeit".[251] Auch

243 *Brückner* NJW 2008, 1111 (1112); *Gühlstorf/Ette* ZfF 2007, 265 (268).

244 Das BGB trat nach langjähriger Beratung in zwei Juristenkommissionen am 1.1.1900 in Kraft.

245 *Brückner* NJW 2008, 1111 (1112).

246 *Brückner* NJW 2008, 1111 (1112).

247 *Bruckner* NJW 2008, 1111 (1112 f.); ähnlich die Zumutbarkeitsvoraussetzungen des *OLG Köln* v. 6.2.1995 – 2 W 21/95 – MDR 1995, 464 (465), siehe Teil C/II./2./a)/aa)/(2).

248 *Auktor* NJW 2008, 14 (15); *Eupen* GE 2010, 590 (592 f.); *Krauß* NotBZ 2007, 129 (130); *Mayer* in: Staudinger-BGB, § 1093 Rn. 55; *Schneider* MDR 1999, 87 (87); *Volmer* MittBayNot 2009, 276 (279).

249 *Auktor* NJW 2008, 14 (15).

250 NJW-RR 1999, 10–11, siehe Teil C/II./2./a)/aa)/(3).

251 *Schneider* MDR 1999, 87 (87).

die Entscheidung des OLG Köln vom 6.2.1995 – 2 W 21/95[252] – auf die sich das OLG Celle beruft, überzeuge nicht, weil sie auf zwei Begründungsfehlern beruhe. Erstens habe der Gesetzgeber das Verbot der Ausübungsüberlassung nach § 1092 Abs. 1 Satz 2 BGB in § 1093 Abs. 2 BGB für Pflegefälle erweitert und folglich diese Situation bedacht.[253] Eine bewusste Regelung seitens der Vertragsparteien sei zudem darin zu sehen, dass sie sich nicht für eine die Überlassung des Wohnraums an Dritte erlaubende Vertragsgestaltung entschieden haben. Zweitens treffe es nicht zu, dass bei existenzbedrohender Notlage des Wohnungsberechtigten die Geschäftsgrundlage für die Beschränkung auf eine persönliche Nutzung entfalle, denn der Vertragszweck werde nicht durch unvorhergesehene und unvorhersehbare Umstände vereitelt.[254]

ee) Bewertung

§ 313 BGB bezweckt für den Fall einer nach Entstehung des Schuldverhältnisses eingetretenen wesentlichen Störung seiner Grundlagen einen Ausgleich zwischen dem Bestands- und Erfüllungsinteresse des einen, begünstigten Teils und dem Anpassungs- oder Beendigungsinteresse des anderen, benachteiligten Teils.[255] Die Norm beinhaltet eine Ausnahme von dem Rechtsgrundsatz *pacta sunt servanda* und schränkt die Bindung an den Vertrag im Interesse der Vertragsgerechtigkeit ein. Von Abs. 1 wird der nachträgliche Wegfall der Geschäftsgrundlage erfasst, d. h. die schwerwiegende Veränderung der Umstände, die zur Grundlage des Vertrags geworden sind. In Abs. 2 ist das anfängliche Fehlen der Geschäftsgrundlage beschrieben, welches dem Wegfall der Geschäftsgrundlage gleichgestellt ist. Dieser Fall ist gegeben, wenn wesentliche Vorstellungen, die zur Grundlage des Vertrags geworden sind, sich nachträglich als falsch herausstellen. Der spätere Eintritt einer Pflegebedürftigkeit des Wohnungsberechtigten verbunden mit der Notwendigkeit eines dauerhaften Heimaufenthalts könnte möglicherweise den Tatbestand von § 313 Abs. 1 BGB erfüllen. Durch dieses dauernde subjektive Ausübungshindernis könnte die Geschäftsgrundlage für die Beschränkung auf eine ausschließlich höchstpersönliche Nutzung des Wohnungsrechts gemäß den §§ 1092 Abs. 1 Satz 1, 1093 Abs. 2 BGB weggefallen sein. Der Tatbestand des Wegfalls der Geschäftsgrundlage gemäß § 313 Abs. 1 BGB setzt voraus, dass bestimmte Umstände sich nach Vertragsschluss verändert haben, diese Umstände zur Grundlage des Vertrags geworden waren, die Parteien diese Veränderung nicht

252 MDR 1995, 464–465, siehe Teil C/II./2./a)/aa)/(2).

253 *Schneider* MDR 1999, 87 (87).

254 *Schneider* MDR 1999, 87 (87); *Eupen* GE 2010, 590 (592 f.).

255 *Unberath* in: Bamberger/Roth BeckOK-BGB, § 313 Rn 1.

vorausgesehen haben, die Parteien bei richtiger Voraussicht den Vertrag nicht oder anders abgeschlossen hätten und die Veränderung so schwerwiegend ist, dass einer Partei das Festhalten am Vertrag nicht zugemutet werden kann.[256] Da durch die Einfügung des § 313 BGB die schon vorher anerkannten Grundsätze nicht geändert werden sollten[257], können zur Auslegung der Norm die Rechtsprechung und das Schrifttum aus der Zeit vor der Schuldrechtsreform weiterhin herangezogen werden[258].

(1) Nachträgliche Veränderung der dem Vertrag zugrunde liegenden Umstände

Eine Vertragsanpassung nach § 313 Abs. 3 i. V. m. Abs. 1 BGB setzt zunächst voraus, dass sich Umstände, die zur Grundlage eines Vertrages geworden sind, nach Vertragsschluss verändert haben. Zwischen den Parteien muss daher zunächst ein wirksamer Übergabevertrag bestehen, in dem die Bestellung des Wohnungsrechts vereinbart ist. Weiterhin müssen die in Betracht kommenden Umstände als Grundlage des Vertrages von dessen Inhalt unterschieden werden.[259] Denn was die Parteien als Vertragsinhalt vereinbart haben, kann nicht Geschäftsgrundlage sein.[260] Ergibt die Vertragsauslegung einschließlich der ergänzenden Auslegung, welche Folgen beim Fehlen oder Wegfall eines Umstandes eintreten sollen, ist insoweit für § 313 BGB kein Raum.[261] Wie eingangs[262] erläutert, wird aber vorerst, um die Entwicklung der Rechtsprechung nachzuzeichnen, von dem Vorrang der ergänzenden Vertragsauslegung losgelöst überprüft, ob ein Anspruch des Wohnungsberechtigten auf Gestattung der Vermietung nach den Grundsätzen der Störung der Geschäftsgrundlage besteht.

Nach ständiger Rechtsprechung[263] wird die Geschäftsgrundlage gebildet durch die bei Abschluss des Vertrages zutage getretenen, dem anderen Teil erkennbaren

---

256 *Roth* in: MüKo-BGB, § 313 Rn. 8.

257 BT-Drucks. 14/6040, S. 175.

258 Vgl. statt aller *Brox/Walker* Schuldrecht AT, § 27 Rn. 3.

259 *BGH* v. 1.2.1984 – VIII ZR 54/83 – BGHZ 90, 74 (74); *ders.* v. 14.11.2003 – V ZR 346/02 – DNotZ 2004, 705 (706).

260 *BGH* v. 4.5.1983 – VIII ZR 94/82 – NJW 1983, 2034 (2036).

261 *BGH* v. 1.2.1984 – VIII ZR 54/83 – BGHZ 90, 74 (74); *Grüneberg* in: Palandt-BGB, § 313 Rn. 10; *Schulte-Nölke* in: Hk-BGB, § 313 Rn. 12; *Stadler* in: Jauernig-BGB, § 313 Rn. 8; *Unberath* in: Bamberger/Roth BeckOK-BGB, § 313 Rn. 17.

262 Siehe Teil C/II./2.

263 *RG* v. 3.2.1922 – II 640/21 – RGZ 103, 328 (332); *BGH* v. 23.10.1957 – V ZR 219/55 – BGHZ 25, 390 (392); *ders.* v. 6.4.1995 – IX ZR 61/94 – BGHZ 129, 236 (252); *ders.* v. 7.5.1997 – IV ZR 179/96 – BGHZ 135, 333 (338), jew. m. w. N. Für die Zeit nach der Kodifizierung in § 313 BGB: *BGH* v. 28.4.2005 – III ZR 351/04 – BGHZ 163, 42 (48); *ders.* v. 8.2.2006 – VIII ZR 304/04 – DB 2006, 780 (780); ebenso *BAG*

und von ihm nicht beanstandeten Vorstellungen der einen Partei oder durch die gemeinsamen Vorstellungen beider Parteien von dem Vorhandensein oder dem künftigen Eintritt bestimmter Umstände, sofern der Geschäftswille der Parteien auf diesen Vorstellungen aufbaut. Von dieser sog. subjektiven Geschäftsgrundlage ist die in der Literatur anerkannte sog. objektive Geschäftsgrundlage zu unterscheiden. Sie wird durch diejenigen Umstände gebildet, deren Vorhandensein oder Fortdauer objektiv erforderlich ist, damit der Vertrag im Sinne der Intentionen beider Vertragsparteien weiterhin als eine sinnvolle Regelung bestehen bleiben kann.[264] Allerdings auch wenn in § 313 Abs. 1 BGB in der Formulierung „Umstände" eine objektive Sichtweise zum Ausdruck kommt, während Abs. 2 auf „wesentliche Vorstellungen" der Parteien und damit auf ein subjektives Element abstellt, führt dies nicht zu einer klaren Trennung dahingehend, dass es in Abs. 1 um eine objektive, in Abs. 2 um eine subjektive Geschäftsgrundlage geht.[265] Umstände, die zur objektiven Geschäftsgrundlage zählen, werden von den Vertragsparteien häufig ausdrücklich erörtert und zur gemeinsamen Grundlage des Geschäftswillens gemacht, wodurch sie zugleich Teil der subjektiven Geschäftsgrundlage werden. Aber auch wenn die Parteien bestimmte Umstände als selbstverständlich angesehen haben, ohne sich diese bewusst zu machen, nimmt die Rechtsprechung[266] eine Zugehörigkeit zur subjektiven Geschäftsgrundlage an. Die Formulierung in § 313 Abs. 1 BGB erfasst also sowohl Umstände, die nach der Formel der Rechtsprechung unter die subjektive Geschäftsgrundlage fallen, als auch die, welche zur objektiven Geschäftsgrundlage gehören.[267] Es handelt sich bei der subjektiven und objektiven Geschäftsgrundlage nicht um voneinander klar abgrenzbare, je selbständige Rechtsinstitute mit getrennten Rechtsfolgen.[268]

---

v. 8.10.2009 – 2 AZR 235/08 – NZA 2010, 465 (467), jew. m. w. N. Die verwendete sog. subjektive Formel ist auf *Oertmann* S. 37 zurückzuführen.

264 Der Begriff der objektiven Geschäftsgrundlage geht zurück auf *Larenz* Schuldrecht, AT, § 21/II.

265 *Roth* in: MüKo-BGB, § 313 Rn. 43 ff.

266 Z. B. *BGH* v. 5.1.1995 – IX ZR 85/94 – BGHZ 128, 230 (237); *ders.* v. 24.11.1995 – V ZR 164/94 – BGHZ 131, 209 (214).

267 *Grüneberg* in: Palandt-BGB, § 313 Rn. 2; *Schulte-Nölke* in: Hk-BGB, § 313 Rn. 2; *Stadler* in: Jauernig-BGB, § 313 Rn. 14.

268 *Larenz/Wolf* BGB AT, § 38 Rn. 14, sehen hierin Anwendungsfälle einer einheitlichen, subjektiv-normativ verstandenen Geschäftsgrundlage; von zum Teil fließenden Grenzen spricht *Unberath* in: Bamberger/Roth BeckOK-BGB, § 313 Rn. 6; eine Aufgabe der Unterscheidung fordern *Grüneberg* in: Palandt-BGB, § 313 Rn. 4, und *Hohloch* in: Erman-BGB, § 313 Rn. 7 f.

Deshalb ist es für § 313 Abs. 1 BGB grundsätzlich ohne Bedeutung, unter welchen Begriff der Geschäftsgrundlage die Änderung gefasst werden kann.

Es kommt in Betracht, dass die Vereinbarung des Wohnungsrechts im Übergabevertrag von der übereinstimmenden Erwartung bestimmt ist, der Wohnungsberechtigte werde sein Recht lebenslang nutzen können. Geschäftsgrundlage wäre somit das „Wohnen-bleiben-können" bzw. der Nichteintritt der Heimpflegebedürftigkeit. Die Verhinderung der Ausübung des Wohnungsrechts während eines Aufenthalts in einem Pflegeheim stellt dann eine Veränderung der Umstände zu Lasten des Wohnungsberechtigten dar.

(2) Keine Vorhersehbarkeit

Weiterhin dürften die Parteien die Veränderung nicht vorhergesehen haben. Im Falle der Erkennbarkeit werden grundsätzlich keine Rechte aus § 313 Abs. 3 BGB begründet, weil die Partei, die dadurch benachteiligt wird, das Risiko hierfür übernommen hat, indem sie für den Fall des Eintritts veränderter Umstände keine vertragliche Regelung vereinbart hat.[269] Dieser Grundsatz lässt sich aus der Hypothese ableiten, dass die Parteien bei richtiger Voraussicht den Vertrag nicht oder mit anderem Inhalt abgeschlossen hätten.[270] Die Vertragsparteien können aber bei Vertragsabschluss grundsätzlich nicht davon ausgehen, der Fall, dass der Berechtigte die Wohnung infolge Pflegebedürftigkeit nicht mehr selbst nutzen kann, werde nicht eintreten. Nach allgemeiner Lebenserfahrung und realitätsnaher Abschätzung ist damit zu rechnen, dass bei Vereinbarung eines lebenslangen Wohnungsrechts im hohen Alter Pflegebedürftigkeit eintreten kann, die einen Heimaufenthalt erforderlich macht. Dass der Wohnungsberechtigte nie gezwungen sein würde, in ein Pflegeheim übersiedeln zu müssen, kann bei den heutigen Lebensumständen kaum erwartet werden. Die Heimunterbringung infolge Pflegebedürftigkeit stellt daher in der Regel einen vorhersehbaren Umstand bei Vereinbarung eines dinglichen Wohnungsrechts dar. Ausnahmsweise kann trotz Vorhersehbarkeit der Veränderung eine Vertragsanpassung erfolgen, wenn beide Parteien angenommen haben, dass die objektiv voraussehbare Entwicklung nicht eintreten werde[271], oder

269 *BGH* v. 29.4.1965 – VII ZR 85/64 – WM 1965, 843 (845); vgl. schon das *RG* v. 6.1.1923 – V 246/22 – RGZ 106, 7 (9); *OLG Köln* v. 17.5.1991 – 2 W 76/91 – FamRZ 1991, 1432 (1432); *OLG Schleswig* v. 7.12.2007 – 14 U 57/07 – NJW-RR 2008, 1705 (1706); *Grüneberg* in: Palandt-BGB, § 313 Rn. 23; *Stadler* in: Jauernig-BGB, § 313 Rn. 24; *Unberath* in: Bamberger/Roth BeckOK-BGB, § 313 Rn. 30.

270 *Roth* in: MüKo-BGB, § 313 Rn. 4, 8.

271 *BGH* v. 28.9.1990 – V ZR 109/89 – BGHZ 112, 259 (261).

wenn sie insoweit keine Vorsorge treffen konnten[272]. Eine derartige Ausnahme greift an dieser Stelle allerdings nicht ein. Das Risiko des Wegfalls wurde bewusst in Kauf genommen. Eine zumutbare vertragliche Risikobewältigung stand bei Vertragsschluss zur Verfügung. Anders als die Ausübung des Wohnungsrechts kann die Ausübung des Nießbrauchs gemäß § 1059 Satz 2 BGB Dritten überlassen werden. Diese Vorschrift ist in § 1093 Abs. 1 Satz 2 BGB ausgeklammert. Nach § 1093 Abs. 2 BGB ist der Berechtigte lediglich befugt, seine Familie sowie die zur Pflege erforderlichen Personen in die Wohnung aufzunehmen. Zwar hat sich seit Entstehung der Vorschrift ein Wandel von der überwiegend familiären hin zur außerhäuslichen Pflege vollzogen. Daraus kann aber nicht abgeleitet werden, dass die §§ 1090 bis 1093 BGB nicht auch im Falle der Notwendigkeit des Umzugs in ein Pflegeheim uneingeschränkt weitergelten. Es stand den Vertragsparteien offen, im Übergabevertrag die Gestattung der Ausübung des Wohnungsrechts durch einen anderen festzuschreiben. Unterdessen verwirklicht sich lediglich das vom Wohnungsberechtigten übernommene Vertragsrisiko. Der Richter darf nicht aufgrund eigener rechtspolitischer Vorstellungen auf allgemeine Billigkeitserwägungen zurückgreifen und eine eindeutige Entscheidung des Gesetzgebers verändern oder gar unterlaufen.[273] Folglich liegt der Zweck der Wohnungsrechtsbestellung in der Gestattung nur der persönlichen Rechtsausübung, im Pflegefall darüber hinaus der Aufnahme der in § 1092 Abs. 2 aufgezählten Hilfspersonen. Die Erkennbarkeit der Entwicklung bereits bei Vertragsschluss führt dazu, dass sich für den Fall der Entstehung eines dauernden subjektiven Ausübungshindernisses des Wohnungsberechtigten kein Gestattungsanspruch aus § 313 Abs. 3 i. V. m. Abs. 1 BGB herleiten lässt.

ff) Ergebnis

Führt der spätere Eintritt der Pflegebedürftigkeit des Übergebers und Wohnungsberechtigten zur Notwendigkeit eines Umzugs in ein Alters- und Pflegeheim, kann er nicht nach § 313 Abs. 3 i. V. m. Abs. 1 BGB die Anpassung des Vertrags dahingehend verlangen, dass ihm die Vermietung der dem dinglichen Recht unterliegenden Räumlichkeiten vom Übernehmer und Grundstückseigentümer gestattet

272 *BGH* v. 23.5.1951 – II ZR 71/50 – BGHZ 2, 176 (188), zum Wegfall des Kriegssachschadensanspruchs gegen das Deutsche Reich.

273 *BVerfG* v. 3.4.1990 – 1 BvR 1186/89 – BVerfGE 82, 6 (12), unter Heranziehung des rechtsstaatlichen Grundsatzes der richterlichen Rechts- und Gesetzesbindung gemäß Art. 20 Abs. 3 GG. Auf die vorstehende Entscheidung bezugnehmend *BGH* v. 21.9.1998 – II ZR 89/97 – NJW 1998, 3771 (3772).

werden muss.[274] Es handelt sich um eine schon bei Vertragsschluss erkennbare Entwicklung.

b) Ergänzende Vertragsauslegung, §§ 133, 157 BGB

Bei durch einen Heimaufenthalt bedingter Nichtausübung des Wohnungsrechts könnte ein Anspruch des Berechtigten auf Gestattung einer Fremdvermietung der Wohnung möglicherweise auf eine ergänzende Auslegung des Übergabevertrags nach den §§ 133, 157 BGB gestützt werden.

aa) Rechtsprechung

Bis zum Urteil des Bundesgerichtshofes vom 9.1.2009 – V ZR 168/09[275] – lag keine veröffentlichte höchstrichterliche Entscheidung zum Bestehen eines solchen Zustimmungsanspruchs unter dem Gesichtspunkt der ergänzenden Vertragsauslegung vor. Vorher wurde zu dieser Rechtsfrage nur das OLG Koblenz[276] zitiert.

(1) OLG Koblenz vom 6.1.2004 – 5 W 826/03 – MDR 2004, 452–453

Das OLG Koblenz lehnte in einer Entscheidung aus dem Jahr 2004[277] die Rückforderung einer Grundstücksschenkung gemäß § 528 Abs. 1 Satz 1 BGB ab, weil es den Notbedarf des Schenkers dadurch ausgeschlossen sah, dass sich aus der ergänzenden Auslegung des Schenkungsvertrags nach den §§ 133, 157 BGB eine Verwertungsmöglichkeit des dem Schenker vorbehaltenen Wohnungsrechts in Gestalt der Befugnis zur Vermietung der Räume an Dritte ergebe. In der Beschwerdesache wegen Bewilligung von Prozesskostenhilfe ging es darum, ob die Antragsteller von ihrem Sohn das Geschenk wegen Notbedarfs zurückfordern können, da die Renten und sonstigen Einkünfte die Kosten der Heimunterbringung nicht deckten. In dem notariellen Vertrag über die Grundbesitzübertragung hatten sie sich ein lebenslängliches, unentgeltliches Wohnungsrecht an dem Hausgrundstück vorbehalten, welches sie seit Umzug in das Pflegeheim nicht mehr ausüben konnten. Hilfsweise

---

274 So ebenfalls im Ergebnis: *BGH* v. 9.1.2009 – V ZR 186/07 – NJW 2009, 1348–1349; *OLG Oldenburg* v. 3.5.1994 – 12 U 16/94 – FamRZ 1994, 1621–1622; *OLG Düsseldorf* v. 28.5.2001 – 9 U 242/00 – MDR 2001, 1287–1288; *OLG Hamm* v. 9.5.2005 – 5 U 198/04 – RNotZ 2007, 544–546; *dass.* v. 17.9.2007 – 5 U 80/07 – NJW-RR 2008, 607 (607); *Auktor* NJW 2008, 14 (15); *Eupen* GE 2010, 590 (592 f.); *Mayer* in: Staudinger-BGB, § 1093 Rn. 55; *Schneider* MDR 1999, 87 (87).

275 NJW 2009, 1348–1349.

276 Urteil v 6.1.2004 – 5 W 826/03 – MDR 2004, 452–453.

277 Urteil v 6.1.2004 – 5 W 826/03 – MDR 2004, 452–453.

begehrten sie die Verurteilung des Antragsgegners zur Zahlung monatlichen Unterhalts bis zur Ausschöpfung des Wertes des Geschenks.

Nach der Beschlussbegründung des OLG Koblenz ist die Frage, wem die tatsächliche Nutzungsmöglichkeit des Hauses zugutekommen soll, wenn die Wohnungsberechtigten aus gesundheitlichen Gründen an der weiteren Eigennutzung gehindert sind, ungeregelt geblieben, obwohl diese der Regelung bedurft hätte und auch von den Vertragsparteien geregelt worden wäre, wenn sie das Problem seinerzeit bedacht hätten. Die Parteien waren offenbar auch nicht willens oder in der Lage, die Vertragslücke im Wege von Nachverhandlungen auszufüllen.[278] Die Vereinbarung müsse dementsprechend vervollständigt werden. Nach Ansicht des erkennenden Senats solle nach dem Vertragswillen des Schenkers die tatsächliche Nutzungsmöglichkeit nicht vorzeitig dem Beschenkten zufallen, weil trotz des Umzugs in ein Pflegeheim der Mensch sich gleichwohl eine Rückkehr erhoffe, unabhängig vom Realitätssinn. Ebenfalls entspreche es nicht dem Vertragswillen und den wirtschaftlichen Interessen der Beteiligten, das verschenkte Hausgrundstück wegen des vorbehaltenen lebenslänglichen Wohnungsrechts dauerhaft, möglicherweise viele Jahre bis zum Tod des Schenkers leer stehen zu lassen, mit der Folge, dass in Fällen teilweise nicht gedeckter Pflegekosten die Rückforderung des Geschenks wegen Notbedarfs drohe.[279] Der Eigentümer sei daher verpflichtet, die Nutzungsüberlassung für die Dauer der außerhäuslichen Pflege trotz des ursprünglich höchstpersönlichen Charakters des Wohnungsrechts zu dulden.

(2) BGH vom 9.1.2009 – V ZR 168/07 – NJW 2009, 1348–1349

In seinem Urteil vom 9.1.2009 – V ZR 168/07[280] – stellte der V. Senat des Bundesgerichtshofes Überlegungen zu dem Inhalt einer schuldrechtlichen Vereinbarung über die Bestellung eines Wohnungsrechts an, die keine Regelung enthält, wie die Wohnung genutzt werden soll, wenn in der Person des Wohnungsberechtigten ein Ausübungshindernis liegt.[281]

Die Beklagte erwarb 1979 von ihrer Mutter ein Hausgrundstück und räumte ihr im Gegenzug ein unentgeltliches Wohnungsrecht auf Lebenszeit an der im Erdgeschoss des Hauses befindlichen Wohnung ein. Die Mutter wurde pflegebedürftig und zog 2001 in ein Pflegeheim. Die Beklagte vermietete daraufhin die

---

278 Zum Primat der Privatautonomie, siehe *Ehricke* RabelsZ 60 (1996), 661 (684) m. w. N.

279 *OLG Koblenz* v. 6.1.2004 – 5 W 826/03 – MDR 2004, 452 (453).

280 NJW 2009, 1348–1349.

281 Siehe dazu ferner Teil C/II./3./c)/aa)/(4).

dem Wohnungsrecht unterliegenden Räumlichkeiten. Die durch die Einkünfte der Mutter nicht gedeckten Pflegeheimkosten wurden von Beginn an vom Kläger als Träger der Sozialhilfe übernommen. Dieser leitete einen vertraglichen Ausgleichsanspruch[282] für das nicht mehr real wahrnehmbare Wohnungsrecht auf sich über. Das Berufungsgericht[283] hielt eine Vertragsanpassung gemäß § 313 Abs. 3 i. V. m. Abs. 1 BGB für nicht gerechtfertigt, weil die Änderung der Umstände, die zur Vertragsgrundlage geworden waren, vorhersehbar gewesen sei.

Der Bundesgerichtshof hob das Urteil gemäß § 562 Abs. 1 ZPO auf. Der der Bestellung des Wohnungsrechts zugrunde liegende Vertrag hätte vorrangig gegenüber der Vertragsanpassung wegen Wegfalls der Geschäftsgrundlage ergänzend ausgelegt werden müssen. Das Vorliegen einer planwidrigen Regelungslücke sei nicht aufgrund der objektiven Vorhersehbarkeit der eigetretenen Veränderung der tatsächlichen Verhältnisse ausgeschlossen. Die ergänzende Vertragsauslegung gemäß den §§ 133, 157 BGB könne nur dann nicht vorgenommen werden, wenn die Vertragsparteien ihre Vereinbarung auch für den Fall eines Umzugs der Mutter in ein Pflegeheim als abschließend angesehen hätten. Die Annahme einer Regelungslücke liege deshalb nahe, da ansonsten die Wohnung von niemandem genutzt werden könnte. Auf Seiten der Wohnungsberechtigten bestehe ein tatsächliches Ausübungshindernis. Die Eigentümerin sei aus rechtlichen Gründen nicht zur Selbstnutzung oder Nutzungsüberlassung an einen Dritten befugt. Dass ein solches Ergebnis aber nicht der schuldrechtlichen Vereinbarung der Parteien entspreche, gehe schon aus dem Verhalten der Beklagten hervor, die sich ohne weiteres zur Wohnungsvermietung berechtigt gehalten habe.

Der Senat konnte im Hinblick auf § 563 Abs. 1 Satz 1, Abs. 3 ZPO die ergänzende Vertragsauslegung zur Füllung der Regelungslücke nicht selbst vornehmen. Vielmehr wies er auf bestimmte Aspekte hin, die vom Berufungsgericht für das weitere Verfahren zu berücksichtigen seien. So spreche aus seiner Sicht für eine Ergänzung des Vertrags dahin, dass die Beklagte zur Wohnungsvermietung berechtigt sein soll, dass eine Rückkehr der Mutter in die ihr überlassene Wohnung in absehbarer Zeit nicht zu erwarten und die Räumlichkeiten zur Vermietung an Dritte geeignet seien. Eine Vermietungsverpflichtung werde dem hypothetischen Parteiwillen im Zweifel allerdings nicht entsprechen, weil die Parteien der Mutter lediglich ein höchstpersönliches Nutzungsrecht eingeräumt hätten. Denn lasse der Übergabevertrag eine Gestattung der Ausübungsüberlassung an einen Dritten vermissen, spreche dies dafür, dass der Eigentümer, wenn der Berechtigte aus subjektiven Gründen an der Nutzung gehindert sei, auch schuldrechtlich nicht zur Duldung der Nutzung durch Dritte verpflichtet

282 Zur Begründung eines Zahlungsanspruchs siehe Teil C/II./3.

283 *OLG Hamm* v. 17.9.2007 – 5 U 80/07 – NJW-RR 2008, 607 (607).

sein sollte. Mit der Wohnungsrechtsbestellung im Übergabevertrag hätten die Parteien die Alterssicherung im Zweifel bewusst auf ein höchstpersönliches Nutzungsrecht beschränkt. Das Wohnungsrecht würde in unzulässiger Weise um Elemente eines Nießbrauchs an der Wohnung erweitert, wenn der Eigentümer zur Vermietung der Wohnung verpflichtet wäre oder dem Berechtigten ein Gestattungsanspruch zukäme.

(3) OLG Hamm vom 28.9.2009 – 5 U 80/07, I-5 U 80/07 – DNotZ 2010, 128–130

Das OLG Hamm[284] wies daraufhin die Anschlussberufung des klagenden Sozialhilfeträgers zurück. Das Vorliegen einer Regelungslücke sei bereits zweifelhaft. Die Antwort auf die Frage, ob der Eigentümer oder der Wohnungsberechtigte zur Fremdvermietung befugt sei, ergebe sich aus den §§ 1092 Abs. 1 Satz 2, 1093 Abs. 2 BGB[285], wonach der Berechtigte ohne Zustimmung des Eigentümers die Ausübung der Nutzung nur bestimmten Personen überlassen dürfe.[286] Gegen eine Fremdvermietung der mit dem Wohnungsrecht belasteten Wohnung durch den Eigentümer ohne Zustimmung des Wohnungsberechtigten könne der Berechtigte einen Unterlassungsanspruch gemäß den §§ 1004 Abs. 1, 1027, 1090 Abs. 2, 1093 BGB geltend machen.

bb) Literatur

In ihrer Besprechung[287] der Entscheidung des Bundesgerichtshofes vom 19.1.2007 – V ZR 163/06[288] – vertraten *Gühlstorf/Ette* zunächst die Auffassung, dass gewichtige Gründe dafür sprächen, dem Woh-nungsberechtigten bei Nichtausübung seines Rechts wegen Umzugs in ein Pflegeheim einen Anspruch auf Gestattung der Vermietung an Dritte gegen den Eigentümer zuzubilligen. Beide Autoren zeigen in ihrem Aufsatz Sympathie mit den Entscheidungen des OLG Köln[289] und des OLG Celle[290], die eine Beschränkung der zustimmungsfreien Nutzungsüberlassung

284 Urteil v. 28.9.2009 – 5 U 80/07, I-5 U 80/07 – DNotZ 2010, 128–130.

285 In den Entscheidungsgründen zitiert der Senat irrtümlich die §§ 1090 Abs. 1 Satz 2, 1093 Abs. 2 BGB. Dabei enthält § 1090 Abs. 1 BGB keinen Satz 2 und auch inhaltlich wird vielmehr auf § 1092 BGB Bezug genommen.

286 Zur Frage, ob dem Wohnungsberechtigten ein Zahlungsanspruch zustehe, wenn man eine Regelungslücke gleichwohl bejahen würde, siehe Teil C/II./3./c)/aa)/(5).

287 ZfF 2007, 265 (268 f.).

288 NJW 2007, 1884–1887.

289 Urteil v. 6.2.1995 – 2 W 21/95 – MDR 1995, 464–465, siehe Teil C/II./2./a)/aa)/(2).

290 Beschluss v. 13.7.1998 – 4 W 129/98 – NJW-RR 1999, 10–11, siehe Teil C/II./2./a)/aa)/(3).

auf den in § 1093 Abs. 2 BGB genannten Personenkreis als nicht mehr zeitgemäß eingeordnet haben. Wenngleich die Oberlandesgerichte einen Gestattungsanspruch noch unter Heranziehung der Grundsätze vom Wegfall der Geschäftsgrundlage annahmen und deren Anwendung in Anbetracht der vom Bundesgerichtshof erhobenen Bedenken ausscheide, werde sich aus einer ergänzenden Vertragsauslegung unter den in den zitierten Entscheidungen aufgestellten Voraussetzungen ein Anspruch auf Zustimmung zur Vermietung ergeben.[291] Dazu bedürfe es zunächst der Zumutbarkeit der Vermietung durch den Wohnungsberechtigten insbesondere nach Lage und Art der Räume. Daneben komme es darauf an, dass der Berechtigte die Einkünfte aus der Vermietung zur Bedarfsdeckung benötige, weil anderenfalls die grundsätzliche persönliche Beschränkung des Wohnungsrechts unterwandert und der Eigentümer unverhältnismäßig belastet werden würde.

Diese Ausführungen führte *Gühlstorf*[292] unter Berücksichtigung der aktuellen Rechtsprechung des Bundesgerichtshofes[293] fort. Da die Entscheidung inhaltlich kaum angreifbar sei, scheide ein Anspruch des Wohnungsberechtigten gegenüber dem Eigentümer auf Zustimmung zur Fremdvermietung nunmehr schon dem Grunde nach aus, so dass damit eine Einkommenserzielung nicht möglich sei. Die Konsequenzen daraus für die Praxis seien aber als gering einzustufen, weil der Eigentümer erfahrungsgemäß spätestens nach einigen Monaten entsprechende Maßnahmen ergreife, um die leer stehenden Räumlichkeiten einer sinnvollen Nutzung zuzuführen.[294] Weiterhin sind *Volmer*[295] und *Eupen*[296] der Ansicht, dass sich im Wege ergänzender Vertragsauslegung eine Berechtigung des Wohnungsberechtigten zur Vermietung der Wohnung im Falle eines dauerhaften Pflegeheimaufenthaltes nicht ergebe.

Demgegenüber lehnte *Auktor*[297] bereits in seiner Anmerkung zum Urteil des Bundesgerichtshofes vom 19.1.2007 – V ZR 163/06[298] – die Begründung eines Anspruchs auf Zustimmung zur Vermietung an Dritte im Wege der ergänzenden Vertragsauslegung gemäß den §§ 133, 157 BGB ab. Regelmäßig fehle bereits eine

---

291 Diese Ansicht teilen wohl *Mittelmann/Ehmann* in: Plagemann, MüAnwHdb SozR, § 39 Rn. 51.

292 ZfF 2009, 265–267.

293 Urteil v. 9.1.2009 – V ZR 168/07 – NJW 2009, 1348–1349, siehe auch Teil C/II./2./b)/aa)/(2).

294 *Gühlstorf* ZfF 2009, 265 (268).

295 MittBayNot 2009, 276 (279).

296 GE 2010, 590 (593).

297 *Auktor* MittBayNot 2008, 14 (15 f.).

298 NJW 2007, 1884–1887.

Regelungslücke, nämlich wenn angenommen werden könne, dass ein Eingreifen der dispositiven Norm des § 1092 Abs. 1 Satz 2 BGB gewollt sei, die eine eindeutige Regelung zur Frage der Vermietbarkeit bereithalte. Auf einen dahingehenden Willen der Vertragsteile könne in der Regel geschlossen werden, da die Parteien ansonsten im Übergabevertrag eine von § 1092 Abs. 1 Satz 2 BGB abweichende Regelung hätten treffen können. Die Entscheidung des OLG Koblenz[299] stelle daher eine Billigkeitsrechtsprechung im Einzelfall dar, weil in dem entschiedenen Fall Unterhalts-, Rückforderungs- und sonstige Zahlungsansprüche gegen den Übernehmer mangels Leistungsfähigkeit ausschieden.

cc) Bewertung

Die ergänzende Vertragsauslegung nach den §§ 133, 157 BGB[300] ist ein gedankliches Verfahren, das seinen Ausgang von dem Sinn und Zweck des konkreten Vertrages nimmt und zu ermitteln sucht, welche Regelung sich für die in den Vereinbarungen offen gebliebene Frage daraus unter Berücksichtigung des Grundsatzes von Treu und Glauben ergibt.[301] Ein Gestattungsanspruch kann nur dann auf eine ergänzende Auslegung des Übergabevertrags gestützt werden, wenn eine Regelungslücke vorliegt und das Auslegungsverfahren dazu führt, dass die Nutzungsüberlassung der dem Wohnungsrecht unterliegenden Räume an Dritte während des Fortbestands des subjektiven Ausübungshindernisses vom Eigentümer zu dulden ist.

(1) Feststellung einer Regelungslücke

Die ergänzende Vertragsauslegung setzt zunächst voraus, dass der Vertrag eine Regelungslücke, eine „planwidrige Unvollständigkeit“[302] enthält.[303] Für die Annahme einer Lücke ist nach Auffassung der Rechtsprechung[304] entscheidend, dass

---

299 Urteil v. 6.1.2004 – 5 W 826/03 – MDR 2004, 452–453, siehe auch Teil C/II./2./b)/aa)/(1).

300 Zur dogmatischen Einordnung siehe *Busche* in: MüKo-BGB, § 157 Rn. 27 f. m w. N.

301 *Larenz* NJW 1963, 737 (737).

302 *BGH* v. 21.9.1994 – XII ZR 77/93 – BGHZ 127, 138 (142).

303 Ständige Rechtsprechung, vgl. *BGH* v. 10.7.1963 – VIII ZR 204/61 – BGHZ 40, 91 (103); *ders.* v. 25.6.1980 – VIII ZR 260/79 – BGHZ 77, 301 (304); *ders* v. 1.2.1984 – VIII ZR 54/83 – BGHZ 90, 69 (75); *Busche* in: MüKo-BGB, § 157 Rn. 37; *Heinrichs* in: Palandt-BGB, § 157 Rn. 3; *Larenz* NJW 1963, 737 (738); *Roth* in: Staudinger-BGB, § 157 Rn. 11, 15; *Wolf* in: Soergel-BGB, § 157 Rn. 123.

304 BGH v. 1.2.1984 – VIII ZR 54/83 – BGHZ 90, 69 (74); *ders.* v. 13.5.1993 – IX ZR 166/92 – NJW 1993, 2935 (2937); *ders.* v. 17.1.2007 – VIII ZR 171/06 – BGHZ 170, 311 (324 f.).

der Vertrag eine Bestimmung vermissen lässt, die erforderlich ist, um den ihm zugrunde liegenden Regelungsplan zu verwirklichen, mithin ohne Vervollständigung des Vertrages eine angemessene, interessengerechte Lösung nicht zu erzielen ist. Vergleichbar ist die im Schrifttum[305] häufig verwendete Formulierung, wonach eine Regelungslücke vorliegt, wenn eine regelungsbedürftige Situation von dem objektiven Regelungsgehalt des Rechtsgeschäfts nicht mehr umfasst wird. Ob eine Lücke in dem Vertrag besteht, muss durch Auslegung des Rechtsgeschäfts ermittelt werden, indem der Geschäftswille, aber auch die Motive und Umstände erforscht werden, die zu dem Geschäftswillen geführt haben.[306]

In Rechtsprechung[307] und Schrifttum[308] wird überwiegend die Auffassung vertreten, dass von einer Vertragslücke aber nur dann ausgegangen werden darf, wenn in einem Vertrag ein Thema ungeregelt geblieben ist und zusätzlich aus dem dispositiven Gesetzesrecht sich keine Regelung der offenen Frage ergibt. Danach scheidet eine ergänzende Vertragsauslegung von vornherein aus, es sei denn die Heranziehung des dispositiven Rechts widerspricht dem Willen der Vertragsparteien[309], es wurde abbedungen[310] oder bietet keine oder keine interessengerechte Regelung. Letzteres kann der Fall sein, wenn der gewählte Vertragstyp gesetzlich nicht geregelt ist.[311] Demgegenüber soll nach Teilen der Literatur[312] aus methodischen Gründen das Vorliegen einer Regelungslücke allein von der Beschaffenheit der rechtsgeschäftlichen Regelung abhängen. *Medicus*[313] schließlich differenziert danach, ob sich die dispositiven Normen subsidiär geben oder nicht.

---

305 *Busche* in: MüKo-BGB, § 157 Rn. 38; *Henckel* AcP 159 (1960), 106 (115); *Roth* in: Staudinger-BGB, § 157 Rn. 15; vergleichbar auch die Formulierung bei *Larenz/Wolf* BGB AT, § 28 Rn. 114.

306 *Brox/Walker* BGB AT, § 6 Rn. 139; vgl. zudem *Henckel* AcP 159 (1960), 106 (116).

307 *BGH* v. 10.7.1963 – VIII ZR 204/61 – BGHZ 40, 91 (103); *ders.* v. 19.3.1975 – VIII ZR 262/73 – NJW 1975, 1116 (1117); *ders.* v. 25.6.1980 – VIII ZR 260/79 – BGHZ 77, 301 (304); *ders.* v. 1.2.1984 – VIII 8 ZR 54/83 – BGHZ 90, 69 (75); *ders.* v. 13.11.1997 – IX ZR 289/96 – BGHZ 137, 153 (157).

308 *Armbrüster* in: Erman-BGB, § 157 Rn. 19; *Auktor* MittBayNot 2008, 14 (16); *Ehricke* RabelsZ 60 (1996), 661 (679); *Wolf* in: Soergel-BGB, § 157 Rn. 124.

309 *BGH* v. 14.3.1990 – VIII ZR 18/89 – NJW-RR 1990, 817 (818 f.); *ders.* v. 19.3.1975 – VIII ZR 262/73 – NJW 1975, 1116 (1117).

310 *BGH* v. 19.3.1975 – VIII ZR 262/73 – NJW 1975, 1116 (1117).

311 *Looschelders* in: AnwKomm-BGB, § 157 Rn. 11 m. w. N.

312 *Busche* in: MüKo-BGB, § 157 Rn. 38; *Looschelders* in: AnwKomm-BGB, § 157 Rn. 8, 20; *Roth* in: Staudinger-BGB, § 157 Rn. 22.

313 BGB AT, Rn. 340–342.

Vorzugswürdig ist es, die Frage der Regelungslücke allein aus Inhalt und Regelungsplan des Rechtsgeschäfts heraus zu beantworten. Auch wenn täglich Verträge in unübersehbarer Zahl geschlossen werden, bei deren Abschluss die Parteien keine vom Gesetz abweichende Regelung treffen[314], sollte dennoch zwischen Feststellung der Regelungslücke und Lückenfüllung in Anbetracht methodischer Klarheit differenziert werden.[315] Für die praktische Rechtsanwendung ist die systematische Zuordnung der Heranziehung dispositiven Rechts – entweder zur Lückenfeststellung oder zur Lückenfüllung – zwar ohne Bedeutung, weil sich aus der abgelehnten Vermengung der Prüfungsschritte nur terminologische Probleme ergeben.[316] Aus Zweckmäßigkeitserwägungen ist dennoch eine Unterscheidung vorzunehmen. Scheidet eine ergänzende Vertragsauslegung von vornherein aus, wenn dispositives Gesetzesrecht Anwendung findet, gelangt man auf diese Weise dazu, die Ermittlung der Vertragslücke mit den Problemen des Verhältnisses zwischen ergänzender Auslegung und dispositivem Gesetzesrecht zu belasten.[317] Die nach *Medicus* vorzunehmende Differenzierung nach Typen dispositiven Rechts findet aus denselben Gründen erst auf der Ebene des Auslegungsverfahrens, also der Lückenfüllung, Beachtung.

Den vorstehend dargestellten Gerichtsentscheidungen[318] ist gemeinsam, dass die betreffenden Übergabeverträge nur die schenkweise Übertragung eines Hausgrundstücks der Eltern auf die Kinder unter Vorbehalt eines lebenslänglichen, unentgeltlichen Wohnungsrechts an dem übertragenen Grundbesitz beinhalten, jedoch eine Bestimmung darüber vermissen lassen, wem die tatsächliche Nutzungsmöglichkeit der dem Wohnungsrecht unterliegenden Räume im Falle des gesundheitlich bedingten Wegzugs des Wohnungsberechtigten in ein Pflegeheim zugutekommen soll. Die Vertragsparteien haben ein zukünftiges Ereignis irrtümlich für nicht regelungsbedürftig gehalten, wenn niemand bei Vertragsschluss daran gedacht hat, dass der Wohnungsberechtigte pflegebedürftig werden und

---

314 So *BGH* v. 10.7.1963 – VIII ZR 204/61 – BGHZ 40, 91 (103).

315 Ebenso *Roth* in: Staudinger-BGB, § 157 Rn. 22; Vermengung der Gesichtspunkte bei *Wendtland* in: Bamberger/Roth BeckOK-BGB, § 157 Rn. 38.

316 Im Ergebnis damit übereinstimmend *OLG München* v. 16.9.1987 – 15 U 5458/86 – ZMR 1989, 15 (17); *Looschelders* in: AnwKomm-BGB, § 157 Rn. 20; *Roth* in: Staudinger-BGB, § 157 Rn. 22.

317 *Busche* in: MüKo-BGB, § 157 Rn. 38; dazu siehe sogleich Teil C/II./2./b)/cc)/(2).

318 *OLG Koblenz* v. 6.1.2004 – 5 W 826/03 – MDR 2004, 452–453; *BGH* v. 9.1.2009 – V ZR 168/07 – NJW 2009, 1348–1349; *OLG Hamm* v. 28.9.2009 – 5 U 80/07, I-5 U 80/07 – DNotZ 2010, 128–130. Siehe Teil C/II./2./b)/aa).

daher das Nutzungsrecht nicht mehr ausüben könnte.[319] Auf die objektive Vorhersehbarkeit[320] des eingetretenen Ereignisses kommt es nicht an. Eine ergänzende Vertragsauslegung scheidet nur dann aus, wenn die Parteien von der fehlenden Regelung bewusst abgesehen und die Vereinbarung als abschließend angesehen haben.[321] Davon kann allerdings regelmäßig nicht ausgegangen werden, weil die Parteien ansonsten geregelt haben würden, dass die Räumlichkeiten, die von dem Wohnungsrecht umfasst sind, leer stehen würden. Der Wohnungsberechtigte ist aus gesundheitlichen, also tatsächlichen Gründen dauerhaft an der Rechtsausübung gehindert, während der Eigentümer aus rechtlichen Gründen nicht befugt ist, die Räume selbst zu nutzen oder einem Dritten zu überlassen, weil die Nutzung durch ihn nicht vorgesehen ist. Verallgemeinerungsfähig erscheint hierzu die Argumentation des Bundesgerichtshofes vom 9.1.2009 – V ZR 168/07[322] –, wonach ein Leerstand der Wohnung möglicherweise für einen Zeitraum von vielen Jahren dem Übergabevertrag schon aufgrund des Gebaren des Eigentümers nicht gerecht werde, wenn er sich zur Vermietung berechtigt hält.[323] Dass dies nicht nur vereinzelt vorkommt, belegen die Erfahrungen der kautelarjuristischen Praxis. Eine nach Umzug des Berechtigten i. S. v. § 1093 Abs. 1 Satz 1 BGB leer stehende Wohnung bleibt oft nur wenige Monate ungenutzt.[324] Ohne Vervollständigung des Vertrags ist eine angemessene, interessengerechte Lösung gewöhnlich nicht zu erzielen, bzw. der Umzug des Wohnungs-berechtigten in ein Pflegeheim lässt eine Situation entstehen, die von dem objektiven Regelungsgehalt des Rechtsgeschäfts nicht umfasst wird und regelmäßig einer Regelung bedarf. Eine anfängliche Regelungslücke ist demnach grundsätzlich anzunehmen.

---

319 In Übereinstimmung mit *Eupen* GE 2010, 590 (593); *Krüger* ZNotP 2010, 2 (5); eine Regelungslücke ablehnend *Auktor* MittBayNot 2008, 14 (16); vgl. auch *OLG Hamm* v. 28.9.2009 – 5 U 80/07, I-5 U 80/07 – DNotZ 2010, 128 (128).

320 Siehe bereits Teil C/II./2./a)/ee)/(2).

321 *Wendtland* in Bamberger/Roth BeckOK-BGB, § 157 Rn. 37.

322 NJW 2009, 1348 (1349).

323 *Herrler* DNotZ 2009, 407 (411), Fn. 18, hält es dagegen nicht für gerechtfertigt, aus dem Verhalten des Eigentümers Rückschlüsse auf den Parteiwillen bei Abschluss des Übergabevertrags zu ziehen.

324 *Gühlstorf* ZfF 2009, 265 (268), bezieht seine Aussage darauf, dass es tatsächlich nur geringe Auswirkungen habe, dass nach der höchstrichterlichen Rechtsprechung dem Wohnungsberechtigten ein Gestattungsanspruch nicht zustehe, siehe bereits Teil C/II./2./b)/bb).

(2) Füllung der Regelungslücke

Haben die Vertragsparteien keine Regelung darüber getroffen, wem die tatsächliche Nutzungsmöglichkeit des Hauses zugutekommen soll, wenn der Wohnungsberechtigte aufgrund des notwendig gewordenen Umzugs in ein Pflegeheim die Wohnung nicht mehr selbst nutzen kann, geht es nicht um die Ergänzung einer lükkenhaften Erklärung um das Mitgewollte, sondern um die Ergänzung des Willen selbst. Darüber, was die Vertragspartner für den Fall der Pflegebedürftigkeit des Wohnungsberechtigten wollen, haben sich die Parteien keine Gedanken gemacht und dafür keinen Willen gebildet.

Die Regelungslücke kann entweder durch ergänzende Vertragsauslegung oder dispositives Gesetzesrecht ausgefüllt werden.[325] Dafür ist zu klären, wie das Rangverhältnis zwischen den beiden Lösungsmöglichkeiten zu beurteilen ist. Nach einer Auffassung sei es in erster Linie Aufgabe des dispositiven Rechts, die Lücke in einem Vertrag zu schließen.[326] Bei umgekehrtem Rangverhältnis würde das gesamte dispositive Recht beiseite geschoben und funktionslos werden.[327] Demzufolge würde das Problem der ergänzenden Vertragsauslegung nicht auftreten, wenn das dispositive Gesetzesrecht lückenlos wäre. Die erhobenen Bedenken sind jedoch unbegründet, wenn nach der Typizität des Geschäfts unterschieden wird.[328] Entspricht das Rechtsgeschäft keinem gesetzlich geregelten Geschäftstypus, ist die ergänzende Auslegung der gegebene Weg zur Lückenfüllung. Je mehr es sich aber einem gesetzlich geregelten Geschäftstypus annähert, desto näher liegt die Anwendung vorhandenen dispositiven Rechts.[329] Denn ist das Geschäft im Gesetz geregelt, hat das von Treu und Glauben mit Rücksicht auf die Verkehrssitte Geforderte positivrechtlichen Niederschlag gefunden.[330] Die ergänzende Auslegung könnte kaum zu abweichenden Ergebnissen führen.[331] Daher hilft in häufig

325 Siehe bereits Teil C/II./2./b)/cc)/(1).

326 *Henckel* AcP 159 (1960), 106 (122).

327 Vgl. *Heinrichs* in: Palandt-BGB, § 157 Rn. 4; *Wendtland* in: Bamberger/Roth BeckOK-BGB, § 157 Rn. 38.

328 *Armbrüster* in: Erman-BGB, § 157 Rn. 19; *Busche* in: MüKo-BGB, § 157 Rn. 44; *Larenz* NJW 1963, 737 (740 f.); *Looschelders* in: AnwKomm-BGB, § 157 Rn. 9, 11; *Roth* in: Staudinger-BGB, § 157 Rn. 23; *Wendtland* in: Bamberger/Roth BeckOK-BGB, § 157 Rn. 38; ähnlich *Medicus* BGB AT, Rn. 341 f., der nach Typen dispositiver Normen differenziert.

329 *Jauernig* in: Jauernig-BGB § 157 Rn. 3; im gleichen Sinne *Flume* BGB AT, Band 2, § 16 4.b); *Larenz/Wolf* BGB AT, § 28 Rn. 109.

330 *Busche* in: MüKo-BGB, § 157 Rn. 44.

331 *Looschelders* in: AnwKomm-BGB, § 157 Rn. 8.

vorkommenden Fällen das Gesetz bei der Lückenfüllung, indem es dispositive Regeln zur Verfügung stellt.[332]

Als gegenüber der ergänzenden Vertragsauslegung vorrangige dispositive gesetzliche Regelung kommt § 1092 Abs. 1 Satz 2 BGB in Betracht[333], wonach die Überlassung der Ausübung des Wohnungsrechts der Gestattung des Eigentümers bedarf. Zwar könnte dagegen vorgebracht werden, dass diese dispositive Regel zur Lückenfüllung nicht passt, weil der Regelungsinhalt des § 1092 Abs. 1 Satz 2 BGB von den Vertragsparteien nicht gewollt sei. Allerdings ist anders als bei der Begründung einer planwidrigen Regelungslücke zu berücksichtigten, dass die Parteien andernfalls im Übergabevertrag anstelle der Bestellung eines dinglichen Wohnungsrechts die Bestellung eines Nießbrauchsrechts hätten vorsehen können.[334] Denn nach § 1059 Satz 2 BGB kann die Ausübung des Nießbrauchs einem Dritten überlassen werden. Alternativ hätte den Vertragsparteien auch offen gestanden, die Ausübung des Wohnungsrechts durch einen Dritten zu gestatten, um ihren – der Anwendung der dispositiven Vorschrift des § 1092 Abs. 1 Satz 2 BGB – entgegenstehenden Willen zum Ausdruck zu bringen. Im Umkehrschluss ist daher vielmehr anzunehmen, dass in der Regel auf § 1092 Abs. 1 Satz 2 BGB zurückgegriffen werden kann, wenn der Wohnungsberechtigte in eine Pflegeeinrichtung umziehen musste und an der Ausübung seines Rechts gehindert ist. Für diese Bewertung sprechen weiterhin die Erfahrungen der Kautelarpraxis, nach denen die Beteiligten beim Wohnungsrecht nahezu ausnahmslos wünschen, dass die Nutzung durch Dritte ausgeschlossen ist, weshalb in den meisten Vereinbarungen über die Bestellung eines Wohnungsrechts entsprechende Klarstellungen enthalten sind.[335] Ob nach alledem gegebenenfalls der Eigentümer zur Fremdvermietung berechtigt oder gar verpflichtet sein soll, ist unter dem Gesichtspunkt eines möglichen Zahlungsanspruchs des Wohnungsberechtigten im Wege ergänzender Vertragsauslegung zu diskutieren.[336] Folglich kann unter Heranziehung des dispositiven Rechts

---

332 *Busche* in: MüKo-BGB, § 157 Rn. 44; *Brox/Walker* BGB AT, § 6 Rn. 138; *Medicus* BGB AT, Rn. 340; *Larenz* NJW 1963, 737 (740 f.); *Looschelders* in: AnwKomm-BGB, § 157 Rn. 9, 11; *Roth* in: Staudinger-BGB, § 157 Rn. 23.

333 So bereits *Auktor* MittBayNot 2008, 14 (16); jetzt auch *OLG Hamm* v. 28.9.2009 – 5 U 80/07, I-5 U 80/07 – DNotZ 2010, 128 (128); a. A. wohl aber ausschließlich zur Einzelfallgerechtigkeit *OLG Koblenz* v. 6.1.2004 – 5 W 826/03 – MDR 2004, 452 (453).

334 Vgl. nunmehr auch *BGH* v. 9.1.2009 – V ZR 168/07 – NJW 2009, 1348 (1349).

335 Vgl. die Aussage des Herrn Notar *Christian Auktor* (Fürth) über die eigene Beratungs- und Beurkundungspraxis in seinem Aufsatz in MittBayNot 2008, 14 (16).

336 Siehe Teil C/II./3./c).

die Regelungslücke in sinnvoller Weise geschlossen werden, so dass die Lückenfüllung aus dem Gesetz der ergänzenden Vertragsauslegung vorgeht.

dd) Überleitungsfähigkeit eines Gestattungsanspruchs

Diejenigen, die entgegen der hier vertretenen Ansicht einen Anspruch auf Gestattung der Vermietung als begründet ansehen[337], sehen sich zudem mit der für den Sozialhilfeträger entscheidenden Frage konfrontiert, ob dieser Anspruch übergeleitet und von ihm geltend gemacht werden kann. Grundsätzlich ausgeschlossen wäre die Überleitung eines Gestattungsanspruchs, wenn mit dem OLG Braunschweig[338] im Hinblick auf § 93 Abs. 1 Satz 1 SGB XII lediglich auf Geldleistungen gerichtete Ansprüche für überleitungsfähig gehalten werden. Die Überleitung und Geltendmachung des Anspruchs auf Zustimmung zur Vermietung an Dritte scheidet aber bereits aufgrund seiner Höchstpersönlichkeit aus. Nähme man die Überleitungsfähigkeit des Gestattungsanspruchs an, würde man ein für den Grundstückseigentümer unzumutbares Ergebnis erzielen, denn der Sozialhilfeträger als vertragsfremder Dritter könnte entscheiden, an wen die Wohnung vermietet wird.[339] Der Dritte erhält durch die Ausübungsüberlassung zwar nur vom Wohnungsberechtigten abgeleitete Rechte, die an sich mit Erlöschen der Dienstbarkeit mit dem Tode des Berechtigten oder aus einem anderen Grund[340] enden.[341] Allerdings wird teilweise[342] eine Analogie zu § 1056 Abs. 1 BGB zum Schutze des Mieters erwogen. Die Norm schützt den Mieter, der vom Nießbraucher das nießbrauchbelastete Grundstück gemietet hat, nach Beendigung des Nießbrauchs vor dem sofortigen Rückgabeverlangen des Eigentümers nach § 985 BGB.[343] Der

---

337 *Gühlstorf/Ette* ZfF 2007, 265 (268 f.), vertraten zur Rechtslage vor der jüngsten Entscheidung des *BGH*, dass ein Anspruch auf Gestattung der Vermietung – wenn auch sehr restriktiv – angenommen werden könne.

338 Beschluss v. 11.9.1995 – 2 W 118/95 – MittRhNotK 1996, 222 (222), siehe bereits Teil C/I.

339 In Übereinstimmung mit *Brückner* NJW 2008, 1111 (1113); wohl auch *Mittelmann/Ehmann* in: Plagemann, MüAnwHdb SozR, § 39 Rn. 50.

340 Bspw. Fristablauf oder Eintritt einer auflösenden Bedingung.

341 *OLG Karlsruhe* v. 26.8.1988 – 10 U 274/87 – BB 1989, 942 (943); *Joost* in: MüKo-BGB, § 1092 Rn. 6; *Mayer* in: Staudinger-BGB, § 1092 Rn. 7.

342 *Mayer* in: Staudinger-BGB, § 1092 Rn. 7 m. w. N.; ebenso *Brückner* NJW 2008, 1111 (1113); *Volmer* MittBayNot 2009, 276 (279); a. A. *Joost* in: MüKo-BGB, § 1093 Rn. 8; *Eupen* GE 2010, 590 (594).

343 *Pohlmann* in: MüKo-BGB, § 1056 Rn. 1; *Wegmann* in: Bamberger/Roth BeckOK-BGB, § 1056 Rn. 1.

Eigentümer tritt nach § 566 Abs. 1 BGB entsprechend bei Beendigung des Nießbrauchs in den Mietvertrag ein. Wohl verweist § 1093 Abs. 1 Satz 2 BGB nicht ausdrücklich auf die Schutzvorschrift des § 1056 BGB. Dies ist aber darauf zurückzuführen, dass das Wohnungsrecht nach dem gesetzlichen Leitbild ohnehin nicht zur Vermietung berechtigen sollte, diese Variante sich also auch nicht als regelungsbedürftig darstellte.[344] Folglich bestünde für den Eigentümer die Gefahr, in den laufenden Mietvertrag eintreten zu müssen, wenn der Wohnungsberechtigte verstirbt. Dies erscheint erst Recht bei voraussichtlich nur noch kurzer Lebenserwartung des pflegebedürftigen Wohnungsberechtigten ungerechtfertigt.[345] Denn § 1056 Abs. 2 BGB gewährt dem Eigentümer zwar ein Kündigungsrecht unter Einhaltung der gesetzlichen Frist. Die Kündigung unterliegt aber sämtlichen Kündigungsschutzbestimmungen. Bei einer Wohnraummiete müssen die §§ 573 ff. BGB Beachtung finden. Die ordentliche Kündigung durch den Eigentümer und ehemaligen Verpflichteten des Wohnungsrechts setzt nach § 573 Abs. 1 BGB das Vorliegen eines berechtigten Interesses voraus. Eine Selbstnutzung würde nur bei Erfolg einer Kündigung wegen Eigenbedarfs nach § 573 Abs. 2 Nr. 2 BGB in Betracht kommen. Die Rechtsfolge, dass sich der Übernehmer sogar nach dem Tode des Wohnungsberechtigten nur unter erschwerten Bedingungen zu einer Selbstnutzung verhelfen könnte, ist ihm auch nicht mit Verweis auf eine zeitgemäße Anwendung des § 1093 Abs. 2 BGB zumutbar, weil die Vorschrift nicht den Sinn hat, einen Nutzwert des Wohnungsrechts im Krankheits- oder Pflegefall aufrechtzuerhalten.[346] Unabhängig hiervon kann mit der Herrichtung der Räumlichkeiten derart, dass der Wohnungsberechtigte durch Fremdvermietung Erträge erzielen könnte, ein erheblicher Kostenaufwand verbunden sein.[347]

ee) Durchsetzbarkeit des Gestattungsanspruchs trotz fehlender Überleitungsfähigkeit

Das Bestehen eines nicht überleitungsfähigen Gestattungsanspruchs vorausgesetzt, stünde dem Träger der Sozialhilfe im Hinblick auf den in § 2 SGB XII verankerten sozialhilferechtlichen Nachrangigkeitsgrundsatz die Möglichkeit offen,

---

344 *Volmer* MittBayNot 2009, 276 (279) m. w. N.

345 *Mittelmann/Ehmann* in: Plagemann, MüAnwHdb SozR, § 39 Rn. 51.

346 Vgl. *Volmer* MittBayNot 2009, 276 (280).

347 Nach unbestrittener Behauptung des Antragsgegners hätte die Herrichtung in einem vor dem *OLG Celle* verhandelten Fall 15.000,- Euro gekostet, vgl. Beschluss v. 15.10.2007 – 4 W 195/07 – NJW-RR 2008, 397 (399). Die für eine Vermietbarkeit erforderlichen Instandsetzungskosten schätzte das *OLG Oldenburg* v. 11.10.2007 – 14 U 86/07 – NJW-RR 2008, 399 (400), auf eine „zumindest vierstellige Summe“.

den Leistungsberechtigten aufzufordern, seinen Anspruch auf Gestattung der Vermietung gegenüber dem Verpflichteten des Wohnungsrechts selbst durchzusetzen und anschließend einen Mietvertrag mit einem Dritten abzuschließen.[348] In der Folge würde der sozialhilfe-rechtliche Bedarf in Höhe der Mieteinnahmen verringert werden. Aufgrund des in § 2 Abs. 1 SGB XII enthaltenen Selbsthilfegebots ist der Leistungsberechtigte verpflichtet, der Bedarfsdeckung dienende realisierbare Ansprüche zu verfolgen.[349] Die Selbsthilfe findet ihre Grenzen in der *Zumutbarkeit*.[350] Im Rahmen der Zumutbarkeitsprüfung würden besonders die mit der Geltendmachung des Anspruchs auf Gestattung der Vermietung verbundenen Kosten eines etwaigen Gerichtsprozesses ins Gewicht fallen.[351] Die Zumutbarkeit hinge daher maßgeblich davon ab, dass der Sozialhilfeträger die Übernahme sämtlicher anfallender Kosten erklärt, weil bei überleitbaren Ansprüchen allein der Sozialhilfeträger das Prozessrisiko und die möglichen Kosten zu tragen hat.[352] Gegen die Durchsetzbarkeit des Gestattungsanspruchs trotz mangelnder Überleitungsfähigkeit bestehen allerdings die vorstehend erhobenen Bedenken gegen die Zumutbarkeit der Vermietung für den Eigentümer fort.

ff) Ergebnis

Ein Anspruch auf Zustimmung zur Vermietung ergibt sich des Weiteren grundsätzlich nicht aus einer ergänzenden Vertragsauslegung gemäß den §§ 133, 157 BGB. Regelmäßig wird die bestehende Regelungslücke durch die dispositive Norm des § 1092 Abs. 1 Satz 2 BGB geschlossen werden können. Im Übrigen wäre ein Gestattungsanspruch insbesondere deshalb nicht überleitungsfähig, weil die drastische Folge wäre, dass der Grundstückseigentümer nach § 1056 Abs. 1 BGB analog möglicherweise über die Lebenszeit des Übergebers als Wohnungsberechtigten hinaus an einer Selbstnutzung gehindert wäre. Die der Überleitbarkeit entgegengebrachten Einwände haben auch gegenüber einer faktischen Durchsetzbarkeit Bestand.

---

348 *Gühlstorf/Ette* ZfF 2007, 265 (269 f.).

349 *Armborst/Brühl* in: LPK-SGB XII, § 2 Rn. 14; siehe zudem bereits Teil B/I./3.

350 *BVerwG* v. 23.11.1995 – 5 C 13/94 – BVerwGE 100, 50 (54); *Wahrendorf* in: Grube/Wahrendorf, § 2 SGB XII Rn. 16 m. w. N.

351 Zutreffend *Gühlstorf/Ette* ZfF 2007, 265 (270).

352 *Gühlstorf/Ette* ZfF 2007, 265 (270); vgl. auch *Armborst/Brühl* in: LPK-SGB XII, § 2 Rn. 17, nach denen der Sozialhilfeträger Leistungen im Hinblick auf die Möglichkeit eines gerichtlichen Eilverfahrens dann verweigern dürfe, wenn er die Bereitschaft erkläre, etwa entstehende Kosten der Rechtsverfolgung zu tragen.

c) Keine Vermietungsberechtigung

Im Ergebnis kann der in einem Pflegeheim lebende Wohnungsberechtigte einen Anspruch auf Gestattung der Vermietung gegenüber dem Eigentümer weder auf Treu und Glauben i. S. v. § 242 BGB und Wegfall der Geschäftsgrundlage gemäß § 313 Abs. 3 i. V. m. Abs. 1 BGB noch auf eine ergänzende Vertragsauslegung nach den §§ 133, 157 BGB stützen.

3. Herleitung eines Zahlungsanspruchs

Von dem Anspruch auf Gestattung der Vermietung durch den Wohnungsberechtigten ist die Frage zu unterscheiden, ob sich ein überleitungsfähiger Zahlungsanspruch herleiten lässt. Soweit eine ausdrückliche Regelung im Schenkungsvertrag fehlt, könnte sich ein Zahlungsanspruch zunächst aus Leibgedingsvertrag i. S. d. Art. 96 EGBGB ergeben. Außerhalb von Rechten aus Leibgeding kommen Ansprüche auf Umwandlung des Wohnungsrechts in einen Zahlungsanspruch wegen Wegfalls der Geschäftsgrundlage gemäß § 313 Abs. 3 i. V. m. Abs. 1 BGB oder aufgrund ergänzender Vertragsauslegung gemäß den §§ 133, 157 BGB in Betracht.

a) Leibgedingsvertrag i. S. d. Art. 96 EGBGB

Ein Anspruch auf Zahlung einer Geldrente kann aufgrund eines Leibgedingsvertrags i. S. v. Art. 96 EGBGB i. V. m. landesgesetzlichen Regelungen[353] bestehen.[354] Gemäß Art. 96 EGBGB bleiben die landesrechtlichen Vorschriften über einen mit der „Überlassung eines Grundstücks" in Verbindung stehenden Leibgedingsvertrag unberührt, soweit sie das sich aus dem Vertrag ergebende Schuldverhältnis für den Fall regeln, dass nicht besondere Vereinbarungen von den Vertragsparteien selbst getroffen werden. Es ist möglich, dass ein Leibgedingsvertrag das zur Bestellung eines dinglichen Wohnungsrechts i. S. v. § 1093 BGB führende Grundgeschäft ist.

353 Die dem Schuldvertragsrecht angehörende Ausgestaltung des Leibgedingsrechts ist wegen der regional unterschiedlichen Rechtstraditionen den Landesgesetzgebern überlassen. Die in den Ausführungsgesetzen enthaltenen Regelungen haben lediglich eine vertragsergänzende Funktion und sind abdingbar. Zur Übersicht über die landesgesetzlichen Regelungen siehe *Habersack* in: MüKo-BGB, Art. 96 EGBGB Rn. 2.

354 *Otto* in: AnwKomm-BGB, § 1093 Rn. 9.

aa) Keine Legaldefinition

Der Begriff des Leibgedinges ist weder in Art. 96 EGBGB noch in den landesrechtlichen Ausführungsgesetzen umschrieben, weil die Rechtsentwicklung aufgrund der regional unterschiedlichen Rechtstradition schon vor dem Bürgerlichen Gesetzbuch die Grenzen eines eindeutig umschreibbaren Lebenssachverhalts überschritten hatte.[355] Im etymologischen Wörterbuch wird das Leibgedinge knapp als „Unterhalt auf Lebenszeit" erklärt.[356] Ursprünglich diente das Leibgedingsrecht der Regelung der landwirtschaftlichen Hofübergabe.[357] Die abtretende ältere Generation begibt sich dabei nach Art einer vorweggenommenen Erbfolge ihrer Wirtschaftsgrundlage ganz, um dagegen eine den jeweiligen Bedarf deckende Versorgung einzutauschen.[358] Herkömmlicherweise umschreibt man das Leibgedinge (Leibzucht, Altenteil oder Auszug[359]) funktional als einen Inbegriff von Rechten verschiedener Art, die durch ihre Zweckbestimmung, dem Berechtigten ganz oder teilweise, für eine bestimmte Zeit oder dauernd Versorgung zu gewähren, zu einer Einheit verbunden sind.[360] Es handelt sich bei einem Leibgedingsvertrag um einen typengemischten Vertrag, der im Regelfalle schuldrechtliche und sachenrechtliche Elemente enthält.

Auch im Bereich nichtlandwirtschaftlicher und auch städtischer Grundstücke kommt eine Anwendung in Betracht.[361] Geht es um die Übergabe eines städtischen

---

355 *Habersack* in: MüKo-BGB, Art. 96 EGBGB Rn. 3; *Schwarz* ZEV 1997, 309 (310); *Weyland* MittRhNotK 1997, 55 (63).

356 *Seebold* in: Kluge.

357 Vgl. *RG* v. 30.10.1939 – V 83/93 – RGZ 162, 52 (55); eingehend zur Geschichte *Meyer* S. 162 ff.

358 *OLG Koblenz* v. 15.11.2006 – 1 U 573/06 – ZEV 2007, 589 (590); vgl. ferner *BGH* v. 25.10.2002 – V ZR 293/01 – MDR 2003, 548 (548) m. w. N.

359 Die Bezeichnungen meinen dasselbe, vgl. *OLG Frankfurt* v. 21.10.1971 – 6 W 280/71 – Rpfleger 1972, 20 (20).

360 Grundlegend *RG* v. 30.10.1939 – V 83/93 – RGZ 162, 52 (57); vgl. *BGH* v. 26.9.1962 – V ZR 91/61 – NJW 1962, 2249 (2250); *BayObLG* v. 26.4.1993 – 1Z RR 397/92 – DNotZ 1993, 603 (604); *Habersack* in: MüKo-BGB, Art. 96 EGBGB Rn. 5; *Reetz* in: Hügel BeckOK-GBO, § 49 Rn. 4; *Schöner/Stöber* Grundbuchrecht, Rn. 1323.

361 So bereits *RG* v. 21.8.1936 – V 76/36 – RGZ 152, 104 (107 ff.) m. w. N.; vgl. weiterhin *BGH* v. 26.9.1962 – V ZR 91/61 – NJW 1962, 2249 (2250); *ders.* v. 31.10.1969 – V ZR 138/66 – BGHZ 53, 41 (43); *ders.* v. 3.4.1981 – V ZR 55/80 – NJW 1981, 2568 (2569); *BayObLG* v. 26.4.1993 – 1Z RR 397/92 – DNotZ 1993, 603 (605); *OLG Hamm* v. 9.7.1985 – 27 U 26/85 – Rpfleger 1986, 270 (270); *OLG Koblenz* v. 15.11.2006 – 1 U 573/06 – ZEV 2007, 589 (590); *LG Frankenthal* v. 27.2.1989 – 1 T 72/89 – Rpfleger 1989, 324 (324); *Albrecht* in: Staudinger-BGB, Art. 96 EGBGB

Grundstücks, verbietet sich eine Belastung mit Unterhaltsleistungen wie Ernährung und Bekleidung nach der Natur der Dinge gewöhnlich von selbst, weil sich derartige Leistungen im Gegensatz zu bäuerlichen Grundstücken nicht ohne Weiteres aus dem Grundstück selbst bewirken lassen.[362] Auf städtischen Grundstücken kommt folglich dem Recht auf freie Wohnung im Rahmen des Gesamtunterhalts eine besonders große Bedeutung zu, weil im Allgemeinen die Gewährung der Wohnung für sich allein diejenige Leistung ist, die der Übernehmer dem Übergeber als Unterhaltsleistung aus dem Grundstück leisten kann.[363] Daher wird im städtischen Bereich ein Wohnrecht als einzige Gegenleistung für ausreichend angesehen.[364] Entscheidend ist allerdings, dass die auf Versorgung ausgerichtete persönliche Bindung besteht.[365]

bb) Eine die Existenz teilweise begründende Wirtschaftseinheit als Vertragsobjekt

Für die praktische Rechtsanwendung bedarf es jedoch der näheren Bestimmung der rechtlich wesentlichen Merkmale des Leibgedinges i. S. d. Art. 96 EGBGB i. V. m. den landesrechtlichen Vorschriften, über die sich die Beteiligten nicht hinwegsetzen können, ohne die besonderen Wirkungen[366] des Leibgedingsrechts zu

---

Rn. 5; *Böhringer* MittBayNot 1988, 103 (104) m. w. N.; *Schwarz* ZEV 1997, 309 (310); *Weyland* MittRhNotK 1997, 55 (63); *Wirich* ZEV 2008, 372 (372); *Wolf* MittBayNot 1994, 117 (117).

362 Vgl. *RG* v. 21.8.1936 – V 76/36 – RGZ 152, 104 (107 ff.), zu der Frage, inwieweit durch den Leibgedingsvertrag eine Vollversorgung des Berechtigten sichergestellt sein muss.

363 Vgl. *RG* v. 21.8.1936 – V 76/36 – RGZ 152, 104 (109).

364 Vgl. neben dem Urteil des *RG* v. 21.8.1936 – V 76/36 – RGZ 152, 104 (107 ff.), auch *BGH* v. 26.9.1962 – V ZR 91/61 – NJW 1962, 2249 (2250); *ders.* v. 19.6.1964 – V ZR 4/63 – MDR 1964, 741 (741); *ders.* v. 4.7.2007 – VII ZB 86/06 – NJW-RR 2007, 1390 (1390); *LG Göttingen* v. 10.12.1987 – 6 S 122/87 – NJW-RR 1988, 327 (328); *OLG Hamm* v. 9.7.1985 – 27 U 26/85 – Rpfleger 1986, 270 (270); *dass.* v. 9.5.2005 – 5 U 198/04 – RNotZ 2007, 544 (545); *LG Frankenthal* v. 27. 2.1989 – 1 T 72/98 – Rpfleger 1989, 324 (324); *LG Köln* v. 18.07.1996 – 6 S 544/94 – NJW-RR 1997, 594 (594); aus der Literatur *Reetz* in: Hügel BeckOK-GBO, § 49 Rn. 6; *Rosendorfer* MittBayNot 2005, 1 (3), *Weyland* MittRhNotK 1997, 55 (64); a. A. *LG Darmstadt* v. 3.11.2004 – 7 S 115/04 – NJOZ 2005, 823 (824).

365 *Habersack* in: MüKo-BGB, Art. 96 EGBGB Rn. 19; ähnlich *Rosendorfer* MittBayNot 2005, 1 (3).

366 Dem Leibgedingsberechtigten wird der Rücktritt vom Übergabevertrag wegen Leistungsstörungen erschwert oder gar verwehrt. Es besteht auch eine vollstreckungsrechtliche Privilegierung gemäß § 9 Abs. 1 EGZVG. Leibgedingsrechte sind zudem

verfehlen.[367] Zu beachten ist insofern, dass nicht jedes im Grundbuch eingetragene Leibgedinge zugleich auch ein Leibgedinge nach Art. 96 EGBGB darstellt. Der Begriff des Leibgedingsvertrags i. S. d. Art. 96 EGBGB ist mit dem grundbuchrechtlichen Leibgedingsbegriff nicht deckungsgleich.[368]

Der Bundesgerichtshof hält ausgehend von der Herkunft des Rechtsinstituts, der bäuerlichen Hofübergabe, eine einschränkende Auslegung[369] der Sonderregelungen über den Leibgedingsvertrag i. S. d. Art. 96 EGBGB für geboten und verlangt als Vertragsgegenstand das Vorliegen eines besonders qualifizierten Übergabeobjekts. Danach liege der Wesenszug eines Leibgedinges in einem Nachrücken der folgenden Generation in eine die Existenz wenigstens teilweise begründende Wirtschaftseinheit[370] unter Abwägung des Versorgungsinteresses des abziehenden Leibgedingsberechtigten und des Nutzungsinteresses des nachrückenden Angehörigen der nächsten Generation, ohne dass beiderseits gleichwertige Leistungen im Vordergrund stehen.[371] Erforderlich sei, dass dem Übernehmer ein Grundstück

---

nach § 851 ZPO unpfändbar. Vgl. dazu *Habersack* in: MüKo-BGB, Art. 96 EGBGB Rn. 29 ff., 36 f.; *Mayer* DNotZ 1996, 604 (626); *Schwarz* ZEV 1997, 309 (310).

367 *Habersack* in: MüKo-BGB, Art. 96 EGBGB Rn. 5; vgl. ferner *Lange-Parpart* RNotZ 2008, 377 (395); *Mayer* DNotZ 996, 604 (621).

368 Zum Auseinanderfallen der Begriffe bzw. zum „dualistischen Leibgedingsbegriff" siehe *BGH* v. 3.2.1994 – V ZB 31/93 – BGHZ 125, 69 (70 ff.); *Auktor* MittBayNot 2008, 14 (16); vgl. *Habersack* in: MüKo-BGB, Art. 96 EGBGB Rn. 23 m. w. N.; *Littig/Mayer* Rn. 104; *Mayer* DNotZ 1996, 604 (623); *Reetz* in: Hügel BeckOK-GBO, § 49 Rn. 5; *Schöner/Stöber* Grundbuchrecht Rn. 1325; vgl. *Spiegelberger* in: FS 50 Jahre DAI, 413 (423); *Weyland* MittRhNotK 1997, 55 (71); a. A. *OLG Köln* v. 1.4.1992 – 2 Wx 7/91 – MittBayNot 1994, 134 (135). Dagegen entspricht der Leibgedingsbegriff nach § 850b Abs. 1 Nr. 3 ZPO demjenigen nach Art. 96 EGBGB, vgl. *BGH* v. 4.7.2007 – VII ZB 86/06 – NJW-RR 2007, 1390 (1391). Dies gilt nach überzeugender Darlegung von *Wirich* ZErb 2009, 229 (231), auch für § 9 EGZVG.

369 Wie der *BGH* in seinem Urteil v. 3.4.1981 – V ZR 55/80 – NJW 1981, 2568 (2569), einräumt.

370 *BGH* v. 23.9.1994 – V ZR 113/93 – DNotZ 1996, 636 (638); *ders.* v. 28.1.2000 – V ZR 252/98 – MittBayNot 2000, 223 (223); *ders.* v. 25.10.2002 – V ZR 293/01 – MDR 2003, 348 (348); vgl. aus der Instanzgerichtsbarkeit *BayObLG* v. 29.12.1989 – RReg. 1 Z 198/88 – MittBayNot 1990, 168 (169); *OLG Düsseldorf* v. 28.5.2001 – 9 U 242/00 – MDR 2001, 1287 (1288); *OLG Hamm* v. 9.5.2005 – 5 U 198/04 – RNotZ 2007, 544 (545); *OLG Köln* v. 1.4.1992 – 2 Wx 7/91 – MittBayNot 1994, 134 (135); *LG Münster* v. 20.2.2007 – 9 S 186/06 – NJW-RR 2008, 15 (15).

371 *BGH* v. 19.6.1964 – V ZR 4/63 – MDR 1964, 741 (741); *ders.* v. 31.10.1969 – V ZR 138/66 – BGHZ 53, 41 (43); *ders.* v. 3.4.1981 – V ZR 55/80 – NJW 1981, 2568 (2569); *ders.* v. 28.10.1988 – V ZR 60/87 – NJW-RR 1989, 451 (452); *ders.*

überlassen wird, kraft dessen Nutzung er sich eine eigene Lebensgrundlage verschaffen und gleichzeitig den dem Leibgedinge geschuldeten Unterhalt gewinnen kann.[372] Tritt also in einer schuldrechtlichen Vereinbarung der Charakter eines gegenseitigen Vertrages mit beiderseits gleichwertigen Leistungen in den Vordergrund, kann nicht vom Vorliegen eines Leibgedingsvertrags i. S. d. Art. 96 EGBGB ausgegangen werden.[373] Es entspricht daher gefestigter Rechtsprechung des fünften Zivilsenats des Bundesgerichtshofes[374], dass eine Grundstücksübertragung noch nicht allein durch eine Wohnrechtsgewährung mit Pflege- und Versorgungsverpflichtung zu einem Leibgedingsvertrag i. S. v. Art. 96 EGBGB wird.[375]

§ 49 GBO dient demgegenüber der Vereinfachung des Grundbuchverfahrens[376], indem es nicht der Bezeichnung der jeweiligen Einzelrechte bedarf, die das Leibgedinge bilden, wenn auf die Eintragungsbewilligung Bezug genommen wird. Die

---

v. 3.2.1994 – V ZB 31/93 – BGHZ 125, 69 (70 f.); *ders.* v. 4.7.2007 – VII ZB 86/06 – NJW-RR 2007, 1390 (1391); vgl. aus der Instanzgerichtsbarkeit *OLG Celle* v. 1.10.1999 – 4 U 120/99 – Rn. 35 zitiert nach juris; *OLG Düsseldorf* v. 15.10.1993 – 14 U 333/92 – NJW-RR 1994, 201 (202); *OLG Hamm* v. 29.2.1996 – 22 U 84/95 – NJW-RR 1996, 1360 (1361.); *OLG Köln* v. 8.1.1997 – 17 U 8/96 – FamRZ 1998, 431 (431); *OLG Schleswig* v. 26.6.1997 – 5 U 225/95 – SchlHA Teil A II/1998 48 (48).

372 Der *BGH* gab in seinen Entscheidungsgründen stereotyp die Formulierung „sich eine eigene Lebensgrundlage *schaffen*" wieder, vgl. Senatsurteile v. 19.6.1964 – V ZR 4/63 – MDR 1964, 741 (741); v. 31.10.1969 – V ZR 138/66 – BGHZ 53, 41 (43); *ders.* v. 28.10.1988 – V ZR 60/87 – NJW-RR 1989, 451 (451); *ders.* v. 23.9.1994 – V ZR 113/93 – DNotZ 1996, 636 (638); unter teilweise Bezugnahme auf die ergangene Rechtsprechung ist nunmehr die Rede von „sich eine eigene Lebensgrundlage *verschaffen*", vgl. Urteil v. 21.11.2002 – V ZB 40/02 – NJW 2003, 1126 (1127); ebenso in jüngster Zeit *OLG Düsseldorf* v. 28.5.2001 – 9 U 242/00 – MDR 2001, 1287 (1288); *OLG Hamm* v. 9.5.2005 – 5 U 198/04 – RNotZ 2007, 544 (545); *OLG Koblenz* v. 15.11.2006 – 1 U 573/06 – ZEV 2007, 589 (590).

373 *BGH* v. 31.10.1969 – V ZR 138/66 – BGHZ 53, 41 (43); vgl. darüber hinaus *ders.* v. 3.4.1981 – V ZR 55/80 – NJW 1981, 2568 (2569); *ders.* v. 3.2.1994 – V ZB 31/93 – BGHZ 125, 69 (71); *ders.* v. 4.7.2007 – VII ZB 86/06 – NJW-RR 2007, 1390 (1391).

374 Vgl. Senatsurteile v. 3.4.1981 – V ZR 55/80 – NJW 1981, 2568 (2569); v. 28.10.1988 – V ZR 60/87 – NJW-RR 1989, 451 (451); v. 23.9.1994 – V ZR 113/93 – DNotZ 1996, 636 (638); v. 28.1.2000 – V ZR 252/98 – MittBayNot 2000, 223 (223), v. 25.10.2002 – V ZR 293/01 – MDR 2003, 348 (348); v. 21.11.2002 – V ZB 40/02 – NJW 2003, 1126 (1127); v. 19.1.2007 – V ZR 163/06 – NJW 2007, 1884 (1885).

375 Ebenso *OLG Celle* v. 1.10.1999 – 4 U 120/99 – Rn. 35 zitiert nach juris; *OLG Düsseldorf* v. 28.5.2001 – 9 U 242/00 – MDR 2001, 1287 (1288); *OLG Köln* v. 8.1.1997 – 17 U 8/96 – FamRZ 1998, 431 (431).

376 Vgl. *BGH* v. 3.2.1994 – V ZB 1/93 – BGHZ 125, 69 (72).

Mehrzahl der Rechte kann unter einer Sammelbezeichnung eingetragen werden. Um zu vermeiden, dass im formalisierten Grundbuchverfahren eine aufwendige Prüfung erfolgen muss, ob das Grundstück wenigstens teilweise dem Übernehmer als die Existenz begründende Wirtschaftseinheit dient, müssen im Rahmen der grundbuch-rechtlichen Anforderungen für die Eintragungsfähigkeit als „Leibgedinge" gemäß § 49 GBO die Voraussetzungen der landesrechtlichen Ausführungsbestimmungen über den Leibgedingsvertrag nicht erfüllt sein.[377]

Aufgrund des engen Verständnisses vom Leibgedingsbegriff i. S. d. Art. 96 EGBGB, welches ein besonders qualifiziertes Übergabeobjekt in Form einer die Existenz – wenigstens teilweise – begründenden Wirtschaftseinheit voraussetzt, soll selbstgenutztes Wohneigentum, das Wirtschaftserträge nicht abwirft, nicht Grundlage von Leibgedingsrechten sein können.[378] Neuerdings setzt der Bundesgerichtshof[379] sogar voraus, dass die Existenzgrundlage vom Übergeber bereits geschaffen war und der Übernehmer in diese eintritt.

Demgegenüber zieht eine andere Auffassung[380] einen Leibgedingsvertrag auch bei im Wesentlichen dem Wohnen dienenden Grundstücken in Betracht. Im Rahmen

---

377 *BGH* v. 3.2.1994 – V ZB 31/93 – BGHZ 125, 69 (70 ff.); vgl. *Habersack* in: MüKo-BGB, Art. 96 EGBGB Rn. 23; *Littig/Mayer* Rn. 104; *Schöner/Stöber* Grundbuchrecht Rn. 1325; *Spiegelberger* in: FS 50 Jahre DAI, 413 (424); *Weyland* MittRhNotK 1997, 55 (71).

378 *BGH* v. 19.6.1964 – V ZR 4/63 – MDR 1964, 741 (741); *ders.* v. 3.4.1981 – V ZR 55/80 – NJW 1981, 2568 (2569), allerdings ein Zweifamilienhaus betreffend; *ders.* v. 28.1.2000 – V ZR 252/98 – WM 2000, 586 (586); *ders.* v. 21.11.2002 – V ZB 40/02 – NJW 2003, 1126 (1127); *OLG Celle* v. 15.10.2007 – 4 W 195/07 – NJW-RR 2008, 397 (397); *OLG Düsseldorf* v. 28.5.2001 – 9 U 242/00 – MDR 2001, 1287 (1288); *OLG Hamm* v. 28.11.1978 – 10 U 68/78 – MDR 1979, 401 (401), hinsichtlich eines „Siedlungshauses"; *dass.* v. 29.2.1996 – 22 U 84/95 – NJW-RR 1996, 1360 (1361), wonach ein 645 qm großes städtisches Wohngrundstück „für sich selbst" nicht eine Existenzgrundlage ist; *dass.* v. 9.5.2005 – 5 U 198/04 – RNotZ 2007, 544 (545); *OLG Koblenz* v. 15.11.2006 – 1 U 573/06 – ZEV 2007, 589 (590); *OLG Köln* v. 1.4.1992 – 2 Wx 7/91 – MittBayNot 1994, 134 (135); *dass.* v. 8.1.1997 – 17 U 8/96 – FamRZ 1998, 431 (431); *LG Duisburg* v. 15.2.1989 – 6 O 353/88 – MittRhNotK 1989, 194 (194); *Auktor* MittBayNot 2008, 14 (16); *Habersack* in: MüKo-BGB, Art. 96 EGBGB Rn. 17; *Weyland* MittRhNotK 1997, 55 (66); *Wirich* ZEV 2008, 372 (373).

379 *BGH* v. 25.10.2002 – V ZR 293/01 – MDR 2003, 348 (348).

380 *BayObLG* v. 26.4.1993 – 1Z RR 397/92 – DNotZ 1993, 603 (605); *LG Bamberg* v. 1.8.1991 – 3 T 106/91 – MittBayNot 1992, 144 (145); *OLG Zweibrücken* v. 8.3.1996 – 3 W 270/95 – DNotZ 1997, 327–334; *Albrecht* in: Staudinger-BGB, Art. 96 EGBGB Rn. 11, zu einer Überlassung eines reinen Wohngrundstücks

der auf einer wertenden Beurteilung einer Mehrzahl von Kriterien beruhenden Entscheidung über das Vorliegen eines Leibgedinges stehe der auf persönlich-sozialen Beziehungen gestützte Versorgungscharakter im Vordergrund.[381] Schon unter dem Gesichtspunkt einer historischen Interpretation könne der engen Auffassung nicht gefolgt werden[382], weil bereits die II. Kommission das ursprünglich in Art. 96 EGBGB vorgesehene Wort „Gut" durch „Grundstück" ersetzte, um nicht das Missverständnis aufkommen zu lassen, dass darunter nur ein größerer, den Unterhalt der Familie sichernder und zusammenhängender Grundbesitz zu verstehen sei[383]. Ferner würden aufgrund des starken Strukturwandels im landwirtschaftlichen Sektor selbst viele der scheinbar klassischen Hofübergaben die vom Bundesgerichtshof aufgestellten Anforderungen nicht mehr erfüllen.[384] Außerdem erforderten die gewandelten ökonomischen Verhältnisse eine neue rechtliche Bewertung, da selbst die Übertragung eines Einfamilienhauses die Zuwendung eines erheblichen Wertes darstellt und somit geeignet ist, eine Existenz zu begründen.[385] Es sei nicht einzusehen, weshalb die Übertragung eines städtischen Wohnhauses, das dem Übernehmer ein Leben ohne Miet- und Schuldenlast ermöglicht, aus dem Anwendungsbereich des Leibgedingsvertrags ausgeschlossen werden soll.[386]

Die gesetzlichen Privilegierungen, die mit dem Leibgedinge einhergehen, insbesondere die in den landesgesetzlichen Vorschriften verbreitete Beschränkung der Rückabwicklung wegen Leistungsstörungen, müssen den Vertragsparteien verwehrt bleiben, wenn es an der vom Bundesgerichtshof aufgestellten Voraussetzung eines besonders qualifizierten Übergabeobjekts mangelt. Entsprechend dem historischen Vorbild, der landwirtschaftlichen Hofübergabe, wird im Leibgedingsvertrag üblicherweise eine vollumfängliche Versorgung des Berechtigten

---

mit einem Zweifamilienhaus; *Lange-Parpart* RNotZ 2008, 377 (395 f.); *Mayer* Rpfleger 1993, 320 (321); *Mayer* DNotZ 1996, 604 (622 ff.); *Rosendorfer* MittBayNot 2005, 1 (3); *Spiegelberger* in: FS 50 Jahre DAI, 413 (424); *Wirich* ZErb 2009, 229 (230); *Wolf* MittBayNot 1994, 117 (118 ff.).

381 *BayObLG* v 26.4.1993 – 1Z RR 397/92 – DNotZ 1993, 603 (605).

382 *Mayer* DNotZ 1996, 604 (624 f.); *Spiegelberger* in: FS 50 Jahre DAI, 413 (424); *Wolf* MittBayNot 1994, 117 (119).

383 Prot. IV, S 419; *Mayer* DNotZ 1996, 625 (624 f.).

384 Vgl. *LG Bamberg* v. 1.8.1991 – 3 T 106/91 – MittBayNot 1992, 144 (145); *Mayer* DNotZ 1996, 604 (623).

385 *LG Bamberg* v. 1.8.1991 – 3 T 106/91 – MittBayNot 1992, 144 (145); *Mayer* Rpfleger 1993, 320 (321); *Wilhelm* NDV 1998, 171 (172); vgl. auch *Wolf* MittBayNot 1994, 117 (118).

386 *Rosendorfer* MittBayNot 2005, 1 (3); ähnlich bereits *Wolf* MittBayNot 1994, 117 (118).

vereinbart, um seine Lebensbedürfnisse zu befriedigen, weil er durch die Übergabe seines Grundstücks an die nächste Generation in der Regel unterhaltsbedürftig wird oder zumindest werden kann.[387] Die Herkunft des Rechtsinstituts gebietet eine einschränkende Anwendung der Leibgedingsvorschriften. Die Ausdehnung der Leibgedingsbestellung auch auf städtischen Grundbesitz trägt zwar den gewandelten gesellschaftlichen Vorstellungen und den veränderten ökonomischen Bedingungen Rechnung. In Anbetracht dessen, dass die Leistungen des Sozialstaates mehr und mehr reduziert und eingeschränkt werden, ziehen ältere Menschen im Allgemeinen – auch Stadtbewohner – in Erwägung, sich durch lebzeitige Übertragung ihres wesentlichen Vermögens gegen Vereinbarung von Versorgungsrechten für das Alter abzusichern. Allerdings ist bei der Übergabe eines städtischen Grundstückes Zurückhaltung bei der Annahme eines Leibgedinges geboten. Es ist erforderlich, dass die Bedeutung des Grundbesitzes für den Übernehmer über „das reine Eigentum" hinausgeht.[388] Notwendig ist, dass die Existenzgrundlage vom Übergeber bereits geschaffen worden und der Übernehmer in diese eingetreten ist. Es ist also nicht ausreichend, dass der Übernehmer sich erst mit Hilfe des übergebenen Grundstücks eine neue Existenz aufbaut.[389] Inwiefern bei der Übergabe von städtischen Wohngrundstücken eine die Existenz wenigstens teilweise begründende Wirtschaftseinheit vorliegt und somit auf die Überlassung Leibgedingsrecht Anwendung findet, kann nicht abstrakt-generell, sondern stets nur in Abhängigkeit vom konkreten Einzelfall beantwortet werden. Ein Leibgedingsvertrag nach Art. 96 EGBGB scheidet offensichtlich aus, wenn lediglich ein mit einem Einfamilienhaus bebautes Grundstück unter Vorbehalt eines Wohnungsrechts übergeben wird, weil das Grundstück als reines Wohngrundstück für sich selbst noch keine Existenzgrundlage darstellt.[390] Als Grundlage für einen Leibgedingsvertrag nach Art. 96 EGBGB ist daher die Übergabe eines lediglich aus einem Wohngebäude bestehenden Elternhauses gegen Gewährung eines Wohnungsrechts nicht geeignet. Die Überlassung eines mit einem Zweifamilienhaus bebauten Wohngrundstücks kann ebenfalls nicht Anknüpfungspunkt für einen Leibgedingsvertrag i. S. v. Art. 96 EGBGB sein, wenn der Übergeber sich ein Wohnungsrecht in einer der beiden Wohneinheiten vorbehalten hat.[391] Die

387 So auch *Böhringer* MittBayNot 1988, 103 (106), der die wesentlichen Kernpunkte einer solchen Vereinbarung aufzählt.

388 *Weyland* MittRhNotK 1997, 55 (65), vgl. *Herrler* DNotZ 2009, 408 (410).

389 Dies kritisierend *Wirich* ZEV 2008, 372 (373), *ders.* ZErb 2009, 229 (230).

390 Vgl. *OLG Hamm* v. 29.2.1996 – 22 U 84/95 – NJW-RR 1996, 1360 (1361).

391 A. A. *Albrecht* in: Staudinger-BGB, Art. 96 EGBGB Rn. 11 m. w. N.

Möglichkeit des Übernehmers bei Einzug in die andere Wohnung fortan mietfrei im eigenen Haus wohnen zu können, genügt nicht, um ein Nachrücken in eine die Existenz wenigstens teilweise begründende Wirtschaftseinheit zu bejahen. Anders ist es zu bewerten, wenn ein Grundstück mit einem zumindest teilweise vermieteten Mehrfamilienhaus darauf Gegenstand der Übergabe ist.[392] Der wirtschaftliche Nutzwert eines derartigen Grundstücks, vor allem in Ballungszentren, ist beträchtlich. Es handelt sich dabei um Objekte, die regelmäßige Einnahmen erbringen. Erforderlich ist aber, dass der Übergeber seine wirtschaftliche Lebensgrundlage überträgt, um dafür in die persönliche Gebundenheit eines abhängigen Versorgungsverhältnisses einzutreten, während der Übernehmer eine wirtschaftlich selbständige Stellung erlangt.[393]

Daraus resultierend wird zumindest bei Wohngrundstücksübertragungen im städtischen Bereich regelmäßig kein Leibgedingsvertrag i. S. d. Art. 96 EGBGB gegeben sein.[394] Vielmehr handelt es sich zumeist um einen bloßen Übergabevertrag.

cc) Ergebnis

Ein unter Vorbehalt eines dinglichen Wohnungsrechts i. S. d. § 1093 Abs. 1 Satz 1 BGB geschlossener Übergabevertrag über ein städtisches Wohngrundstück stellt in der Regel keinen Leibgedingsvertrag i. S. d. Art. 96 EGBGB dar. Folglich kommt eine Umwandlung des Wohnungsrechts in einen auf den Sozialhilfeträger überleitungsfähigen Anspruch auf Zahlung einer Geldrente nach den Leibgedingsvorschriften nicht in Betracht.

b) Wegfall der Geschäftsgrundlage, § 313 Abs. 1 BGB

Als ein weiterer Ansatz zur Begründung eines Zahlungsanspruchs ist daran zu denken, dass der das Wohnungsrecht einräumende Übergabevertrag nach

---

392 A. A. *Weyland* MittRhNotK 1997, 55 (66), die selbst die Übergabe eines vollständig vermieteten Objekts nicht für ausreichend hält. Sie sieht die Anwendung der landesrechtlichen Sonderregelungen auf diesen Fall als mit dem ihnen zugrunde liegenden Gedanken, „wonach der Übernehmer, der sich mit dem übernommenen Vermögen typischerweise auf eine bestimmte Lebensform und Erwerbstätigkeit festgelegt hat, davor geschützt werden soll, existenzlos gestellt zu werden“, als unvereinbar an.

393 *BGH* v. 19.1.2007 – V ZR 163/06 – NJW 2007, 1884 (1885); *ders.* v. 25.10.2002 – V ZR 293/01 – MDR 2003, 348 (348) m. w. N.

394 Zu dieser Schlussfolgerung gelangte schon das *RG* in seiner Entscheidung v. 21.8.1936 – V 76/36 – RGZ 152, 104 (107); zuzustimmen ist des Weiteren *Auktor* MittBayNot 2008, 14 (16); ähnlich *Herrler* DNotZ 2009, 407 (410).

den Grundsätzen des Wegfalls der Geschäftsgrundlage gemäß § 313 Abs. 3 i. V. m. Abs. 1 BGB angepasst wird. Aus dem Rechtgrund des Wegfalls der Geschäftsgrundlage können sich nach der Rechtsprechung des V. Senats des Bundesgerichtshofes[395] zumindest Versorgungsleistungen in Zahlungsansprüche umwandeln, wenn die vereinbarten Leistungen aufgrund der Zerrüttung des persönlichen Verhältnisses zwischen Berechtigtem und Verpflichtetem ausfallen. Die Anwendbarkeit dieser Rechtsprechung auf den Fall, dass der Wohnungsberechtigte wegen dauernder Heimpflegebedürftigkeit an seiner Rechtsausübung gehindert ist, kommt jedoch nicht in Betracht, weil es an der notwendigen Voraussetzung der unvorhergesehenen Änderung der Umstände, die Geschäftsgrundlage geworden sind, fehlt.[396]

Zwar hatte der Bundesgerichtshof in seinem Urteil vom 19.1.2007 – V ZR 163/06[397] – nur Bedenken geäußert, den Eintritt der Pflegebedürftigkeit als unvorhergesehenes Ereignis zu behandeln, welches eine Vertragsanpassung nach den Regeln der Änderung der Geschäftsgrundlage rechtfertigen könnte, die Frage im Ergebnis aber offen gelassen. Bisher wurden in der obergerichtlichen Rechtsprechung[398] im Wesentlichen die gleichen Auffassungen vertreten und Argumente vorgebracht wie zu der Frage, ob der Wohnungsberechtigte einen Anspruch gegen den Eigentümer auf Gestattung der Vermietung hat.[399] Im selben Jahr ergingen dann weitere Entscheidungen verschiedener Oberlandesgerichte, die einen

---

395 *BGH* v. 20.3.1981 – V ZR 152/79 – DB 1981, 657–658; *ders.* v. 1.2.2002 – V ZR 61/01 – WM 2002, 772–774.

396 *Auktor* NJW 2008, 14 (17); *Brückner* NJW 2008, 1111 (1112); *Eupen* GE 2010, 590 (592 f.); *Krauß* NotBZ 2007, 129 (130); *Mayer* in: Staudinger-BGB, § 1093 Rn. 55; *Schneider* MDR 1999, 87 (87 f.); a. A. *Otto* in: AnwKomm-BGB, § 1093 Rn. 37; *Wegmann* in: Bamberger/Roth BeckOK-BGB, § 1093, Rn. 32.

397 NJW 2007, 1884 (1886).

398 Für die Anwendbarkeit der Grundsätze des Wegfalls der Geschäftsgrundlage *OLG Köln.* v. 6.2.1995 – 2 W 21/95 – MDR 1995, 464 (465); *OLG Celle* v. 13.7.1998 – 4 W 129/98 – NJW-RR 1999, 10 (11); gegen die Anwendbarkeit dieser Grundsätze *OLG Oldenburg* v. 3.5.1994 – 12 U 16/94 – FamRZ 1994, 1621 (1622); *OLG Brandenburg* v. 20.6.1996 – 8 U 145/95 – DtZ 1997, 364 (365); *OLG Düsseldorf* v. 28.5.2001 – 9 U 242/00 – MDR 2001, 1287 (1288); *OLG Hamm* v. 9.5.2005 – 5 U 198/04 – RNotZ 2007, 544 (545 f.); *OLG Koblenz* v. 15.11.2006 – 1 U 573/06 – ZEV 2007, 589 (590), in dem atypischen Fall, dass das Wohnungsrecht nicht im Rahmen des Übertragungsvorgangs an dem übertragenen Hausgrundstück sondern an einer erst nach der Übertragung von den Übernehmern erworbenen Eigentumswohnung bestellt wurde.

399 Es wird vollinhaltlich auf die Ausführungen unter Teil C/II./2./a) verwiesen.

Zahlungsanspruch unter Berücksichtigung der Bedenken des Bundesgerichtshofes verneinten.

Zunächst gelangte das OLG Hamm mit Urteil vom 17.9.2007 – 5 U 80/07[400] – zu dem Ergebnis, dass eine Vertragsanpassung gemäß § 313 Abs. 3 i. V. m. Abs. 1 BGB dahin, dass sich das Wohnungsrecht in einen auf den Sozialhilfeträger überleitbaren Zahlungsanspruch gegen den beklagten Eigentümer umwandelt, ungerechtfertigt sei, weil der Eintritt der Pflegebedürftigkeit vorhersehbar sei.

Nicht einmal einen Monat später hob auch das OLG Oldenburg[401] erneut[402] hervor, dass, wenn ein lebenslängliches Wohnungsrecht nach § 1093 BGB wegen Pflegebedürftigkeit des Berechtigten nicht mehr ausgeübt werden kann, die Entstehung einer Zahlungspflicht durch Wegfall der Geschäftsgrundlage die Unvorhersehbarkeit der Änderung der Sachlage voraussetze. Das Vorliegen dieser Voraussetzung nahm das Gericht nicht an, weil die ergänzend Sozialhilfe beziehende, sich in Dauerpflege befindende Wohnungsberechtige zur Zeit des Vertragsschlusses 63 Jahre alt gewesen war und man in diesem Alter gewöhnlich mit möglichen altersbedingten Krankheiten rechne. Es sei sogar denkbar, dass die Vertragsparteien diese Möglichkeit bedacht haben, eine Zahlungsverpflichtung des Eigentümers für diesen Fall aber nicht vereinbaren wollten.

Ferner befasste sich das OLG Celle in seinem Beschluss vom 15.10.2007 – 4 W 195/07[403] – mit der Frage, ob die Aufnahme des Wohnungsberechtigten in ein Pflegeheim einen Anspruch auf Zahlung einer Geldrente in Höhe des Mietwertes rechtfertige. Darin zeigt es sich allerdings noch nicht von den Ausführungen des Bundesgerichtshofes vom 19.1.2007 überzeugt.[404] Ein solcher Anspruch komme nach der bisherigen Rechtsprechung des Senats[405] allenfalls nach den Grundsätzen einer Änderung der Geschäftsgrundlage in Betracht, wenn der Eigentümer durch den endgültigen Wegfall des Wohnungsrechts wirtschaftliche Vorteile erlangt, d. h. er die dem Wohnungsrecht unterliegenden Räumlichkeiten vermietet oder – die Zumutbarkeit einer Vermietung angenommen – selbst nutzt. Ob daran im Hinblick auf das Urteil des Bundesgerichtshofes aus dem Jahre 2007 überhaupt festgehalten werden könne, bedürfe keiner grundsätzlichen Entscheidung, so die

---

400 NJW-RR 2008, 607 (607).

401 Urteil v. 11.10.2007 – 14 U 86/07 – NJW-RR 2008, 399–400.

402 Vgl. Urteil v. 3.5.1994 – 12 U 16/94 – FamRZ 1994, 1621–1622, zum Bestehen eines Anspruchs auf Gestattung der Vermietung. Siehe Teil C/II./2./a)/bb)/(1).

403 NJW-RR 2008, 397–399.

404 Ebenso *Auktor* MittBaynot 2008, 14 (17), in Fn. 37.

405 *OLG Celle* v. 13.7.1998 – 4 W 129/98 – NJW-RR 1999, 10–11; *dass.* v. 1.10.1999 – 4 U 120/99 – Urteil bei juris.

Richter, weil die Voraussetzungen für einen Anspruch ohnehin nicht dargetan seien. Denn der Wohnungsberechtigte hatte sein Recht nicht aufgegeben[406], sondern ihm war die Ausübung lediglich subjektiv unmöglich. Stünden die Räumlichkeiten nach dem Umzug des Wohnungsberechtigten in ein Pflegeheim bloß leer, scheide ein Zahlungsanspruch in Ermangelung einer wirtschaftlichen Verwertungsmöglichkeit des Eigentümers aus.

Überdies schloss sich das OLG Schleswig[407] den Bedenken des Bundesgerichtshofes an und lehnte einen Anspruch des Sozialhilfeträgers aus nach § 93 SGB XII übergeleitetem Recht gegen den Eigentümer auf Geldrente für den Wohnungsberechtigten nach Einzug in ein Pflegeheim ab.

Im Januar 2009 entschied der Bundesgerichtshof[408] schließlich endgültig die Frage, ob der Umzug in ein Pflegeheim ein Grund für eine Anpassung des der Bestellung eines lebenslangen Wohnungsrechts zugrunde liegenden Vertrags gemäß § 313 Abs. 3 i. V. m. Abs. 1 BGB sei. Bei der Vereinbarung eines lebenslangen Wohnungsrechts muss danach jeder Vertragsteil grundsätzlich damit rechnen, dass der Berechtigte sein Recht wegen Krankheit und Pflegebedürftigkeit nicht bis zu seinem Tode ausüben kann.

c) Ergänzende Vertragsauslegung, §§ 133, 157 BGB

Schließlich könnte sich ein Zahlungsanspruch wegen Nichtausübung des Wohnungsrechts im Wege ergänzender Auslegung des Übergabevertrags oder einer eventuell im Nachhinein getroffenen Vermietungsvereinbarung[409] gemäß den §§ 133, 157 BGB ergeben. Das dingliche Wohnungsrecht i. S. v. § 1093 Abs. 1 Satz 1 BGB als solches kann nicht Grundlage eines derartigen Zahlungsanspruchs sein, weil es als Recht, ein Gebäude oder den Teil eines solchen unter Ausschluss des Eigentümers als Wohnung zu benutzen, den Eigentümer nur zur Duldung dieser Nutzung verpflichtet.

---

406 Voraussetzung der Aufgabe des Wohnungsrechts sind die Erklärung, endgültig auf die Ausübung zu verzichten, die vollständige Räumung und bei dinglicher Absicherung eine Löschungsbewilligung in grundbuchtauglicher Form.

407 Urteil v. 7.12.2007 – 14 U 57/07 – NJW-RR 2008, 1705–1706.

408 Urteil v. 9.1.2009 – V ZR 168/07 – NJW 2009, 1348–1349.

409 Vgl. zu diesem Sonderfall sogleich *BGH* v. 19.1.2007 – V ZR 163/06 – NJW 2007, 1884–1887.

aa) Rechtsprechung

Der V. Senat des Bundesgerichtshofes hat bereits mehrfach[410] im Wege ergänzender Vertragsauslegung bei dem durch einen Heimaufenthalt bedingten Wegfall einer auf dem übergebenen Grundstück zu erbringenden Pflegeverpflichtung bzw. von Versorgungsverpflichtungen stattdessen einen Zahlungsanspruch i. H. d. ersparten Aufwendungen gewährt. Im Schrifttum wurde daraufhin teilweise[411] eine Übertragung der Argumentation des Bundesgerichtshofes auf Fälle isolierter Wohnungsrechtsvereinbarungen bei nachfolgender auswärtiger Heimaufnahme des Berechtigten aufgrund vergleichbarer Interessenlage bejaht. Inzwischen liegen jedoch eine Reihe weiterer ober- und auch höchstgerichtlicher Entscheidungen vor, die mit in die Betrachtung einbezogen werden müssen.

(1) BGH vom 19.1.2007 – V ZR 163/06 – NJW 2007, 1884–1887

2007 musste sich der Bundesgerichtshof[412] erstmals mit der Frage befassen, ob die ergänzende Vertragsauslegung nach den §§ 133, 157 BGB einen Zahlungsanspruch des Wohnungsberechtigten begründen kann, wenn er sein auf Lebenszeit eingeräumtes Recht wegen eines medizinisch notwendigen Aufenthalts in einem Pflegeheim nicht ausüben kann.

Der Übergabevertrag aus 1980 sah die Übertragung zweier Hausgrundstücke des zwischenzeitlich verstorbenen Vaters des Beklagten auf diesen gegen Einräumung lebenslänglicher unentgeltlicher Wohnungsrechte an beiden jeweils in den Obergeschossen gelegenen Wohnungen vor. Die Eltern sollten nach der im Vertrag getroffenen Regelung die Schönheitsreparaturen in ihren Wohnungen selbst durchführen und die Stromkosten bezahlen, während der Beklagte als Eigentümer die übrigen Nebenkosten einschließlich der Heizungskosten zu tragen hatte. Eine Besonderheit des Falles liegt darin, dass Mutter und Sohn nach Aufnahme der Mutter in ein Pflegeheim im Jahre 2000 eine Vereinbarung über die Vermietung der Wohnung geschlossen hatten. Daraufhin vermietete der Beklagte die im Einverständnis mit seiner Mutter renovierte Wohnung und vereinnahmte die Mieten, ohne dass eine Einigung darüber bestand, wem die Mieteinnahmen zustehen sollten. Der Sozialhilfeträger, der für die Pflegeheimkosten aufkam,

410 Urteil v. 21.9.2001 – V ZR 14/01 – ZEV 2002, 116–117; Beschluss v. 21.11.2002 – V ZB 40/02 – NJW 2003, 1126–1127; Beschluss v. 23.1.2003 – V ZB 48/02 – ZEV 2003, 211–212.

411 Vgl. *Everts* ZEV 2004, 495 (498).

412 Urteil v. 19.1.2007 – V ZR 163/06 – NJW 2007, 1884–1887.

leitete „sämtliche Ansprüche auf Geldleistungen, die sich aus der Nichtinanspruchnahme der vertraglichen Leistungen aus dem Übergabevertrag ergeben“, auf sich über.

Die Frage, wem die Mieten zustehen, also ob die Wohnungsberechtigte möglicherweise einen Zahlungsanspruch in entsprechender Höhe gegen den Eigentümer hat, richtete sich nach der ergänzenden Auslegung der Vermietungsvereinbarung. Diese enthalte nicht nur die Gestattung der Vermietung an Dritte durch die Mutter gemäß § 1092 Abs. 1 Satz 2 BGB, so die Richter, sondern darüber hinaus dürfe der Beklagte die Wohnung im eigenen Namen vermieten. Sollte in der späteren Vermietung ein Auftragsverhältnis i. S. d. § 662 BGB zu sehen sein, träfe den Beklagten nach § 667 BGB die Pflicht zur Auskehr der Mieten an seine Mutter. Selbst wenn aber ein bloßes Gefälligkeitsverhältnis anzunehmen sei, ergebe sich ein Anspruch der Mutter auf Herausgabe der vereinnahmten Mieten. Die Vermietungsvereinbarung weise eine planwidrige Regelungslücke auf, weil Mutter und Sohn unbewusst nicht geregelt haben, wem die Einnahmen aus der Vermietung zustehen. Die Regelungsbedürftigkeit der Frage ergebe sich daraus, dass beide die Mieten für sich beanspruchten. Unter Berücksichtigung von Sinn und Zweck des der Mutter eingeräumten Wohnungsrechts als ein Teil ihrer Altersversorgung und der Interessenlage der Parteien könne nicht davon ausgegangen werden, dass die Parteien vereinbart hätten, dass dem Beklagten die Mieten zustehen sollen. Die Mutter sollte lebenslang unentgeltlich wohnen, d. h. ihre Einkünfte außer für anfallende Schönheitsreparaturen und Stromkosten anders als zum Wohnen verwenden können. Stünden dem Beklagten die Mieteinnahmen zu, würde dies zu einer ungerechtfertigten wirtschaftlichen Besserstellung des Beklagten gegenüber den Regelungen im Übergabevertrag auf Kosten seiner Mutter führen. Ferner verbiete sich eine ergänzende Vertragsauslegung mit diesem Ergebnis, weil es bedeuten würde, dass die Mutter die bei Abschluss der Vereinbarung voraussehbare wirtschaftliche Folge, dass der Sozialhilfeträger für die ungedeckten Heimpflegekosten aufkommen muss, herbeiführen wollte. Aus denselben Gründen ergebe die ergänzende Auslegung nach Ansicht des Senats einen Erstattungsanspruch der Mutter gegen den Beklagten i. H. seiner tatsächlich ersparten Aufwendungen.

Der Beklagte als Eigentümer und Verpflichteter des Wohnungsrechts hatte also aufgrund dieses Urteils nicht nur die Mieten auszukehren, sondern auch die nach dem Übergabevertrag von ihm zu tragenden Nebenkosten zu erstatten, soweit diese vom Mieter getragen wurden, weil er ansonsten insoweit zu Unrecht bereichert wäre.

(2) OLG Oldenburg vom 11.10.2007 – 14 U 86/07 – NJW-RR 2008, 399–400

Die rechtlichen Erwägungen des Bundesgerichtshofes trafen auf das Urteil des OLG Oldenburg vom 11.10.2007 – 14 U 86/07[413] – nicht zu. Der Träger der Sozialhilfe verlangte zum Ausgleich geleisteter Sozialhilfe von dem Beklagten aus übergeleitetem Recht Zahlung einer monatlichen Geldrente und stützte sein Klagebegehren auf ein lebenslängliches Wohnungsrecht der Mutter des Beklagten. Der Übergabevertrag, in dem das Wohnungsrecht eingebettet war, enthielt keine ausdrückliche Regelung für den Fall der Pflegebedürftigkeit und des Umzugs in ein Pflegeheim. Im Unterschied zur Entscheidung des Bundesgerichtshofes wurde die Wohnung, an der das Wohnungsrecht bestand, nicht vermietet und eine Vermietungsvereinbarung war ebenfalls nicht getroffen worden. Der Senat zweifelte wegen der zwingenden Bestimmung des § 1092 Abs. 1 Satz 1 BGB bereits am Vorliegen einer ergänzungsbedürftigen Lücke. Obwohl dies zu einem unwirtschaftlichen Ergebnis, zum Leerstand der Wohnung, führe, sei eine Umwandlung des Wohnungsrechts in Zahlung einer monatlichen Nutzungsentschädigung unabhängig von erzielten Mieterträgen abzulehnen. Sie reiche erheblich weiter als der ebenfalls zur Schließung der Regelungslücke in Frage kommende Anspruch der Mutter des Beklagten auf Gestattung der Vermietung und gehe über den Inhalt des Übergabevertrags weit hinaus. Ein Anspruch auf eine monatliche Geldrente zwänge den Beklagten faktisch zur Fremdvermietung und bürde ihm das Risiko der Vermietbarkeit der Wohnung ebenso wie das des späteren Mieteingangs auf. Ausweislich des Sachverhalts kam noch hinzu, dass für eine Vermietbarkeit zunächst die Wohnung hätte geräumt und anschließend renoviert werden müssen. Die mit der Instandsetzung einhergehenden Pflichten des Beklagten würden sich jedoch nach Ansicht der Richter weit von den ursprünglich mit der Wohnungsrechtsbestellung übernommenen Verpflichtungen entfernen, weil gerade der Wohnungsberechtigte nach § 1093 Abs. 1 Satz 2 i. V. m. § 1041 BGB für die gewöhnliche Unterhaltung aufzukommen habe und er für die Räumung der Wohnung verantwortlich sei.

(3) OLG Schleswig vom 7.12.2007 – 14 U 57/07 – NJW-RR 2008, 1705–1706

Das schleswig-holsteinische Oberlandesgericht[414] kam in einem Fall, in dem Eheleute ihren Kindern ihr Hausgrundstück bei Einräumung eines lebenslangen Wohnungsrechts übertragen hatten und der überlebende Ehegatte wegen

413 NJW-RR 2008, 399–400.

414 Urteil v. 7.12.2007 – 14 U 57/07 – NJW-RR 2008, 1705–1706.

Eintritts dauernder Pflegebedürftigkeit in ein Pflegeheim einziehen musste, zu dem Schluss, dass dem Träger der Sozialhilfe nicht im Wege einer ergänzenden Auslegung des Übergabevertrags aus nach § 93 SGB XII übergeleitetem Recht gegen die Übernehmer ein Anspruch auf Zahlung einer Geldrente zusteht. Nach der nicht angegriffenen Feststellung des Landgerichts lag eine nachträgliche, durch eine Änderung der bei Vertragsschluss bestehenden Verhältnisse bedingte Regelungslücke i. S. einer planwidrigen Unvollständigkeit des Übergabevertrags vor. Die Senatsrichter vermochten allerdings nicht festzustellen, ob die Vertragsparteien, hätten sie eine spätere Heimunterbringung der Übergeber und eine dadurch bedingte Sozialhilfebedürftigkeit vor Augen gehabt, für diesen Fall die Zahlung einer Geldrente durch die Übernehmer vereinbart hätten, so dass die Richter mangels Anhaltspunkten dafür, für welche Alternative sich die Parteien entschieden hätten, eine ergänzende Vertragsauslegung als ausgeschlossen ansahen. Einerseits streite für die Annahme einer ersatzweisen Rentenzahlung, dass das Wohnungsrecht auf Lebenszeit bestellt wurde. Auf der anderen Seite wiederum spreche gegen eine solche Auslegung, dass die Vertragsparteien gerade kein umfassendes Nießbrauchsrecht vereinbart und auch keinen umfassenden Pflege- und Versorgungsvertrag geschlossen haben, es ihnen maßgeblich nicht um eine materielle Alterssicherung der Übergeber, sondern um deren Verbleib in vertrauter Wohnumgebung, so lange als möglich, ging. Der Umstand, dass die Übergeber weiterhin für die Zins- und Tilgungsraten für das Haus aufzukommen hatten, deute überdies auf einen Willen der Vertragsparteien, die Übernehmer von laufenden Geldleistungen freizuhalten.

(4) BGH vom 9.1.2009 – V ZR 168/07 – NJW 2009, 1348–1349

Von zentraler Bedeutung ist in diesem Zusammenhang das Urteil des Bundesgerichtshofes vom 9.1.2009 – V ZR 168/07[415], nach welchem eine ergänzende Vertragsauslegung der schuldrechtlichen Vereinbarung über die Bestellung eines Wohnungsrechts in Betracht kommt, wenn darin keine Regelung über die weitere Nutzung der Wohnung enthalten ist, falls der Wohnungsberechtigte an der Ausübung seines Rechts wegen der Notwendigkeit stationärer Pflege gehindert ist.

Die Beklagte als Eigentümerin vermietete, nachdem ihre Mutter in ein Pflegeheim übersiedeln musste, die dem Wohnungsrecht unterliegenden Räumlichkeiten und erzielte über einen Zeitraum von drei Jahren eine monatliche Nettomiete von 400 Euro.[416] Der Sozialhilfeträger, der von Anfang an die durch die Einkünfte

415 NJW 2009, 1348–1349.

416 Siehe zur weiteren Sachverhaltsdarstellung bereits Teil C/II./2./b)/aa)/(2).

der Mutter nicht gedeckten Pflegeheimkosten trug, leitete „einen vertraglichen Ausgleichsanspruch für das nicht mehr in natura wahrnehmbare Wohnungsrecht" der Mutter i. H. d. gewährten Sozialhilfe auf sich über. Das OLG Hamm als Berufungsgericht[417] verneinte einen Zahlungsanspruch des Sozialhilfeträgers und überließ der beklagten Eigentümerin die Mieteinnahmen. Ihre Mutter und sie hätten keine Vermietungsvereinbarung getroffen, die Übergeberin habe nicht einmal von der Vermietung gewusst.[418] Eine Vertragsanpassung gemäß § 313 Abs. 3 i. V. m. Abs. 1 BGB sei nicht gerechtfertigt, weil der Eintritt der Pflegebedürftigkeit vorhersehbar gewesen sei.

Der revisionsrechtlichen Nachprüfung durch den V. Senat des Bundesgerichtshofes hielt das Urteil nicht stand, weil das OLG Hamm rechtsfehlerhaft nicht die gegenüber der Vertragsanpassung wegen Wegfalls der Geschäftsgrundlage vorrangige ergänzende Auslegung gemäß den §§ 133, 157 BGB erwogen hatte. Der Bundesgerichtshof nahm eine Regelungslücke an, weil die Räume im Falle einer abschließenden Vereinbarung von niemandem genutzt werden könnten, was aber nicht der Vereinbarung entspreche, wie schon aus dem Verhalten der Beklagten ersichtlich sei.[419] Die Sache wurde gemäß § 563 Abs. 1 Satz 1, Abs. 3 ZPO an das Berufungsgericht zurückgewiesen. Nach Auffassung des Bundesgerichtshofes liege es nahe, den Vertrag dahingehend zu ergänzen, dass die Beklagte zur Vermietung berechtigt, aber nicht verpflichtet sein soll, weil eine Rückkehr der Mutter in die Wohnung auf unbestimmte Zeit nicht zu erwarten und die Wohnung nach Art und Lage der Räume zur Vermietung geeignet ist. Bezüglich der Frage, wem der von der Beklagten erzielte Mietzins zusteht, werde zu beachten sein, dass das Wohnungsrecht der Alterssicherung der Mutter diene und kein Grund für eine wirtschaftliche Besserstellung der Beklagten infolge des Wegzugs der Mutter ersichtlich sei. Weiterhin komme die Entrichtung eines Nutzungsentgeltes für den Fall, dass der Eigentümer die Wohnung privat nutzt oder unentgeltlich einem nahen Familienangehörigen überlässt, aufgrund des Näheverhältnisses zwischen Wohnungsberechtigtem und Eigentümer im Zweifel nicht in Betracht. Denn obwohl das Wohnungsrecht der Alterssicherung des Berechtigten diene, heiße dies nicht, dass der Eigentümer die Wohnung zur Sicherung der Lebensgrundlage

---

417 Urteil v. 17.9.2007 – 5 U 80/07 – NJW-RR 2008, 607 (607).

418 In diesem entscheidenden Punkt weicht der Sachverhalt gegenüber *BGH* v. 19.1.2007 – V ZR 163/06 – NJW 2007, 1884–1887, siehe Teil C/II./3./c)/aa)/(1), ab. Jener Entscheidung lag eine – wenngleich inhaltlich unvollständige – Vermietungsvereinbarung zugrunde.

419 Siehe bereits Teil C/II./2./b)/aa)/(2).

des Berechtigten einzusetzen habe, wenn dieser sein Recht nicht mehr ausüben könne. Ein solcher Wille folge insbesondere nicht aus der Regelung in § 1093 Abs. 2 BGB.

(5) OLG Hamm vom 28.9.2009 – 5 U 80/07, I-5 U 80/07 – DNotZ 2010, 128–130

Die Anschlussberufung des Sozialhilfeträgers wurde vom OLG Hamm[420] zurückgewiesen. Dem Kläger stehe aus dem Übergabevertrag kein Anspruch auf Zahlung der von der Beklagten vereinnahmten Mieten zu. Das Gericht hatte bereits Zweifel am Vorliegen einer Regelungslücke, weil sich die Frage nach der Befugnis zur Fremdvermietung aus dem Gesetz in den §§ 1092 Abs. 1 Satz 2, 1093 Abs. 2 BGB[421] ergebe. Der Wohnungsberechtigte dürfe die Räumlichkeiten folglich ohne Gestattung des Eigentümers nur dem dort beschriebenen Personenkreis überlassen. Gegen eine Fremdvermietung durch den Eigentümer könne er wegen des Zustimmungserfordernisses einen Unterlassungsanspruch gemäß den §§ 1004 Abs. 1, 1027, 1090 Abs. 2, 1093 BGB geltend machen. Aber selbst wenn man gleichwohl eine Regelungslücke annehme, habe der Kläger keinen Zahlungsanspruch. Die ergänzende Vertragsauslegung scheide aus, weil die Regelungslücke auf verschiedene Weise geschlossen werden könne und keine Anhaltspunkte dafür ersichtlich seien, für welche Alternative sich die Vertragsparteien entschieden hätten. Es seien keine objektiven Anhaltspunkte dafür ersichtlich, dass und warum die Parteien sich zwingend dafür entschieden hätten, dass sämtliche von der Beklagten erzielten Mieteinnahmen an den Sozialhilfeträger ausgekehrt würden, auch wenn zur Zeit des Vertragsschlusses die Neigung der Menschen zur Inanspruchnahme von Sozialleistungen weniger stark ausgeprägt gewesen sein möge als in der heutigen Zeit. Als weitere Alternative sei ebenso denkbar, dass die Wohnungsberechtigte ihrer Tochter sämtliche Vorteile aus der Vermietung hätte zukommen lassen wollen, um eine Belastung der Beklagten mit Forderungen des Sozialhilfeträgers zu vermeiden. Drittens sei nicht ausgeschlossen, dass Eigentümerin und Wohnungsberechtigte die vereinnahmten Mietzinsen nach einem bestimmten Verteilungsschlüssel untereinander aufgeteilt hätten, weil mit einer Vermietung immer auch Aufwendungen und Unannehmlichkeiten verbunden seien. Als für überwiegend wahrscheinliche Variante hält das OLG Hamm die Möglichkeit, dass die Parteien eine Entscheidung dahingehend getroffen hätten, das Wohnungsrecht

420 Urteil v. 28.9.2009 – 5 U 80/07, I-5 U 80/07 – DNotZ 2010, 128–130.

421 In den Entscheidungsgründen zitiert der Senat irrtümlich die §§ 1090 Abs. 1 Satz 2, 1093 Abs. 2 BGB, siehe bereits Teil C/II./2./b)/aa)/(3).

für den Fall der Heimunterbringung der Mutter zur Löschung zu bringen, da es nach den Parteivorstellungen mit Eintritt der Pflegebedürftigkeit seine Funktion als ein Teil der Altersvorsorge der Mutter erfüllt hatte. Dem entspreche es, dass in der heutigen Notarpraxis ein entsprechendes Problembewusstsein existiert.

bb) Literatur

Die Entwicklung der Rechtsprechung wurde von Anfang an vor allem im notariell geprägten Schrifttum erörtert. Im Anschluss an die Entscheidung des Bundesgerichtshofes aus dem Jahre 2007[422] und unter Berücksichtigung der vom V. Senat in seinem Urteil vom 21.9.2001 – V R 14/01[423] – für die ergänzende Auslegung von Übergabeverträgen entwickelten Grundsätze[424] vertraten *Gühlstorf/Ette*[425] die Auffassung, dass regelmäßig davon auszugehen sei, dass der gesamte erzielte wirtschaftliche Vorteil der dem Wohnungsrecht unterliegenden Wohnung dem Berechtigten zustehen solle. Werde der Wohnraum von einem Dritten entgeltlich genutzt, sei anzunehmen, dass der Eigentümer die Wohnung für den Wohnungsberechtigten vermiete und letzterem die Einnahmen – die Kaltmiete zzgl. der tatsächlich vereinnahmten Nebenkosten – zustehen. Sollten Eigentümer und Wohnungsberechtigter vor Begründung des Mietvertrags mit dem Dritten eine Vereinbarung getroffen haben, nach der dem Eigentümer die Mieteinkünfte zukommen sollen, handele es sich um eine Schenkung, die einen überleitungsfähigen Rückforderungsanspruch nach sich ziehe. Im Falle einer unentgeltlichen Wohnraumnutzung durch den Eigentümer selbst habe dieser in sachgerechter und konsequenter Fortführung der Rechtsprechung des Bundesgerichtshofes einen marktüblichen Mietzins an den Wohnungsberechtigten zu entrichten.[426] Weil aber unsicher sei, dass sich ein Gericht dieser weiten Auslegung anschließen werde, empfehle sich die Anwendung der bereicherungsrechtlichen Grundsätze.[427] Der Eigentümer nutze die leer stehenden Räumlichkeiten ohne rechtlichen Grund. Danach erwachse dem Wohnungsberechtigten ein Wertersatzanspruch nach § 818 Abs. 2 BGB auf Zahlung der ortsüblichen Miete, allerdings mit dem Risiko

422 Urteil v. 19.1.2007 – V ZR 163/06 – NJW 2007, 1884–1887.

423 ZEV 2002, 116–117; siehe bereits Teil C/II./3./c)/aa) und ferner noch Teil D/II./1./a).

424 Der durch eine medizinisch notwendige Heimunterbringung bedingte Wegfall einer auf dem übergebenen Grundstück zu erbringenden Pflegeverpflichtung führt zu einer Kostentragungspflicht des Übergebers in Höhe seiner ersparten Aufwendungen.

425 ZfF 2007, 265 (267).

426 *Gühlstorf/Ette* ZfF 2007, 265 (267 f.).

427 *Gühlstorf/Ette* ZfF 2007, 265 (268).

behaftet, dass der Eigentümer bei einer sog. Luxusnutzung den Entreicherungseinwand nach Abs. 3 erhebe.

Ebenso befand *Auktor*[428] in seinem 2008 veröffentlichten Aufsatz, dass die vom Bundesgerichtshof vorgetragenen Argumente nicht allein bei der ergänzenden Auslegung einer Vermietungsvereinbarung, sondern auch bei der ergänzenden Auslegung eines Übergabevertrags zu beachten sein dürften. Der Vertragsinhalt bei der bloßen Vereinbarung eines Wohnungsrechts biete angesichts des Absicherungsinteresses des Übergebers eine Grundlage für die Begründung eines Anspruchs gegen den Übernehmer auf Beteiligung an den Pflegekosten in Höhe der von ihm durch den Auszug des Übergebers ersparten Aufwendungen. Dagegen treffe den Übernehmer keine Pflicht zur Zahlung einer Geldrente in Höhe des Wohnwertes, weil dies eine über den Vertragsinhalt hinausgehende Bindung bewirken und den Vertragsgegenstand erweitern würde. Zudem sei *Auktor*[429] zufolge die Annahme des Bundesgerichtshofes nicht zu beanstanden, dass die Parteien des Übergabevertrags ein Einspringen des Sozialhilfeträgers nicht hätten herbeiführen wollen. Von mehreren möglichen Auslegungsergebnissen sei demjenigen der Vorzug zu gewähren, welches das Nachrangigkeitsprinzip der Sozialhilfe wahre.

Brückner[430], die von 2007 bis 2010 am OLG Oldenburg als Richterin tätig war[431], teilt die Bedenken desselben in der Entscheidung vom 11.10.2007 – 14 U 86/07[432] – in Bezug auf die Umwandlung des Wohnungsrechts in Zahlung eines monatlichen Geldbetrags unabhängig von einer Vermietung. Ohne besondere Anhaltspunkte könne nicht davon ausgegangen werden, Übergeber und Übernehmer hätten die Entstehung eines derartigen Rechtsanspruchs gewollt. Möglicherweise hätten die Parteien vielmehr eine auflösende Bedingung vereinbart. Eine Umwandlung bedeute eine erhebliche Erweiterung des Vertragsinhalts, zwinge den Eigentümer faktisch zur Fremdvermietung mit allen sich daraus ergebenden Rechten und Pflichten und erfordere die Räumung und Renovierung der

---

428 MittBayNot 2008, 14 (17).

429 MittBayNot 2008, 14 (17).

430 NJW 2008, 1111 (1113).

431 Mit Pressemitteilung Nr. 187/2010 v. 1.10.2010 informierte der *BGH* über ihre Ernennung zur Bundesrichterin und gab bekannt, dass sie dem V. Zivilsenat zugewiesen wurde. Der Pressemitteilung ist zu entnehmen, dass *Brückner* als Richterin am *LG Osnabrück* im Jahre 2007 an das *OLG Oldenburg* abgeordnet wurde, an dem sie – nach einer kurzzeitigen Rückkehr an das *LG Osnabrück* – im Februar 2008 zur Richterin am OLG ernannt wurde und zuletzt einem Zivilsenat und Senat für Familiensachen angehörte.

432 NJW-RR 2008, 399–400.

Wohnung, wobei es sich um Pflichten des Wohnungsberechtigten handele. Weiter erörtert *Brückner*[433] in ihrem Aufsatz mögliche rechtliche Konsequenzen einer Vermietungsvereinbarung, nach der dem Eigentümer die Vermietung gestattet ist und ihm auch die Mieten zustehen sollen. In Anbetracht der mit den tatbestandlichen Voraussetzungen des § 138 Abs. 1 BGB verbundenen Beweisprobleme diskutiert die Autorin die einseitige Widerruflichkeit der Vermietungsgestattung ex nunc mit Eintritt der Pflegebedürftigkeit und einem ungedeckten Finanzbedarf aus wichtigem Grund. Als Hauptargument für die Zulässigkeit des Widerrufs zieht *Brückner*[434] eine Parallele zu den Fällen erlaubter Untervermietung[435]. In der Folge ergebe sich ein Anspruch aus § 812 Abs. 1 Satz 1, 2. Alt. BGB, falls und soweit man dem Wohnungsberechtigen einen Anspruch auf Gestattung der Vermietung aus Treu und Glauben gemäß § 242 BGB gewähre[436]. Dann liege ein rechtsgrundloser Eingriff in die Rechtsposition des Wohnungsberechtigten vor, so dass die monatlichen Mieteinnahmen abzüglich der Unkosten als gezogene Nutzungen i. S. d. § 818 Abs. 1 BGB kondiziert werden könnten. Als weiteren Schritt erwägt *Brückner*[437] den Übergang des Widerrufsrechts als akzessorisches Gestaltungsrecht in entsprechender Anwendung von § 412 BGB auf den Sozialhilfeträger, wenn dieser Zahlungsansprüche aufgrund des dinglichen Wohnungsrechts auf sich übergeleitet hat. Denkbar sei ferner das Szenario, dass der Wohnungsberechtigte dem Eigentümer die Eigennutzung gestatte.[438] Darin sei keine Schenkung, sondern eine Leihe zu sehen.[439] Auch in diesem Fall sei zwar ein Widerruf der Gestattung zulässig, allerdings ließe sich dann allenfalls nach § 242 BGB ein Anspruch auf Räumung der Wohnung und Gestattung der Fremdvermietung begründen.

Neben *Auktor* und *Brückner* setzte sich auch *Mayer*[440] im Jahre 2008 mit dem Urteil des Bundesgerichtshofes vom 19.1.2007 – V ZR 163/06[441] – auseinander. Er kritisierte zunächst die Konstruktion eines Auftragsverhältnisses zwischen Wohnungsberechtigten und Eigentümer mit dem Inhalt der Vermietung. Die Begründung sei deswegen angreifbar, weil in der Praxis nicht selten vereinbart

433 NJW 2008, 1111 (1114).
434 NJW 2008, 1111 (1114).
435 Vgl. dazu die Entscheidung des *BGH* v. 11.1.1984 – VIII ZR 237/82 – BGHZ 89, 308 (316), die in Bezug genommen wird.
436 Zum Bestehen eines solchen Anspruchs siehe ausführlich Teil C/II./2./a).
437 NJW 2008, 1111 (1114 f.).
438 *Brückner* NJW 2008, 1111 (1115).
439 A. A. *Gühlstorf/Ette* ZfF 2007, 265 (267).
440 DNotZ 2008, 672 (681 ff.).
441 NJW 2007, 1884–1887.

werde, dass der Eigentümer die Räumlichkeiten nicht nur vermieten, sondern sogar die Mieteinnahmen behalten darf. Diese Begründungsschwäche habe der Bundesgerichtshof erkannt und deshalb das Vorliegen eines bloßen Gefälligkeitsverhältnisses in Betracht gezogen, ohne jedoch zu beleuchten, worin dieses bestehen sollte.[442] Der Bundesgerichtshof bejahe sodann im Wege der ergänzenden Auslegung der Vermietungsvereinbarung, dass der Wohnungsberechtigten die Mieteinnahmen zustehen, obwohl eine Vermietungsvereinbarung nicht wirksam zustande gekommen sei.[443] Denn indem die Vertragsparteien über einen Hauptpunkt der Vermietungsvereinbarung, nämlich wem der Mietzins zustehe, bewusst keine Einigung erzielt hätten, liege nach Ansicht *Mayers* ein offener Dissens i. S. v. § 154 Abs. 1 Satz 1 BGB vor. Im Übrigen stuft *Mayer*[444] aber die tragenden Entscheidungsgründe als gewichtig ein. Die angestellten Überlegungen hätten allerdings ohne „Umwegkonstruktion über die Vermietungsvereinbarung" im Rahmen einer ergänzenden Auslegung des Übergabevertrags Berücksichtigung finden können, so dass man verallgemeinerungsfähigere Aussagen über das rechtliche Schicksal solcher Verträge im Falle des Sozialhilferegresses erlangt hätte. Weiterhin wäre den Belangen des Eigentümers eine gewisse Bedeutung beizumessen gewesen.

Im Oktober 2009 erschien ein Aufsatz von *Mensch*[445] zu sozialrechtlichen Fragestellungen im Problemkreis der notariellen Praxis. Darin bespricht er auch das Problem der Überleitungsansprüche aus einem Wohnungsrecht. *Mensch*[446] hält den vom OLG Celle in seinem Beschluss vom 15.10.2007 – 4 W 195/07[447] – verfolgten Ansatz für eine Zahlungsverpflichtung des Eigentümers für gut strukturiert und dogmatisch fehlerfrei. Der Eigentümer sei nicht zur umfassenden Bedarfsdeckung i. S. einer vollständigen Erstattung der Pflegeheimkosten verpflichtet, sondern habe sich in Höhe der ersparten Aufwendungen sowie in Höhe eines erzielbaren Mietwertes zu beteiligen, wenn der Eigentümer die Wohnung des Berechtigten selbst nutze, obwohl ihm eine Vermietung zumutbar wäre. *Mensch* lehnt mit dem OLG Celle eine automatische Umwandlung des dinglichen Wohnungsrechts in einen Geldrentenanspruch ab. Voraussetzung sei stets die endgültige Aufgabe des Wohnungsrechts durch den Berechtigten.

442 *Mayer* DNotZ 2008, 672 (681 f.).
443 *Mayer* DNotZ 2008, 672 (682).
444 *Mayer* DNotZ 2008, 672 (683).
445 BWNotZ 2009, 162–171.
446 BWNotZ 2009, 162 (170)
447 NJW-RR 2008, 397–399, siehe bereits Teil C/II./3./b).

Ende 2009 führte *Gühlstorf*[448] seine Ausführungen aus dem Jahre 2007 unter Berücksichtigung der aktuellen Rechtsprechung des Bundesgerichtshofes fort. In seinem Beitrag stellt er sowohl die taktische Wirkung der Entscheidung vom 9.1.2009 – V ZR 168/07[449] – als auch seine inhaltliche Kritik an ihr dar. Unter wirtschaftlichen Gesichtspunkten bleibe dem Übernehmer faktisch nur die Eigennutzung der vom Wohnungsrecht erfassten Räumlichkeiten.[450] Der mit dem Wohnungsberechtigten und Übergeber verwandte Eigentümer und Übernehmer erlange ein „Mehr an Nutzung", ohne zugleich finanziell belastet zu werden. Demgegenüber werde zukünftig kein Übernehmer mehr ernsthaft eine Vermietung der dem Wohnungsrecht unterliegenden Räumlichkeiten in Erwägung ziehen. Inhaltlich widerspreche der Senat seinem Urteil vom 19.1.2007 – V ZR 163/06[451], wonach dem Eigentümer grundsätzlich keine wirtschaftliche Besserstellung widerfahren solle. Denn häufig werde das Wohnungsrecht nicht an einzelnen Räumen, sondern an einer abgeschlossenen Wohnung bestellt. Nutze der Übernehmer nach dem Wegzug des Wohnungsberechtigten in ein Pflegeheim diese Wohnung, liege darin sehr wohl ein wirtschaftlicher Vorteil.[452] Nach der aktuellen Entscheidung sei jedoch nur im Ausnahmefall für die Selbstnutzung der dem Wohnungsrecht unterliegenden Räumlichkeiten eine Nutzungsentschädigung zu entrichten. Außerdem beschäftigt sich *Gühlstorf*[453] mit dem weiteren, bislang nicht beleuchteten Aspekt, wie das vermutete Einverständnis des Wohnungsberechtigten mit der unentgeltlichen Eigennutzung der Wohnung durch den Eigentümer zu werten sei. Er problematisiert drei unterschiedliche Situationen und gelangt am Ende seiner Überlegungen zu dem Ergebnis, dass jeweils ein überleitbarer Anspruch auf Auskehr der mit der Eigennutzung einhergehenden Vorteile des Eigentümers besteht. Grundlegend geht *Gühlstorf*[454] davon aus, dass mit der Nutzungsüberlassung eine Schenkung verbunden sei, weil der Wohnungsberechtigte endgültig und dauerhaft auf die Geltendmachung seines Rechts verzichte. Aus diesem bloß schuldrechtlichen Verzicht könne man möglicherweise einen Anspruch des Eigentümers auf

448 ZfF 2009, 265–270.
449 NJW 2009, 1348–1349.
450 *Gühlstorf* ZfF 2009, 265 (269).
451 NJW 2007, 1884–1887.
452 Beispiele bei *Gühlstorf* ZfF 2009, 265 (269): Aufgabe einer früher selbst bewohnten Wohnung, Vermietung der früher bewohnten Wohnung oder Überlassen der Wohnung an seine Angehörigen.
453 ZfF 2009, 265 (269).
454 ZfF 2009, 265 (269 f.).

formwirksame Löschung des Wohnungsrechts ableiten.[455] Im Falle der formwirksamen Erklärung der Aufgabe würde eine Schenkung i. H. d. Wertzuwachses, den das Grundstück durch den Wegfall des Rechts erlangt, begründet werden. Sollte ein solcher Löschungsanspruch nicht angenommen werden, würde dies die Nutzungsüberlassung insgesamt als unwirksam erscheinen lassen. Der schuldrechtliche Verzicht wäre insoweit nach Bereicherungsrecht rückabzuwickeln. Erfolge die Eigennutzung in einer dritten Variante z. B. infolge Demenz ohne Zustimmung des Wohnungsberechtigten, seien über § 1065 BGB die Vorschriften des Eigentümer-Besitzer-Verhältnisses, §§ 985 ff. BGB, entsprechend anzuwenden. Der Wohnungsberechtigte habe gemäß § 985 BGB entsprechend einen Anspruch auf Beendigung der ungenehmigten Nutzung, gemäß § 988 BGB entsprechend einen Anspruch auf Herausgabe der gezogenen Nutzungen nach Bereicherungsrecht. Die Notwendigkeit seiner Überlegungen zur Wertung des vermuteten Einverständnisses des Wohnungsberechtigten zweifelt *Gühlstorf* letzen Endes selber an und erklärt, dass er es für sachgerechter halte, im Rahmen der ergänzenden Vertragsauslegung auf den mutmaßlichen Willen der Parteien bei der Vereinbarung des Wohnungsrechts abzustellen. Seiner Einschätzung zufolge sei anzunehmen, dass Übergeber und Übernehmer in einem Wohnungsrecht eine fortdauernde wirtschaftliche Absicherung gesehen haben. Bestünde keine Absicherung durch die Sozialhilfe, würde jeder Wohnungsberechtigte vom Eigentümer und Übergeber für die Eigennutzung ein angemessenes Entgelt fordern. Allein aufgrund der Existenz steuerfinanzierter Sozialhilfe könne nicht auf einen hiervon abweichenden Parteiwillen geschlossen werden.

In seinen Anmerkungen zu den Urteilen des Bundesgerichtshofes vom 9.1.2009 – V ZR 168/07[456] – und vom 6.2.2009 – V ZR 130/08[457] – behauptet *Herrler*[458], die Herleitung einer Verpflichtung des Eigentümers zur Vermietung oder Vergütung des Wohnwertes im Wege einer ergänzenden Auslegung des Übergabevertrags sei „nahezu ausgeschlossen". In aller Regel sei eine planwidrige Regelungslücke anzunehmen, weil mit dem Bundesgerichtshof eine bewusste Nichtregelung der Rechtsfolgen eines dauerhaften subjektiven Ausübungshindernisses eher fernliegend erscheine, da dadurch jegliche Nutzung der Wohnung bis zum Tode des Wohnungsberechtigten verhindert werden würde.[459]

---

455 *Gühlstorf* ZfF 2009, 265 (270).

456 NJW 2009, 1348–1349.

457 NJW 2009, 1346–1348, siehe dazu ausführlich Teil D/II./1./c).

458 DNotZ 2009, 408 (411 ff.).

459 Siehe bereits Teil C/II./2./b)/cc)/(1).

Die vom Senat in den Urteilsgründen gegen eine Füllung der Regelungslücke durch Annahme einer Vermietungspflicht des Eigentümers oder einer Vergütungspflicht des aus der Eigennutzungsmöglichkeit resultierenden Vorteils vorgetragenen Argumente seien insoweit verallgemeinerungsfähig, als sie auf die Rechtsnatur des Wohnungsrechts abstellen.[460] Eine Zahlungspflicht des Übernehmers und Eigentümers könne schließlich aber im Wege der ergänzenden Vertragsauslegung mit ersparten Aufwendungen begründet werden, wenn er die verbrauchsabhängigen Nebenkosten[461] zu tragen habe.[462]

Ebenso lehnt *Eupen*[463] einen Anspruch auf den Sachwert des Wohnungsrechts selbst ab. Vielmehr müsse sich der Eigentümer, der nach dem gesetzlichen Leitbild des § 1093 Abs. 1 Satz 2 BGB für die verbrauchsabhängigen Nebenkosten aufzukommen habe, i. H. dieser ersparten Aufwendungen an den Pflegeheimkosten beteiligen. Zur in der Rechtsprechung nicht einheitlich beurteilten Frage, welcher der Übergabevertragsparteien der Mietzins zusteht, wenn der Übernehmer die Wohnung nach Übersiedlung des Berechtigten in ein Pflegeheim vermietet, bezieht *Eupen*[464] für die Position des OLG Hamm[465] Stellung. Eine ergänzende Vertragsauslegung scheide aus, wenn sich keine objektiven Anknüpfungspunkte dafür finden ließen, warum die Parteien die Regelungslücke in der ein oder anderen Weise geschlossen haben sollten.

cc) Bewertung

Eine planwidrige Regelungslücke ist mit dem Bundesgerichtshof[466] grundsätzlich anzunehmen.[467] Wiederum ist daran zu denken, dass die Regelungslücke durch dispositives Gesetzesrecht ausgefüllt werden kann. Im Unterschied zu der Frage, ob dem Wohnungsberechtigten ein Anspruch auf Gestattung der Vermietung zusteht, können keine dispositiven gesetzlichen Regelungen zu Zahlungsansprüchen für den Fall des Bestehens eines persönlichen Ausübungshindernisses herangezogen werden. Dies beruht darauf, dass lediglich die Vorschriften über das Leibgedinge beim Auszug dispositives Recht zu Zahlungsansprüchen enthalten, diese

460 *Herrler* DNotZ 2009, 408 (413).
461 Wasser, Strom, Gas, Heizung, Müllabfuhr etc.
462 *Herrler* DNotZ 2009, 408 (413), Fn. 25 m. w. N.
463 GE 2010, 590 (594 ff.).
464 GE 2010, 590 (594).
465 Urteil v. 28.09.2009 – 5 U 80/07, I-5 U 80/07.
466 Urteil v. 9.1.2009 – V ZR 168/07 – NJW 2009, 1348 (1349).
467 Siehe bereits Teil C/II./2./b)/cc).

in Ermangelung des Vorliegens der Voraussetzungen eines Leibgedingsvertrags i. S. v. Art. 96 EGBGB jedoch nicht eingreifen.[468] Mithin steht einer ergänzenden Vertragsauslegung keine vorrangige dispositive gesetzliche Regelung entgegen.

Um die Regelungslücke im Übergabevertrag zu schließen, ist der hypothetische Parteiwille im Zeitpunkt des Vertragsschlusses[469] zu ermitteln. Es ist unter Berücksichtigung aller in Betracht kommenden Umstände zu untersuchen, was die Beteiligten bei angemessener Abwägung ihrer Interessen und als redliche Vertragspartner zur Schließung der Regelungslücke selbst unternommen hätten.[470] Für die Vertragsergänzung ist deshalb der Sinn und Zweck des Vertrages von zentraler Bedeutung.

(1) Kein Zahlungsanspruch i. H. d. fiktiven Miete bei Eigennutzung

Eine Füllung der Regelungslücke dahingehend, dass die Parteien des Übergabevertrags für den Fall der Pflegeheimaufnahme des Übergebers und Wohnungsberechtigten vereinbart hätten, dass der Übernehmer und Eigentümer sowie seine Familienangehörigen die dem Wohnungsrecht unterliegenden Räumlichkeiten, die Zumutbarkeit der Vermietung vorausgesetzt, nur gegen Zahlung einer fiktiven Miete selbst nutzen dürfen, würde zu einer unzulässigen Erweiterung des Vertragsgegenstandes führen. Das Wohnungsrecht ist auf Passivität, das Dulden des Bewohnens, gerichtet.[471] Intention des Vorbehalts eines Wohnungsrechts im Übergabevertrag ist es, dem Übergeber unter Regelung der Grundbesitznachfolge zugleich das mietzahlungsfreie Wohnenbleiben auf Lebenszeit in einem Teil des bisher von ihm bewohnten Hauses als eine ihm vertraute Umgebung zu ermöglichen. Damit dient das Wohnungsrecht der Altersvorsorge des Übergebers. Allerdings ginge es zu weit, wenn der Übernehmer als Eigentümer – sogar unabhängig von einer tatsächlichen Fremdvermietung – für die Sicherung der Lebensgrundlage des pflegebedürftigen Wohnungsberechtigten einzustehen hätte. Während der Nießbrauch die Ziehung von Nutzungen i. S. v. § 100 BGB gestattet und folglich auf eine fortdauernde wirtschaftliche Absicherung abzielt, wird

468 Vgl. *Auktor* MittBayNot 2008, 14 (17).

469 Nur in dem Ausnahmefall, dass die zum Zeitpunkt des Vertragsschlusses geltenden Wertmaßstäbe mit der aktuellen Rechtslage schlechthin unvereinbar sind, ist auf die Verhältnisse im Zeitpunkt der Auslegung abzustellen, *Busche* in: MüKo-BGB, § 157 Rn. 49.

470 Vgl. *Brox/Walker* BGB AT, § 6 Rn. 140; *Busche* in: MüKo-BGB, § 157 Rn. 49 m. w. N.

471 *Mayer* in: Staudinger-BGB, § 1093 Rn. 61.

mit der Vereinbarung eines Wohnungsrechts keine materielle Absicherung verfolgt. Vielmehr liegt innerhalb der Familie die Annahme einer unentgeltlichen Nutzungsüberlassung nahe. Richtigerweise hat der Bundesgerichtshof in seinem Urteil vom 9.1.2009 – V ZR 168/07[472] – seine bisherige Tendenz[473] bekräftigt und eine Geldrente i. H. d. Wohnwertes verneint. Liegt ein dauerndes persönliches Ausübungshindernis infolge Pflegebedürftigkeit vor, so wird es dem Interesse des Übergebers, auf Lebenszeit unentgeltlich wohnen zu können, gerecht, dass der Übernehmer ihm seine ersparten Aufwendungen zu erstatten hat. Anders als die Zahlung einer Nutzungsentschädigung i. H. d. fiktiven Miete stellt die Erstattung ersparter Aufwendungen qualitativ keine wirtschaftliche Verwertung dar. Für die Ermittlung der Höhe des Aufwendungserstattungsanspruchs ist die gesetzliche Kosten- und Lastentragungspflicht bei dinglichen Wohnungsrechten zu beachten. § 1093 Abs. 1 Satz 2 BGB erklärt bestimmte nießbrauchrechtliche Vorschriften auf das Wohnungsrecht für entsprechend anwendbar. Gemäß § 1041 Satz 1 BGB hat der Nießbraucher für die Erhaltung der Sache in ihrem wirtschaftlichen Bestand zu sorgen. Nach Satz 2 der Norm obliegen ihm Ausbesserungen und Erneuerungen nur insoweit, als sie zur gewöhnlichen Unterhaltung der Sache gehören. Übertragen auf das Wohnungsrecht bedeutet dies, der Wohnungsberechtigte hat für die gewöhnliche Unterhaltung, der Eigentümer für die verbrauchsabhängigen Nebenkosten aufzukommen. Grundsätzlich muss der Übernehmer also nach dem dauerhaften Umzug in ein Pflegeheim weiterhin die verbrauchsabhängigen Nebenkosten tragen und sich daher in dieser Höhe an den Heimunterbringungskosten zu beteiligen.

(2) Kein Anspruch auf Auskehr des Mieterlöses bei Fremdvermietung

Weiterhin entspricht ein Auslegungsergebnis, nach welchem die Parteien angesichts einer späteren Heimunterbringung des Übergebers gewollt hätten, dass der Übernehmer zur Fremdvermietung der Wohnung und Auskehr des Mieterlöses an den Rechtsinhaber verpflichtet ist, nicht dem Sinn und Zweck des Übergabevertrags. Im Unterschied zu der Vereinbarung eines umfassenden Versorgungsvertrags, soll der Übergeber lediglich – nach Möglichkeit bis zu seinem Ableben – in vertrauter Wohnumgebung verbleiben können. Die Parteien haben sich bewusst für ein dingliches Wohnungsrecht entschieden. Ihnen hätte es auch freigestanden, ein umfassendes Nießbrauchsrecht vorzusehen. Die ergänzende Auslegung hat die Privatautonomie zu wahren. Zu den Wesensmerkmalen des dinglichen

472 NJW 2009, 1348 (1349).
473 Vgl. *BGH* v. 23.1.2003 – V ZB 48/02 – ZEV 2003, 211–212.

Wohnungsrechts zählen gemäß § 1092 Abs. 1 Satz 1 und 2 BGB die Unübertragbarkeit und die Unzulässigkeit der Ausübungsüberlassung ohne Gestattung. Damit ist jedenfalls eine Vermietungsverpflichtung nicht in Einklang zu bringen. Sie ginge weit über den Vertragsinhalt hinaus.

Möglicherweise ließe sich aber im Wege der ergänzenden Auslegung des Übergabevertrags eine Vermietungsberechtigung des Eigentümers begründen. Allerdings bestehen im Hinblick auf die §§ 1092 Abs. 1 Satz 2, 1093 Abs. 2 BGB gewichtige Zweifel daran, dass eine Vermietungsberechtigung vom hypothetischen Parteiwillen getragen würde. Mit Hilfe dieser Vorschriften könnte die Frage nach der Befugnis zur Fremdvermietung sowohl des Wohnungsberechtigten[474] als auch des Eigentümers beantwortet werden. Denn schließlich haben Übergeber und Übernehmer das sachenrechtliche Institut des dinglichen Wohnungsrechts gewählt, ohne einem diesen Vorschriften entgegenstehenden Willen Ausdruck zu verleihen. Folglich wäre in jeder Vermietung der Räume an Dritte durch den Eigentümer eine eigenmächtige Vermietung zu sehen. Dagegen könnte sich der Wohnungsberechtigte nur mit einem Unterlassunganspruch wehren. Ein Anspruch auf Herausgabe des Mietzinses könnte er nicht geltend machen.[475]

Selbst bei Annahme einer Vermietungsberechtigung des Eigentümers und vorausgesetzt, die Wohnung würde tatsächlich fremdvermietet werden, ließe sich ein Zahlungsanspruch i. H. d. Mietzinses nicht ohne Weiteres bejahen. Eine ergänzende Vertragsauslegung muss unterbleiben, wenn verschiedene Gestaltungsmöglichkeiten zur Füllung der Regelungslücke in Betracht kommen.[476] Es ist nicht erkennbar, welche Regelungen die Parteien für die Verteilung des Mietzinses getroffen hätten. Neben der ausschließlichen Zuweisung der Mieteinnahmen entweder an den Übernehmer oder an den Übergeber wäre auch eine Aufteilung nach einem bestimmten Verteilungsschlüssel denkbar. Dies hat das OLG Hamm[477] in seinen Entscheidungsgründen sehr anschaulich dargestellt. Der Bundesgerichtshof[478] tendiert dagegen dazu, den Mietzins dem Wohnungsbrechtigten zuzusprechen. Eine abschließende Entscheidung des Bundesgerichtshofes steht noch aus.[479]

---

474 Siehe bereits Teil C/II./2./b).

475 Zu möglichen Anspruchsgrundlagen *Herrler* DNotZ 2009, 408 (416 ff.).

476 *Busche* in: MüKo-BGB, § 157 Rn. 54 m. w. N.

477 Urteil v. 28.9.2009 – 5 U 80/07, I-5 U 80/07 – DNotZ 2010, 128–130.

478 Urteil v. 9.1.2009 – V ZR 168/07 – NJW 2009, 1348–1349.

479 Zutreffend der Hinweis von *Eupen* GE 2010, 590 (594).

dd) Ergebnis

Der Übernehmer und Eigentümer ist zur Eigennutzung der Wohnung ohne Zahlung einer Nutzungsentschädigung i. H. d. fiktiven Miete berechtigt. Er hat ersparte Aufwendungen zu erstatten, soweit die Übergabevertragsparteien keine vom gesetzlichen Leitbild des § 1093 Abs. 1 Satz 2 i. V. m. § 1041 BGB abweichende Vereinbarung getroffen haben. Der Bundesgerichtshof tendiert dazu, dem Übergeber und Wohnungsberechtigten darüber hinaus im Falle der tatsächlichen Fremdvermietung durch den Eigentümer einen Anspruch auf Auskehr des Mietzinses zuzusprechen.

4. Zusammenfassung

Ein dauerndes subjektives Ausübungshindernis in der Person des Rechtsinhabers führt nicht zum Erlöschen des dinglichen Wohnungsrechts. Ein Anspruch des Wohnungsberechtigten auf Gestattung der Vermietung besteht unter keinem rechtlichen Gesichtspunkt. Der Wohnungsberechtigte bzw. der einspringende Sozialhilfeträger kann vom Eigentümer im Wege ergänzender Vertragsauslegung nach den §§ 133, 157 BGB etwaige ersparte Aufwendungen erstattet verlangen. In der Rechtsprechung des Bundesgerichtshofes zeichnet sich ab, dass der zur Vermietung der Wohnungsrechtsräumlichkeiten berechtigte Eigentümer tatsächlich erzielte Mieteinnahmen an den Berechtigten bzw. den Sozialhilfeträger auszukehren hat.

III. Rückforderungsanspruch wegen Verarmung des Schenkers, § 528 BGB

Der Sozialhilfeträger wird umso nachhaltiger auf den Schenkungsrückforderungsanspruch nach § 528 BGB zurückgreifen, als aus seiner Sicht ausreichende, anrechnungsfähige oder überleitungsfähige „Gegenleistungen“ im Übergabevertrag nicht vereinbart sind.[480] Die Geltendmachung von § 528 BGB kommt insbesondere in Frage, wenn im Einzelfall überhaupt keine überleitbaren Ansprüche im Zusammenhang mit dem Wohnungsrecht bestehen oder der Betrag zur Deckung der Pflegeheimkosten nicht ausreicht, also auch unter Berücksichtigung der Einnahmen aus der Umwandlung des Wohnungsrechts ein Bedarf verbleibt.

480 *Krauß* MittBayNot 1992, 77 (83); ähnlich *Mayer* DNotZ 2008, 672 (686).

1. Regelungsprinzipien

§ 528 Abs. 1 Satz 1 BGB gewährt dem Schenker bei Vorliegen der Tatbestandsvoraussetzungen einen Anspruch auf Herausgabe des Geschenkes gegenüber dem Beschenkten. Der Norm liegt der Gedanke zugrunde, dass der Schenker durch seine Freigebigkeit nicht der Gefahr des wirtschaftlichen Ruins ausgesetzt sein soll.[481] Zugleich soll eine Inanspruchnahme der Allgemeinheit für den Notbedarf des Schenkers verhindert werden.[482] Bei § 528 BGB handelt es sich folglich um einen zweckgebundenen Anspruch.[483] Auch wenn der Schenker selbst in Not gerät, soll er noch in der Lage sein, seinen Unterhalt selbst zu bestreiten und seinen gesetzlichen Unterhaltsverpflichtungen nachzukommen.[484] Er erhält demnach das sog. *beneficium competentiae*[485], das Recht, nicht nur vor Schenkungsvollzug die Leistung gemäß § 519 BGB zu verweigern, sondern auch nach Vollzug im Falle der Not den geleisteten Schenkungsgegenstand zurückzuverlangen.[486] Die Vorschrift gibt dem Erfordernis der Unterhaltssicherung Vorrang vor dem Vertrauen des Beschenkten in die Rechtsbeständigkeit der Zuwendung.[487] Das sich aus § 528 BGB ergebende Rückforderungsrecht ist aber an strenge Voraussetzungen gebunden, da das Vertrauen des Beschenkten in die Rechtsbeständigkeit der bereits vollzogenen Schenkung grundsätzlich ebenfalls schutzwürdig ist.[488] Dem Vertrauensschutz trägt der Gesetzgeber insbesondere durch die nachrangige Haftung des früheren Beschenkten nach Abs. 2 der Vorschrift, durch den Entreicherungseinwand nach Abs. 1 i. V. m. § 818 Abs. 3 BGB und durch die Zehnjahresfrist des § 529 Abs. 1 BGB Rechnung.

2. Tatbestandsvoraussetzungen

Der Rückforderungsanspruch gemäß § 528 Abs. 1 Satz 1 BGB setzt voraus, dass der Schenker nach der Vollziehung der Schenkung außerstande ist, seinen

481 *Koch* JR 1993, 313 (313); *Koch* in: MüKo-BGB, § 528 Rn. 1.

482 *BGH* v. 28.10.1997 – X ZR 157/96 – BGHZ 137, 76 (82).

483 Vgl. dazu ausführlich *Kollhosser* ZEV 1995, 391 (392); *Wüllenkemper* JR 1988, 353 (357), *Zeranski* S. 55 ff. Siehe hierzu auch Teil C/III./5.

484 *BGH* v. 25.4.2001 – X ZR 229/99 – BGHZ 147, 288 (290).

485 *Koch* JR 1993, 313 (313).

486 *Herrmann* in: Erman-BGB, § 528 Rn. 1; zum gemeinsamen Rechtsgedanken der §§ 519, 528 BGB siehe *BGH* v. 7.11.2006 – X ZR 184/04 – DNotZ 2007, 283 (285).

487 *BGH* v. 3.2.1989 – V ZR 190/87 – BGHZ 106, 354 (357).

488 *Koch* in: MüKo-BGB, § 528 Rn. 1; *Herrmann* in: Erman-BGB, § 528 Rn. 1.

angemessenen Unterhalt zu bestreiten oder seine gesetzlichen Unterhaltspflichten im Sinne der §§ 1360 ff., 1569 ff., 1601 ff., 1615 ff. BGB, §§ 5, 12, 16 LPartG zu erfüllen. Dabei genügt das Vorliegen einer der beiden Sachverhaltsalternativen.[489] Ansonsten würde der Zweck der Vorschrift, den Schenker wieder in die Lage zu versetzen, seinen oder den Unterhalt der ihm nahestehenden Personen zu sichern, zumindest teilweise konterkariert werden. Insoweit ist von einem Redaktionsversehen des Gesetzgebers auszugehen. Auf etwaige weitere eigene Unterhaltsansprüche des Schenkers kommt es nicht an, weil er seinen Unterhalt zunächst einmal aus seinem eigenen Vermögen bestreiten und deshalb in die Lage versetzt werden soll, ein aus seinem Vermögen weggegebenes Geschenk zurückzuverlangen.[490] § 528 BGB gewährt dem Schenker einen Anspruch auf Herausgabe des Geschenks, sobald, soweit und solange der Schenker das Geschenk zur Unterhaltssicherung benötigt.[491]

a) Schenkung i. S. d. § 516 Abs. 1 BGB

Nach § 516 Abs. 1 BGB erfordert eine Schenkung einen Zuwendungsvorgang, durch den auf Seiten des Schenkers eine Vermögensminderung eintritt, auf Seiten des Beschenkten eine Vermögensmehrung hervorgerufen wird und sich dabei beide Parteien über die Unentgeltlichkeit der Zuwendung einig sind.

aa) Vermögensminderung auf Seiten des Schenkers

Über das Vorliegen einer Entreicherung i. S. d. § 516 Abs. 1 BGB entscheidet die Verminderung der bestehenden Vermögenssubstanz des Schenkers.[492] Geschenk kann daher jede vermögenswerte Rechtsposition sein.[493] Die Zuwendung einer vermögenswerten Position kann durch Rechtsgeschäft oder tatsächliches Handeln geschehen.[494] In dem Unterlassen eines Vermögenserwerbs, dem Verzicht auf ein angefallenes, noch nicht endgültig erworbenes Recht und der Ausschlagung einer Erbschaft oder eines Vermächtnisses kann keine Schenkung erblickt werden, vgl. § 517 BGB. Das Vermögen des Schenkers muss durch den Zuwendungsakt auf Dauer vermindert sein. Das Objekt der Entreicherung muss mit demjenigen der

489 *Sefrin* in: jurisPK-BGB, § 528 Rn. 15; *Wimmer-Leonhardt* in: Staudinger-BGB, § 528 Rn. 8; *Zeranski* S. 22.
490 *BGH* v. 3.2.1989 – V ZR 190/87 – BGHZ 106, 354 (357).
491 *Ruby* ZEV 2005, 102 (102).
492 *Esser/Weyers* Schuldrecht, BT 1, § 12/I./2./a); *Larenz* Schuldrecht, BT 1, § 47/I.
493 *Oetker/Maultzsch* Vertragliche Schuldverhältnisse, § 4/B./I.
494 *Koch* in: MüKo-BGB, § 516 Rn. 5.

Bereicherung nicht identisch sein.[495] Daher werden auch sog. mittelbare Schenkungen erfasst. Eine mögliche Konstellation ist dabei die, dass der Schenker eine Gegenleistung an einen Dritten für dessen Leistung an den Beschenkten erbringt. Das Zuwendungsobjekt muss also auch nicht unmittelbar aus dem Vermögen des Schenkers stammen, sondern es ist nur erforderlich, dass die Verschaffung auf Kosten seines Vermögens erfolgt.[496] Ebenfalls ist es möglich, dass der Schenker unmittelbar an den Beschenkten Geldmittel mit der Maßgabe leistet, dass er über diese nur zum Erwerb eines bestimmten Gegenstands verfügen darf.[497]

bb) Vermögensmehrung auf Seiten des Beschenkten

Auf Seiten des Beschenkten muss eine objektive, im Wege einer wirtschaftlichen Betrachtungsweise feststellbare Vermögensmehrung eintreten.[498] Denkbar ist eine solche Vermögensmehrung in Form der Vermehrung der Aktiva oder der Verminderung der Passiva.

cc) Unentgeltlichkeit der Zuwendung

Schließlich erfordert die Annahme einer Schenkung i. S. d. § 516 Abs. 1 BGB die ausdrückliche oder konkludente Einigung der Parteien (subjektives Element) über die Unentgeltlichkeit der Zuwendung (objektives Element). Nicht ausreichend ist also, dass nur eine Einigung über ein Entgelt fehlt oder unwirksam ist.[499] Die charakteristische objektive Unentgeltlichkeit ist gegeben, wenn die Zuwendung nach dem Inhalt des Rechtsgeschäfts weder von einer Gegenleistung rechtlich abhängen soll noch sonst zur Tilgung einer Verbindlichkeit bestimmt ist.[500] Subjektiv muss die Zuwendung als unentgeltlich gewollt sein. Das Vorliegen dieses subjektiven Elements richtet sich aufgrund dessen, dass es den Vertragsparteien regelmäßig an juristischer Vorbildung mangelt, nach einer Parallelwertung in der Laiensphäre.[501] D. h. es reicht aus, dass die Vertragsparteien die rechtlich-soziale Bedeutung nach Laienart erfasst haben.[502] Keine Einigung über den unentgeltlichen Charakter der

495 *BGH* v. 3.12.1971 – V ZR 134/69 – NJW 1972, 247 (248); *Hermann* in: Erman-BGB, § 516 Rn. 5; *Koch* in: MüKo-BGB, § 516 Rn. 9; *Kropholler* BGB, § 516 Rn. 3.

496 *Wimmer-Leonhardt* in: Staudinger-BGB, § 528 Rn. 22.

497 *Hermann* in: Erman-BGB, § 516 Rn. 15.

498 Vgl. *RG* v. 6.2.1905 – III 273/05 – RGZ 62, 386 (390).

499 *Spellenberg* NJW 1986, 2531 (2533) m. w. N.

500 *Koch* in: MüKo-BGB, § 516 Rn. 24 m. w. N.

501 *Sefrin* in: jurisPK-BGB, § 516 Rn. 42; vgl. auch *Wimmer-Leonhardt* in: Staudinger-BGB, § 516 Rn. 43.

502 *BFH* v. 2.3.1994 – II R 59/92 – BFHE 173, 432 (440).

Zuwendung ist gegeben, wenn sie mit einer Gegenleistung im Synallagma[503] steht oder final an die Bedingung geknüpft ist, dass der Empfänger seinerseits eine nicht geschuldete Gegenleistung erbringt.[504,505] Ferner kann die Einigung über die Unentgeltlichkeit durch eine kausale Verknüpfung[506] ausgeschlossen sein. Hierbei ist die Bewirkung der erstrebten Gegenleistung nur Geschäftsgrundlage für die eigene Leistung.[507] Nicht die Bezeichnung und die gewählte Form entscheiden über die Vertragsnatur, sondern das sachlich Gewollte.[508] Allein der Hinweis in einem Übergabevertrag zwischen Eltern und ihrem Kind, dass das betreffende Hausgrundstück „in vorweggenommener Erbfolge" übertragen werden soll, reicht nicht als Nachweis der Unentgeltlichkeit der Zuwendung aus.[509] Denn in Übergabeverträgen wird häufig zusätzlich zur Übertragung des Hausgrundstücks vereinbart, dass auch den Übernehmer Verpflichtungen treffen. Dabei kann es sich um Zahlungsverpflichtungen an andere Erbberechtigte[510], aber genauso um Verpflichtungen zur Pflege des Übergebers etwa im Sinne eines Leibgedinges handeln[511]. Diese Gegenleistungen aus dem Vermögen des Übernehmers sind entgeltlich.[512]

---

503 Die Zuwendung erfolgt im Falle einer synallagmatischen Verknüpfung um der Leistung willen („do ut des"), d. h. Leistung und Gegenleistung stehen in wechselseitiger Abhängigkeit.

504 Charakteristisch für die konditionale Verknüpfung ist, dass die Leistung des anderen zur Wirksamkeitsbedingung für die eigene Leistungspflicht erhoben wird.

505 *Oetker/Maultzsch* Vertragliche Schuldverhältnisse, § 4/B./III.

506 Sie ist die schwächste Form der rechtlichen Verknüpfung von der Leistung des Zuwendenden und der Leistung des Zuwendungsempfängers. Die Abgrenzung zur sog. Zweckschenkung gestaltet sich häufig schwierig. Die Zweckschenkung ist durch den übereinstimmenden Willen und die Erwartung gekennzeichnet, einen bestimmten Zweck durch Vollzug der Schenkung zu erreichen, ohne hierauf einen Anspruch zu haben, vgl. *Sefrin* in: jurisPK-BGB, § 516 Rn. 60 f.; *Westermann* ZGR 1991 Sonderheft 10, 505 (514). Bei beiden Schenkungsformen will der Schenker mit seiner Zuwendung eine weitere Leistung veranlassen. Der Unterschied besteht darin, dass im Falle einer kausalen Verknüpfung diese Leistung als Gegenleistung für die eigene Leistung erwartet wird, vgl. *Wimmer-Leonhardt* in: Staudinger-BGB, § 516 Rn. 34.

507 *Wimmer-Leonhardt* in: Staudinger-BGB, § 516 Rn. 33, unter Anführung von Rechtsprechungsbeispielen.

508 *Günther* NZS 1994, 66 (68).

509 *BGH* v. 1.2.1995 – IV ZR 36/94 – FamRZ 1995, 479 (480).

510 Vgl. den dem Urteil des *BGH* v. 28.10.1997 – X ZR 157/97 – BGHZ 137, 76–89, zugrunde liegenden Sachverhalt.

511 *BGH* v. 1.2.1995 – IV ZR 36/94 – FamRZ 1995, 479 (480). Zum Begriff des Leibgedinges siehe Teil C/II./3./a).

512 *BGH* v. 1.2.1995 – IV ZR 36/94 – FamRZ 1995, 479 (480).

Behält sich der Übergeber ein Wohnungsrecht i. S. d. § 1093 Abs. 1 Satz 1 BGB vor, ist somit in Betracht zu ziehen, dass die Übertragung des Hausgrundstücks nicht unentgeltlich erfolgt ist.

Unter den Begriff der Schenkungen fallen jedoch auch die sog. gemischten Schenkungen. Eine gemischte Schenkung liegt vor, wenn den Parteien das objektive Missverhältnis von Zuwendung und Gegenleistung bekannt ist und die Beteiligten sich darüber einig sind, dass der Mehrwert unentgeltlich zugewendet werden soll.[513] Sie ist als Typenverschmelzungsvertrag einzuordnen, weil Elemente der Schenkung mit denen eines Austauschvertrages gemischt sind.[514] Von einer gemischten Schenkung kann nur gesprochen werden, wenn die höherwertige Zuwendung real unteilbar ist.[515] Im umgekehrten Fall kann der nach außen hin einheitliche Vertrag in einen entgeltlichen und einen unentgeltlichen Vertrag aufgespalten werden. Das Grundstück stellt in der zu untersuchenden Fallkonstellation die höherwertige Zuwendung dar und ist real unteilbar.[516]

Die rechtliche Behandlung der gemischten Schenkung ist umstritten. Nach der Einheitstheorie sei eine Zerlegung in einen entgeltlichen und einen unentgeltlichen Bestandteil nicht möglich, so dass grundsätzlich alle Regeln, die für die miteinander verschmolzenen Vertragstypen gelten, kumulativ zur Anwendung kommen.[517] Bei Kollision von Vorschriften der verschiedenen Vertragstypen miteinander richte sich die Frage, welche Norm interessengerecht ist und somit Anwendung findet, nach dem zwischen den Parteien gewollten Vertragszweck. Demgegenüber sei das Rechtsgeschäft nach der Trennungstheorie seiner Eigenart entsprechend in einen entgeltlichen und einen unentgeltlichen Bestandteil zu zerlegen und es seien auf jeden Teil die jeweiligen Rechtsnormen der betroffenen Vertragstypen anzuwenden,

---

513 *BGH* v. 25.9.1986 – II ZR 272/85 – NJW 1987, 890 (895); *ders.* v. 1.2.1995 – IV ZR 36/94 – FamRZ 1995, 479 (480).

514 *Larenz/Canaris* Schuldrecht, BT 2, § 63/III./1./a). Bereits im römischen Rechtssystem fand die Mischung von Entgeltlichkeit und Unentgeltlichkeit in dem sog. *negotium mixtum cum donatione* Anerkennung, vgl. D. 39.5, 18 pr.; D. 24.1, 5 § 2; D. 18.1, 38.

515 *Dellios* S. 102 ff.; *Koch* in: MüKo-BGB, § 516 Rn. 34; *Weidenkaff* in: Palandt-BGB, § 516 Rn. 13.

516 Richtigerweise weist *Koch* in: MüKo-BGB, § 516 Rn. 34, darauf hin, dass ein Grundstück u. U. auch eine real teilbare Leistung darstellen kann. Dies ist der Fall, wenn ein zu niedriger Kaufpreis vereinbart wurde und daher ein Grundstückskaufvertrag mit schenkweiser Zugabe des Zubehörs vorliegt.

517 Insbesondere *Müller* JherJb. 48 (1904), 209 (223, 227 f.). Der Ansicht beigetreten ist *Regelsberger* JherJb. 48 (1904), 453 (462).

so dass eine Regelungskonkurrenz vermieden wird.[518] Für das Teilungsverhältnis seien in erster Linie die erkennbaren Parteiabsichten und nur hilfsweise das objektive Wertverhältnis maßgebend.[519] In der Literatur[520] ist die Zweckwürdigungstheorie vorherrschend. Nach ihr sollen für den jeweiligen Einzelfall diejenigen Vorschriften angewandt werden, die dem Zweck oder dem Parteiwillen am besten entsprechen. Der Bundesgerichtshof enthält sich bislang einer Stellungnahme zu den verschiedenen Theorien. Er entscheidet nach dem wirtschaftlichen Zweck des Rechtsgeschäfts unter Berücksichtigung der beiderseitigen Parteiinteressen[521] und stellt insbesondere darauf ab, ob der entgeltliche oder der unentgeltliche Charakter des Vertrags überwiegt[522]. Die Auffassung der heutigen Rechtsprechung ist der von der überwiegenden Literatur vertretenen Zweckwürdigungstheorie sehr ähnlich und wird häufig gleiche Ergebnisse erzielen.

Bereits daraus, dass subjektive Wertvorstellungen erfahrungsgemäß weit auseinandergehen können und sich nicht selten von den objektiven Werten erheblich entfernen, folgt, dass nicht jedes Missverhältnis zwischen Zuwendung und Gegenleistung die Annahme einer gemischten Schenkung rechtfertigt.[523] So steht es den Parteien eines entgeltlichen Vertrags aufgrund der Privatautonomie grundsätzlich frei, auch eine objektiv wesentlich geringere Gegenleistung subjektiv noch als gleichwertig anzusehen.[524] Dies wird als Prinzip der subjektiven Äquivalenz bezeichnet.[525] Allerdings greift nach höchstrichterlicher Rechtsprechung[526] eine tatsächliche Vermutung für das Vorliegen der subjektiven Voraussetzungen einer Schenkung ein, wenn zwischen Leistung und Gegenleistung ein „auffallendes, grobes Missverhältnis" besteht. Die Kläger verfolgten mit ihrem Rechtsmittel einen Pflichtteilsergänzungsanspruch gemäß § 2325 BGB[527]. Nach Auffassung des

518 Ständige Reichsgerichtsrechtsprechung, vgl. *RG* v. 27.6.1935 – IV 28/35 – RGZ 148, 236 (240); *dass.* v. 22.2.1940 – VIII 9/40 – RGZ 163, 257 (260 f.). Allerdings ist das *RG* in seinem Urteil v. 15.12.1920 – V 320/20 – RGZ 101, 99 (100), der Einheitstheorie gefolgt.

519 *RG* v. 27.6.1935 – IV 28/35 – RGZ 148, 236 (240).

520 *Dellios* S. 118 ff.; *Koch* in: MüKo-BGB, § 516 Rn. 38; *Larenz/Canaris* Schuldrecht, BT 2, § 63/III./1./b); *Weidenkaff* in: Palandt-BGB, § 516 Rn. 14; *Wimmer-Leonhardt* in: Staudinger-BGB, § 516 Rn. 207.

521 *BGH* v. 23.5.1959 – V ZR 140/58 – BGHZ 30, 120 (122).

522 *BGH* v. 11.7.2000 – X ZR 78/98 – NJW-RR 2001, 6 (6).

523 *BGH* v. 23.9.1981 – IVa ZR 185/80 – BGHZ 82, 274 (281).

524 *Mayer* DNotZ 1996, 604 (613).

525 *Koch* in: MüKo-BGB, § 516 Rn. 21 m. w. N.; *Sefrin* in: jurisPK-BGB, § 516 Rn. 23.

526 *BGH* v. 21.6.1972 – IV ZR 221/69 – BGHZ 59, 132 (136).

527 § 2325 BGB verwendet den Schenkungsbegriff des § 516 BGB.

Senats wäre ein Pflichtteilsberechtigter ohne die Gewährung dieser Beweiserleichterung aufgrund von Darlegungs- und Beweisschwierigkeiten vielfach nicht imstande, zu verhindern, dass das Vermögen des Erblassers bereits vor dem Erbfall an ihm vorbeigeleitet wird. In einer späteren Entscheidung[528] zum Vorliegen einer den Vertragserben beeinträchtigenden Schenkung gemäß § 2287 Abs. 1 BGB ließ es der Bundesgerichtshof für eine Beweiserleichterung sogar genügen, dass das objektive Missverhältnis von Leistung und Gegenleistung „über ein geringes Maß deutlich hinausgeht". Vom Bestehen eines objektiven Missverhältnisses kann wohl jedenfalls dann ausgegangen werden, wenn die Gegenleistung nur etwa zwei Drittel des Wertes des zugewendeten Vermögensgegenstandes erreicht.[529] Der Bundesgerichtshof wirkt mit dieser Rechtsprechung der erheblichen Manipulationsgefahr vor allem zu Lasten berechtigter Interessen Dritter entgegen, die der Bewertungsspielraum der vertragsschließenden Parteien birgt. Geht es um die Einstandspflicht des Trägers der Sozialhilfe für die Kosten der Heimunterbringung des Übergebers, sind ebenfalls schützenswerte Interessen Dritter berührt.[530] Es besteht die Gefahr, dass dem Zugriff des Sozialhilfeträgers Vermögensmassen entzogen werden und damit die Allgemeinheit für die Kosten aufkommen muss. Auch in diesem Fall gilt daher die Beweiserleichterung.[531]

Entscheidend für die Annahme einer gemischten Schenkung ist aber, ob die Gewährung eines dem Übergeber im Übergabevertrag vorbehaltenen Wohnungsrechts durch den Übernehmer überhaupt als Gegenleistung anzusehen ist. Bei einer gemischten Schenkung erhält der Beschenkte die höherwertige Zuwendung in der Regel dafür, dass er für einen bestimmten wertmäßigen Teil der Zuwendung Aufwendungen aus seinem eigenen Vermögen macht, der dann nicht geschenkt

---

528 *BGH* v. 23.9.1981 – IVa ZR 185/80 – BGHZ 82, 274 (281).

529 Das *OLG Düsseldorf* nahm ein grobes Missverhältnis in einem Fall an, in dem die Gegenleistungen 57 % des Zuwendungswertes ausmachten, vgl. Urteil v. 15.3.1989 – 9 U 207/88 – ZfF 1989, 181 (183); vgl. zudem *VGH Baden-Württemberg* v. 15.4.1999 – 7 S 909/98 – NJW 2000, 376 (377). Kein auffallendes, grobes Missverhältnis war in folgenden Entscheidungen gegeben: Im vom *BGH* mit Urteil v. 6.3.1996 – IV ZR 374/94 – NJW-RR 1996, 754 (755), entschiedenen Fall, entsprach der Wert der Gegenleistung rund 81 % des Wertes der Zuwendung. Das *OLG Frankfurt a. M.* lehnte eine Vermutung der teilweisen Unentgeltlichkeit einer Grundstücksübertragung ab, weil der Wert der gesamten Gegenleistungen rund 89 % des Werts des übertragenen Hausgrundstücks ausmachte, vgl. Urteil v. 4.2.1999 – 15 U 58/98 – FamRZ 2000, 878 (879).

530 So bereits *Günther* NZS 1994, 66 (69).

531 Inzwischen höchstrichterlich anerkannt durch *BGH* v. 1.2.1995 – IV ZR 36/94 – NJW 1995, 1349 (1350).

wird.[532] Die Übernahme dinglicher Belastungen bei Schenkung eines Grundstücks stellt daher keine Gegenleistung des Beschenkten dar, weil der Beschenkte nicht mehr geleistet hat, als sich ohnehin zu seinen Lasten aus dem Gesetz ergibt.[533] Die Übernahme der Belastungen mindert lediglich den Wert des Geschenks.[534] In diesen Fällen liegt damit eine reine Schenkung vor.[535] Weiterhin hat der Bundesgerichtshof wiederholt ausgesprochen[536], dass in einem Übergabevertrag versprochenen Leibgedingsleistungen keine Gegenleistung im eigentlichen Sinne für die Übertragung des Grundbesitzes, sondern eine aus dem zugewendeten Vermögen zu leistende Auflage darstellen. Die Schenkung unter Auflage gemäß der §§ 525 bis 527 BGB ist eine Schenkung i. S. d. § 516 BGB mit der vertraglichen Nebenabrede[537], dass auch der Beschenkte zu einer Leistung i. S. v. § 242 Abs. 1 BGB verpflichtet ist.[538] Die Abgrenzung der Auflagenschenkung von der gemischten Schenkung richtet sich nach dem Parteiwillen und kann im Einzelfall Schwierigkeiten bereiten.[539] Gegensätzlich hat der Bundesgerichtshof denn auch den Fall beurteilt, dass sich der Beschenkte erst verpflichtet, dem Schenker bzw. einem Dritten lebenslang unentgeltlich Wohnung zu gewähren.[540] Grundlegender Unterschied zwischen den beiden Rechtsinstituten ist, dass bei der Auflagenschenkung die Auflage aus der Zuwendung als Minderung bzw. Einschränkung des zugewendeten Gegenstandes zu bewirken ist, während bei der gemischten Schenkung die Gegenleistung aus dem vor der Übergabe vorhandenen Vermögen

---

532 *Sefrin* in: jurisPK-BGB, § 525 Rn. 15; *Wimmer-Leonhardt* in: Staudinger-BGB, § 525 Rn. 23.

533 *BGH* v. 7.4.1989 – V ZR 252/87 – BGHZ 107, 156 (159). Die dinglichen Belastungen bestanden in einem Wohnungsrecht für die Schwester der Klägerin und in mehreren Grundpfandrechten.

534 *BGH* v. 7.4.1989 – V ZR 252/87 – BGHZ 107, 156 (159); *VG Düsseldorf* v. 10.6.2008 – 21 K 2144/07 – Rn. 54 f. zitiert nach juris m. w. N.

535 *Koch* in: MüKo-BGB, § 525 Rn. 2.

536 *BGH* v. 2.10.1951 – V ZR 77/50 – BGHZ 3, 206 (211); Bestätigung *ders.* v. 7.4.1989 – V ZR 252/87 – BGHZ 107, 156 (160).

537 Demgegenüber liegt bei einer Zweckschenkung lediglich eine tatsächliche Willensübereinstimmung der Vertragspartner vor, ohne dass eine vertragliche Einigung getroffen wurde.

538 *Gehrlein* in: Bamberger/Roth BeckOK-BGB, § 525 Rn. 1, 2; *Koch* in: MüKo-BGB, § 525 Rn. 1.

539 *Germer* BWNotZ 1987, 61 (61); *Schulze zur Wiesche* NJW 1975, 2089 (2090).

540 Eine Schenkung unter Auflage bejahte der *BGH* in seinem Urteil v. 2.10.1981 – V ZR 134/80 – JuS 1982, 381 (381). Dagegen nahm er im Urteil v. 4.2.1998 – XII ZR 160/96 – FamRZ 1998, 669 (669), eine gemischte Schenkung an.

des Beschenkten erfolgt. Bei der Schenkung unter Auflage besteht nur ein einseitiges Abhängigkeitsverhältnis, nämlich das der Leistung des Beschenkten von der des Schenkers.[541] Die Gewährung eines vorbehaltenen Wohnungsrechts i. S. d. § 1093 Abs. 1 Satz 1 BGB ist als Erfüllung einer Auflage zu beurteilen. Denn der Übernehmer erbringt als Zuwendungsempfänger lediglich eine Leistung auf der Grundlage bzw. aus dem Wert[542] des Zuwendungsgegenstandes, dem Hausgrundstück. Geschenkt ist der gesamte Schenkungsgegenstand. Die beschriebenen vertraglichen Vereinbarungen deuten nicht auf einen Leistungsaustausch hin. Das unabhängig von der Zuwendung vorhandene Vermögen des Beschenkten wird nicht belastet. Eine Gegenleistung aus seinem eigenen Vermögen läge vor, wenn eine Rentenzahlungspflicht oder eine Herauszahlungsverpflichtung in den Übergabevertrag mit aufgenommen worden wäre.[543] Die in dieser Arbeit untersuchte Fallkonstellation ist folglich als Schenkung unter Auflage gemäß § 525 Abs. 1 BGB einzuordnen. Der Schenkungscharakter des gesamten Rechtsgeschäfts bleibt erhalten und § 528 BGB findet Anwendung.

Selbst wenn man vom Vorliegen einer gemischten Schenkung ausginge, wäre § 528 BGB auf den Schenkungsteil anwendbar, weil alle Theorien zur rechtlichen Behandlung des Rechtsinstituts zu demselben Ergebnis gelangen würden. Nach der Einheitstheorie kämen kumulativ die Vorschriften über den entgeltlichen Teil des Rechtsgeschäfts und die Regeln über die Schenkung zur Anwendung. Der Trennungstheorie zufolge könnte wegen Verarmung des Schenkers jedenfalls der unentgeltliche Bestandteil nach § 528 BGB zurückgefordert werden. Ferner würde unter besonderer Würdigung des Parteiwillens Schenkungsrecht heranzuziehen sein. Zu diesem Ergebnis käme auch der Bundesgerichtshof, da der unentgeltliche Charakter überwiegt. Der Wert des Wohnungsrechts entspricht nur einem Bruchteil des Grundstückswertes.

Gemäß § 518 Abs. 1 BGB setzt die Rechtswirksamkeit einer Versprechensschenkung, also eines nicht sofort vollzogenen Schenkungsvertrages (sog. Handschenkung), die notarielle Beurkundung des Schenkungsversprechens des Schenkers voraus. Das Formgebot gilt grundsätzlich für alle Schenkungsversprechen, demgemäß auch für die Auflagenschenkung. Es umfasst auch die vertragliche Einigung über den Inhalt der Auflage. Sofern es sich bei dem

541 *RG* v. 7.3.1905 – VII 336/04 – RGZ 60, 238 (241).

542 Der teilweise vertretenen Ansicht, dass die Erfüllung der Auflage notwendigerweise aus dem zugewendeten Gegenstand selbst heraus erfolgen muss, wird nicht gefolgt. Vgl. dazu die Nachweise in Fn. 31 bei *Sefrin* in: jurisPK-BGB, § 525 Rn. 10.

543 Vgl. *Sefrin* in: jurisPK-BGB, § 516 Rn. 87.

Schenkungsgegenstand um ein Grundstück handelt, liegt eine beurkundungsfreie Handschenkung nur vor, wenn Schenkung und Auflassung gemäß § 925 Abs. 1 BGB gleichzeitig erfolgen.[544]

b) Zeitliche Voraussetzung: Vollziehung der Schenkung

Der Rückforderungsanspruch gemäß § 528 Abs. 1 BGB kann erst „nach" Vollziehung der Schenkung erhoben werden. Der Vollzug der Schenkung dient dabei lediglich als Abgrenzung gegenüber der Einrede des Notbedarfs gemäß § 519 BGB.[545] Die Vorschrift des § 519 BGB gewährt dem armen Schenker ein Leistungsverweigerungsrecht. Es ist daher für § 528 Abs. 1 BGB nicht erforderlich, dass die Bedürftigkeit gerade durch die Schenkung herbeigeführt worden ist.[546] Weiter muss sie auch nicht erst nach Vollzug der Schenkung eintreten. Das Recht aus § 528 Abs. 1 BGB wird vielmehr nur durch die Verarmung ausgelöst.[547]

Für die Frage, wann die Schenkung vollzogen ist, erlangt der in seinen Einzelheiten umstrittene Vollzugsbegriff des § 518 Abs. 2 BGB Bedeutung.[548] Aus dem Zusammenhang zwischen dem Recht aus § 519 BGB, vor Vollzug die Leistung wegen ungedeckten Notbedarfs zu verweigern, und dem Recht aus § 528 BGB, nach Vollzug die Zuwendung wegen Verarmung zurückzufordern, folgt, dass Vollzug i. S. dieser Normen frühestens mit Erreichen eines gewissen Erfüllungsstadiums, spätestens aber mit Eintritt des Leistungserfolgs gegeben ist.[549] Der Bundesgerichtshof lässt es für den Schenkungsvollzug i. S. d. § 518 Abs. 2 BGB in ständiger Rechtsprechung[550] bereits genügen, dass der Schenker alle seinerseits erforderlichen Leistungshandlungen freiwillig vorgenommen hat. Dies entspricht

544 *Jakoby* Rpfleger 1994, 49 (49 ff.).

545 *BGH* v. 19.10.2004 – X ZR 2/03 – FamRZ 2005, 177 (178); *ders.* v. 7.11.2006 – X ZR 184/04 – DNotZ 2007, 283 (285); *Germer* BWNotZ 1987, 61 (62).

546 *Hoppenz* in: PWW-BGB, § 528 Rn. 3; so bereits auch *Mezger* in: RGRK-BGB, § 528 Rn. 5.

547 *BGH* v. 28.10.2003 – X ZR 118/02 – WM 2004, 337 (338).

548 *Koch* in: MüKo-BGB, § 528 Rn. 3.

549 Überzeugend *Schippers* RNotZ 2006, 42 (46).

550 *BGH* v. 11.6.1960 – V ZR 200/58 – WM 1960, 1032 (1034); *ders.* v. 6.3.1970 – V ZR 57/67 – NJW 1970, 941 (942); *ders.* v. 11.1.1984 – IVa ZR 30/82 – FamRZ 1985, 693 (695); *ders.* v. 5.3.1986 – IVa ZR 141/84 – NJW 1986, 2107 (2108); *ders.* v. 17.9.1986 – IVa ZR 13/85 – BGHZ 98, 226 (230); *ders.* v. 12.11.1986 – IVa ZR 77/85 – BGHZ 99, 97 (99); *ders.* v. 10.5.1989 – IVa ZR 66/88 – NJW-RR 1989, 1282 (1283).

der wohl herrschenden Meinung[551]. Wann der Schenker alles zum Erwerb Erforderliche getan hat, hängt danach von der Art des Schenkungsgegenstandes ab. Bei einer Grundstücksschenkung reiche der Erwerb eines Anwartschaftsrechts aus. Hingegen verlangen andere[552] zusätzlich den Eintritt des Leistungserfolges. Danach käme es auf die Eigentumsumschreibung im Grundbuch an. Auf eine umfassende Darstellung der widerstreitenden Ansichten und eine Stellungnahme muss an dieser Stelle verzichtet werden. Weiterführend wird auf die zahlreichen Rechtsprechungs- und Literaturnachweise verwiesen. Bei schenkweisen Übertragungen von Grundbesitz zeigt sich jedenfalls, indem die Rechtsprechung das Entstehen eines Anwartschaftsrechts für den Vollzug voraussetzt, dass der Beschenkte zumindest eine gewisse gesicherte Rechtsposition erlangt haben muss. Denn ein Anwartschaftsrecht liegt vor, wenn von dem mehraktigen Entstehungstatbestand eines Rechts schon so viele Erfordernisse erfüllt sind, dass von einer gesicherten Rechtsposition des Erwerbers gesprochen werden kann, die der andere an der Entstehung des Rechtes Beteiligte nicht mehr einseitig zu zerstören vermag.[553] Der Schenker kann dann nicht mehr über den Schenkungsgegenstand verfügen und ihn damit nicht für seinen Unterhalt einsetzen. Die Vollziehung der Schenkung kann daher schon mit der Auflassung gemäß § 925 Abs. 1 Satz 1 BGB vorliegen. Dabei ist jedoch zu berücksichtigen, dass die Bindung nach § 873 Abs. 2 BGB keine Verfügungsbeschränkung bewirkt. Die Möglichkeit der einseitigen Zerstörung der Rechtsposition des Auflassungsempfängers durch den Veräußerer besteht erst dann nicht mehr, wenn der Auflassungsempfänger selbst den Eintragungsantrag beim Grundbuchamt eingereicht hat oder zu seinen Gunsten eine Auflassungsvormerkung im Grundbuch eingetragen ist.[554] Steht lediglich die Bewirkung der Eintragung durch das Grundbuchamt aus, liegt der Eintritt des Leistungserfolgs nicht mehr im Einflussbereich des Schenkers. Die Auflassungsvormerkung gewährt

---

551 *LG Köln* v. 10.5.1973 – 2 O 44/71 – NJW 1973, 1880 (1880 f.); *Germer* BWNotZ 1987, 61 (62); *Schippers* RNotZ 2006, 42 (44 ff.); *Speckmann* NJW 1978, 358 (358); *Weidenkaff* in: Palandt-BGB, § 518 Rn. 9; *Wimmer-Leonhardt* ZEV 2007, 136 (137); *dies.* in: Staudinger-BGB, § 518 Rn. 19 ff.

552 Vgl. *Gehrlein* in: Bamberger/Roth BeckOK-BGB, § 518 Rn. 6; *Herrmann* S. 130 ff.; *dies.* MDR 1980, 883 (884 ff.); *dies.* in: Erman-BGB, § 518 Rn. 5; *Koch* in: MüKo-BGB, § 518 Rn. 11 ff.; *Mühl/Teichmann* in: Soergel-BGB, § 518 Rn. 9; *Reinicke* NJW 1970, 1447 (1447 ff.); *Reinicke* JA 1982, 326 (327); *Schiemann* JZ 2000, 570 (571); *Seibert* JZ 1981, 380 (380 ff.); *Sefrin* in: jurisPK-BGB, § 518 Rn. 21.

553 *BGH* v. 25.2.1966 – V ZR 129/63 – BGHZ 45, 186 (188 f.); *ders.* v. 18.12.1967 – V ZB 6/ 67 – BGHZ 49, 197 (201); *Eckert* Sachenrecht, Rn. 1015 m. w. N.

554 *BGH* v. 30.4.1982 – V ZR 104/81 – BGHZ 83, 395 (398).

nach den §§ 883 Abs. 2, 888 BGB Schutz vor einer anderweitigen Verfügung des Veräußerers.

c) Sachliche Voraussetzung: Notbedarf des Schenkers

Sachliche Voraussetzung des Anspruchs ist das Unvermögen des Schenkers, seinen eigenen angemessenen Unterhalt zu bestreiten oder die ihm gesetzlich obliegenden Unterhaltsverpflichtungen gegenüber seinen Verwandten, seinem Ehegatten, seinem Lebenspartner oder seinem früheren Ehegatten oder Lebenspartner zu erfüllen. Der Anspruch entsteht mit Eintritt der Notlage.[555]

Dem Schenker wird ein angemessener Unterhalt gewährt. Für die Beurteilung der Angemessenheit gelten die im Zusammenhang mit den Begriffen des familienrechtlichen Unterhalts, vgl. § 1610 Abs. 1 BGB, entwickelten Grundsätze entsprechend.[556] Die Geltendmachung des Rückforderungsanspruchs gemäß § 528 Abs. 1 BGB stellt einen Eingriff in den Bestand der vollzogenen Schenkung dar. Der Schenker kann nicht verlangen, schlechthin wieder so gestellt zu werden, als habe er die Schenkung überhaupt nicht vorgenommen.[557] Vielmehr verweist ihn die Anknüpfung an den angemessen Unterhalt auf einen Unterhalt, der nicht zwingend seinem bisherigen gewohnten Lebensstil entsprechen muss, sondern der objektiv seiner Lebensstellung nach der Schenkung angemessen ist.[558] Auch auf sonstige noch offene Verpflichtungen kommt es nicht an.[559] Ob der Schenker diese Verpflichtungen erfüllen kann, ist deshalb unerheblich, weil das Vertrauen des Beschenkten auf den Bestand der Schenkung nach deren Vollziehung schutzwürdiger ist und die übrigen Gläubiger „keinen Befriedigungsvorrang" mehr genießen.[560] Die Ermittlung des Notbedarfs ist abhängig vom gegenwärtigen Aktivvermögen. Der Schenker ist nicht im Stande, seinen angemessenen Unterhalt zu bestreiten bzw. seinen gesetzlichen Unterhaltsverpflichtungen nachzukommen, wenn sein Aktivvermögen unter Berücksichtigung von Einkünften und Substanz sowie

---

555 *BGH* v. 26.10.1999 – X ZR 69/97 – NJW 2000, 728 (729); für eine Entstehung sobald bei objektiver Betrachtung feststeht, dass zur Deckung eines bevorstehenden Notbedarfs Aufwendungen erforderlich sind, *Kollhosser* ZEV 2001, 289 (290).

556 *BGH* v. 11.7.2000 – X ZR 126/98 – NJW 2000, 3488 (3489). Damit ist eine Orientierung an den einschlägigen Unterhaltstabellen möglich, vgl. *Wimmer-Leonhardt* in: Staudinger-BGB, § 528 Rn. 11.

557 *BGH* v. 5.11.2002 – X ZR 140/01 – NJW 2003, 1384 (1387).

558 *BGH* v. 5.11.2002 – X ZR 140/01 – NJW 2003, 1384 (1387).

559 *Weidenkaff* in: Palandt-BGB, § 528 Rn. 5; *Germer* BWNotZ 1987, 61 (62).

560 *Koch* in: MüKo-BGB, § 528 Rn. 3.

gesicherten Erwerbsaussichten und zumutbaren Erwerbsmöglichkeiten nicht ausreicht, die Unterhaltskosten zu tragen.[561] Dem Aktivvermögen sind die Aufwendungen für den eigenen Lebensunterhalt und die gesetzlichen Unterhaltspflichten gegenüberzustellen. Zur Feststellung des Notbedarfs ist also eine Vermögensbilanzierung durchzuführen. Eine gänzlich unwirtschaftliche Vermögensverwertung kann vom Schenker nicht verlangt werden.[562] Zur Feststellung des Notbedarfs sind gesetzliche Unterhaltsansprüche hingegen nicht zu berücksichtigen, weil § 528 Abs. 1 BGB den Schenker gerade dazu in die Lage versetzen soll, seinen Unterhalt möglichst selbst zu bestreiten.[563] Der Bezug von Sozialhilfe bietet jedenfalls eine ausreichende Grundlage für die Annahme, dass der Schenker notbedürftig ist.[564] Maßgeblicher Zeitpunkt für die Einstandspflicht des Schenkungsvermögens hinsichtlich des auf den Sozialhilfeträger übergeleiteten Rückforderungsanspruchs des Schenkers i. S. v. § 528 Abs. 1 Satz 1 BGB ist die Einkommens- und Vermögenslage des Schenkers im Zeitpunkt der zur Bewilligung der Hilfe führenden Beantragung von Sozialhilfe.[565]

d) Mehrere Beschenkte

Haben Eltern mehrere Kinder und machen Sie deshalb nicht nur eine Zuwendung, stellt sich die Frage nach dem Verhältnis zwischen den rückgewährpflichtigen Beschenkten. § 528 Abs. 2 BGB bestimmt ein Rangverhältnis, nach welchem unter mehreren Beschenkten der früher Beschenkte nur insoweit haftet, als der später Beschenkte nicht verpflichtet ist. Mehrere Schenkungen sind demnach in umgekehrter Reihenfolge ihrer Vornahme abzuwickeln. Denn frühere Schenkungen beeinträchtigen die Unterhaltsinteressen des Schenkers weniger als die späteren. Um die zeitliche Reihenfolge der Leistungen zu bestimmen, ist auf den Zeitpunkt

561 *Gehrlein* in: Bamberger/Roth BeckOK, § 528 Rn. 2; *Wimmer-Leonhardt* in: Staudinger-BGB, § 528 Rn. 9.

562 *Germer* BWNotZ 1987, 61 (62). Der *BGH* führte in seiner Entscheidung v. 5.11.2002 – X ZR 140/01 – NJW 2003, 1384 (1385), aus, dass der Schenkerin im Hinblick auf ihr fortgeschrittenes Alter und ihren angegriffenen Gesundheitszustand ein Umzug von einer großzügig geschnittenen Eigentumswohnung in eine andere kleinere Wohnung nicht zuzumuten sei.

563 *BGH* v. 25.4.2001 – X ZR 229/99 – BGHZ 147, 288 (290); *Zeranski* S. 22.

564 *BGH* v. 17.1.1996 – IV ZR 184/ 94 – NJW 1996, 987 (987).

565 *BGH* v. 20.5.2003 – X ZR 246/02 – BGHZ 155, 57 (61); vgl. auch *Rundel* MittBayNot 2003, 177 (178).

des Vertragsschlusses zwischen Schenker und Beschenktem abzustellen.[566] Als Haftungsobergrenze des früher Beschenkten dient demnach nicht der volle ungedeckte Bedarf, sondern der Restbedarf, der übrig bleibt, wenn man den vollen Bedarf um die Herausgabepflichten aller vorrangig haftenden später Beschenkten vermindert.[567] Eine solche Verminderung der Haftungsobergrenze nach § 528 Abs. 2 BGB kann es bei gleichzeitig Beschenkten nicht geben. Von gleichzeitigen Schenkungen ist nach dem Bundesgerichtshof[568] insbesondere auszugehen, wenn mehrere Schenkungen durch den gleichen notariellen Vertrag als Bestandteile eines einheitlichen Rechtsgeschäfts zur vorweggenommenen Regelung der Erbfolge vorgenommen wurden. Benötigt der verarmte Schenker zur Deckung seines Unterhaltsbedarfs nicht alle Geschenke, stellt sich die Frage, ob gleichzeitig Beschenkte auf Herausgabe ihrer Geschenke gemäß § 528 Abs. 1 Satz 1 BGB nur anteilig haften, oder ob jeder von ihnen, wenn er in Anspruch genommen wird, den vollen Bedarf des Schenkers zu decken hat. Erstmalig erging dazu im Jahre 1991 eine höchstrichterliche Entscheidung[569]. Die Vorinstanz[570] sprach sich für eine Aufspaltung nach Haftungsanteilen aus und begründete dies damit, dass es sich bei § 528 BGB um einen gesetzlich normierten Fall des Wegfalls der Geschäftsgrundlage handle. Die anteilige Haftung folge aus einer zweckmäßigen Anpassung des Vertrags. Der Schenker dürfe nicht nach Belieben auswählen können, von welchem der gleichzeitig Beschenkten er Herausgabe verlange, weil dem Leistenden kein Ausgleichsanspruch gegen die übrigen Beschenkten zukomme und er folglich unangemessen benachteiligt werde. Der Unterhalt des Schenkers werde durch die Beschränkung der Herausgabeansprüche auch nicht übermäßig gefährdet. Denn lasse sich ein entsprechend gekürzter Herausgabeanspruch gegen einen der gleichzeitig Beschenkten nicht durchsetzen, könne der Schenker sich später dann doch

566 Eingehend dazu *Heiter* JR 1995, 313 (315 f.). Nach anderer Ansicht komme es grundsätzlich auf den Vollzug des schuldrechtlichen Verpflichtungsgeschäftes an, vgl. *Sefrin* in: jurisPK-BGB, § 528 Rn. 41. Allerdings sei im Zweifel auf den Vertragsschluss abzustellen, wenn der Vollzug von Zufälligkeiten abhängt, z. B. von der Bearbeitungsdauer im Grundbuchamt. Die divergierenden Ansichten kommen hier also zum selben Ergebnis.

567 *BGH* v. 13.2.1991 – IV ZR 108/90 – WM 1991, 1311 (1313); kritisch zu dieser Rechtsprechung *Heiter* JR 1995, 313 (316).

568 Vgl. *BGH* v. 28.10.1997 – X ZR 157/96 – BGHZ 137, 76 (81).

569 *BGH* v. 13.2.1991 – IV ZR 108/90 – WM 1991, 1311–1313.

570 *OLG Düsseldorf* v. 8.3.1990 – 5 U 100/89, nicht abgedruckt.

an die übrigen Beschenkten halten.[571] Dementgegen biete § 528 BGB nach Auffassung des Bundesgerichtshofes keine tragfähige Grundlage für eine derartige Vorläufigkeit der Aufspaltung nach Anteilen. Zudem würde eine Aufspaltung nicht selten den Unterhalt des notbedürftigen Schenkers gefährden, weil im Herausgabeprozess zusätzlich geklärt werden müsste, in welchem Umfang alle gleichzeitig Beschenkten bereichert und zur Herausgabe verpflichtet sind. Der dadurch gerade bei anderen als Geldgeschenken verursachte Aufwand könne die betreffenden Verfahren erheblich verzögern. Der Bundesgerichtshof rückt damit die Effektivität des Rückgewähranspruchs in den Vordergrund und erteilt richtigerweise[572] einer Haftungsbeschränkung auf einen dem jeweiligen Geschenk entsprechenden Teil unter Wahrung des Schutzzwecks von § 528 Abs. 1 Satz 1 BGB eine Absage. Mehrere gleichzeitig Beschenkte haften folglich gleichrangig nebeneinander. Der Senat schloss sich auch nicht den Überlegungen des Berufungsgerichts an, dass, wer sein Geschenk voll herausgebe, unangemessen benachteiligt werde. Denn auch wenn die gleichzeitig Beschenkten im Innenverhältnis – also untereinander – gleichzustellen sein sollten, muss dies nicht auch zwangsläufig für das Außenverhältnis – zwischen Schenker und Beschenktem – gelten. Der Bundesgerichtshof ließ aber die Frage unbeantwortet, ob dem in Anspruch Genommenen Ausgleichsrechte gegen die übrigen Beschenkten zustehen.

Mit der Frage des Innenausgleichs befasste sich der Bundesgerichtshof 1997[573] und entschied, dass zwischen mehreren gleichzeitig Beschenkten hinsichtlich des Rückforderungsanspruchs nach § 528 Abs. 1 BGB eine gesamtschuldnerische Beziehung besteht, die nach § 421 BGB dadurch gekennzeichnet ist, dass der Gläubiger von jedem Schuldner die volle Leistung verlangen kann, die zu ihrer Erbringung Verpflichteten sie insgesamt jedoch nur einmal erbringen müssen.[574] Der Annahme einer gesamtschuldnerischen Verbundenheit der gleichzeitig Beschenkten ist zuzustimmen. Es darf nicht in den Händen des Schenkers liegen, wen letztlich die Folgen seiner Verarmung treffen sollen. Und selbst wenn verschiedene individuelle Schenkungsgegenstände von der Rückforderung umfasst sind, ist „eine Leistung" i. S. v. § 421 BGB geschuldet. Dafür genügt eine an der

571 Der zum Ausdruck kommende Gedanke des *OLG Düsseldorf* v. 8.3.1990 – 5 U 100/89 – entspricht der Regelung des § 426 Abs. 1 Satz 2 BGB.

572 Kritisch *Rundel* MittBayNot 2003, 177 (182).

573 *BGH* v. 28.10.1997 – X ZR 157/96 – BGHZ 137, 76–89.

574 In der Literatur erfährt diese Sichtweise u. a. Zustimmung von: *Günther* NZS 1994, 66 (69); *Koch* in: MüKo-BGB, § 528 Rn. 27; *Ruby* ZEV 2005, 102 (105); *Vaupel* RNotZ 2009, 497 (520); *Wimmer-Leonhardt* in: Staudinger-BGB, § 528 Rn. 34.

Grenze zur inhaltlichen Gleichheit liegende enge Verwandtschaft[575]; teilweise[576] wird sogar die bloße Identität des Gläubigerinteresses als ausreichend erachtet. Jeder einzelne Beschenkte haftet demnach gemäß § 528 Abs. 1 BGB lediglich bis zum Höchstmaß des Unterhaltsbedarfs des Schenkers und nach § 818 Abs. 2 und 3 BGB[577] begrenzt auf die noch vorhandene eigene Bereicherung. Die Inanspruchnahme eines Beschenkten löst dabei einen internen Ausgleichsanspruch entsprechend § 426 Abs. 1 BGB aus.[578] Die gleichzeitig Beschenkten haften im Innenverhältnis zu gleichen Teilen, also unabhängig vom Wert der Schenkungen.

3. Rechtsfolgen

Der verarmte Schenker kann von dem Beschenkten die Geschenkherausgabe nach den Vorschriften über die Herausgabe einer ungerechtfertigten Bereicherung fordern. Greift § 528 Abs. 1 Satz 1 BGB ein, nimmt das Gesetz folglich den Schenkungen des verarmten Schenkers ihre schuldrechtlichen Wirkungen.[579] Nach allgemeiner Meinung[580] handelt es sich dabei um einen Rechtsfolgenverweis. Die Verweisung ins Bereicherungsrecht kennzeichnet nur Art und Umfang des Anspruchs aus § 528 Abs. 1 Satz 1 BGB. Als mögliche Anspruchsinhalte kommen Naturalrestitution i. S. d. § 818 Abs. 1 BGB oder nachrangig Wertersatz nach Abs. 2 der Vorschrift in Betracht. Begrenzt wird der Anspruch durch den Entreicherungseinwand nach § 818 Abs. 3 BGB. Die Anwendbarkeit von § 822 BGB im Rahmen von § 528 BGB ist umstritten.

---

575 Zur Erweiterung des Gesamtschuldbegriffs vgl. *BGH* v. 1.2.1965 – GSZ 1/64 – BGHZ 43, 227 (232 ff.). Dem Vorlagebeschluss lag der Fall zugrunde, dass ein Architekt gemäß § 635 BGB auf Schadensersatz in Geld in Anspruch genommen wird, den Bauunternehmer demgegenüber möglicherweise nur die Pflicht zur Mangelbeseitigung gemäß § 633 Abs. 2 BGB traf. Vgl. ferner *Medicus/Petersen* BGB, Rn. 926.

576 *Wolf* in: Soergel-BGB, § 421 Rn. 18.

577 Zu den Rechtsfolgen sogleich.

578 *BGH* v. 28.10.1997 – X ZR 157/96 – BGHZ 137, 76 (85).

579 Vgl. *BGH* v. 13.2.1991 – IV ZR 108/90 – WM 1991, 1311 (1312).

580 Vgl. *BGH* v. 19.12.2000 – X ZR 146/99 – NJW 2001, 1207 (1208) m. w. N.; *OLG Köln* v. 26.6.1985 – 26 U 6/85 – FamRZ 1986, 988 (989); *Gehrlein* in: Bamberger/Roth BeckOK-BGB, § 528 Rn. 3; *Hadding* in: FS Mühl, S. 234 m. w. N.; *Knütel* NJW 1989, 2504 (2504); *Wimmer-Leonhardt* in: Staudinger-BGB, § 528 Rn. 17.

a) Naturalrestitution, § 818 Abs. 1 BGB

Der verarmte Schenker hat nach § 528 Abs. 1 Satz 1 i. V. m. §§ 812 ff. BGB Anspruch auf Herausgabe des Geschenks, sobald und soweit er es für seinen eigenen angemessenen Unterhalt oder für die Erfüllung seiner gesetzlichen Unterhaltspflichten benötigt. Mithin besteht der Rückforderungsanspruch lediglich in Höhe des jeweils benötigten Unterhalts, bis das Schenkungsobjekt im Wert erschöpft ist.[581] Danach sind je nach den Umständen des Einzelfalls entweder eine Teilherausgabe oder aber eine Vollherausgabe des Geschenks möglich.[582] Die Naturalrestitution ist auf Wiederbeschaffung von Eigentum und Besitz am Schenkungsgegenstand selbst gerichtet. Wenn beispielsweise der Unterhaltsbedarf des Schenkers geringer ist als der Wert des Geschenks, so kann bei einem teilbaren Schenkungsgegenstand wie z. B. einer Geldzuwendung nur der dem Bedarf entsprechende Teil heraus verlangt werden.[583] Ein Hausgrundstück stellt andererseits eine real unteilbare Zuwendung dar, so dass im Umfang der Herausgabepflicht Wertersatz gemäß § 818 Abs. 2 BGB[584] bis zur Höhe des Geschenkwerts zu leisten ist, wenn der Notbedarf geringer ist als der Wert des Schenkungsgegenstandes.[585] Die vollständige Herausgabe des Schenkungsgegenstands kann dagegen nur geltend gemacht werden, wenn der Notbedarf genauso groß oder größer ist als der Wert der Schenkung. Dabei ist es gleichgültig, ob es sich um ein teilbares oder unteilbares Geschenk handelt. Nur im Ausnahmefall wird die Bedarfslücke den Verkehrswert des Hausgrundstücks übersteigen.[586] Weiterhin wird die Rückforderung des gesamten Grundstücks regelmäßig nicht vom Sozialhilfeträger angestrebt, weil die anschließende Verwertung des Grundstücks Aufwand und Kosten mit sich bringt.[587] Für den Sozialhilfeträger von Interesse sind primär Geldleistungen.

581 *BGH* v. 17.1.1996 – IV ZR 184/94 – NJW 1996, 987 (987 f.).

582 Die Begrifflichkeiten werden von *Ruby* ZEV 2005, 102 (103), verwendet.

583 *BGH* v. 17.1.1996 – IV ZR 184/94 – NJW 1996, 987 (987 f.).

584 Dazu sogleich.

585 Vgl. *BGH* v. 29.3.1985 – V ZR 107/84 – BGHZ 94, 141 (143 f.); *BVerwG* v. 25.6.1992 – 5 C 37/88 – BVerwGE 90, 245 (247); *Herrmann* in: Erman-BGB, § 528 Rn. 3; *Hörlbacher* ZEV 1995, 202 (202); *Krauß* MittBayNot 2002, 248 (249); so bereits auch *Mezger* in: RGRK-BGB, § 528 Rn. 5.

586 *Eupen* GE 2010, 1398 (1400).

587 *Mensch* BWNotZ 2009, 162 (169).

b) Wertersatz, § 818 Abs. 2 BGB

Handelt es sich, wie in dem der Untersuchung zugrunde liegenden Fall der Schenkung eines Hausgrundstücks, um einen unteilbaren Schenkungsgegenstand und bedarf der Schenker nur eines Teils des Geschenks, so kann er nach § 818 Abs. 2 BGB von vornherein nur Wertersatz in Höhe des seiner Bedürftigkeit entsprechenden Wertteils des Geschenks geltend machen. Er kann also allein für denjenigen Teil Wertersatz verlangen, der wertmäßig zur Deckung des Notbedarfs zwar ausreichend wäre, dessen Herausgabe jedoch wegen Unteilbarkeit des Hausgrundstücks unmöglich ist.[588] Dies gilt natürlich ebenso, wenn der Anspruch auf den Träger der Sozialhilfe übergeleitet worden ist, die Hilfeleistung aber nicht den Wert des Geschenks erreicht.[589] Der Sozialhilfeträger kann somit unmittelbar Zahlung verlangen und nicht auf eine Rückforderung des geschenkten Grundstücks verwiesen werden. Folglich ist keine Herausgabe- sondern eine Zahlungsklage zu erheben. Besteht ein wiederkehrender Bedarf wie z. B. in Gestalt von periodisch anfallenden Heimunterbringungs- oder Pflegekosten, kann der Sozialhilfeträger nur eine wiederkehrende Leistung in der dem Bedarf entsprechenden Höhe geltend machen und zwar so lange, bis der Wert des Schenkungsgegenstandes erschöpft ist.[590] Es handelt sich um einen einheitlichen Anspruch auf teilweise Herausgabe des Geschenkes in Form von Geldersatzleistungen.[591] Da der Zweck der Einschränkung des Rückforderungsanspruchs auf den jeweils sukzessive entstehenden Unterhaltsbedarf darin liegt, den Beschenkten zu schonen, ist eine Befreiung von der Teilwertersatzpflicht in Geld aus den §§ 528 Abs. 1 Satz 1, 818 Abs. 2 BGB durch Herausgabe des ganzen Geschenks in natura möglich.[592]

---

588 *BGH* v. 29.3.1985 – V ZR 107/84 – BGHZ 94, 141 (143 f.).

589 *BGH* v. 29.3.1985 – V ZR 107/84 – BGHZ 94, 141 (144).

590 *BVerwG* v. 25.6.1992 – 5 C 37/88 – BVerwGE 90, 245 (247); vgl. *Koch* in: MüKo-BGB, § 528 Rn. 5, und *Wimmer-Leonhardt* in: Staudinger-BGB, § 528 Rn. 17, jew. m. w. N. zur Rechtsprechung des *BGH*.

591 Der *BGH* grenzte in seinem Urteil v. 11.3.1994 – V ZR 188/92 – BGHZ 125, 283 (285 f.), diesen Anspruch gegenüber einem Unterhaltsanspruch ab, der sich als „Stammrecht" darstellt, aus dem einzelne abtrennbare Ansprüche fließen.

592 Eine solche „umgekehrte Ersetzungsbefugnis" hat der *BGH* nunmehr mit Urteil v. 17.12.2009 – Xa ZR 6/09 – NJW 2010, 2655 (2656), bejaht; noch offen gelassen *ders.* v. 11.3.1994 – V ZR 188/92 – BGHZ 125, 283 (285). Das überwiegende Schrifttum leitet diese Befreiungsmöglichkeit aus § 242 BGB oder § 528 Abs. 1 Satz 2 BGB analog ab: *Franzen* FamRZ 1997, 528 (532); *Krauß* ZEV 2001, 417 (424); *Ruby* ZEV 2005, 102 (106); *Rundel* MittBayNot 2003, 177 (179); *Schwarz* JZ 1997, 547 (547); *Wimmer-Leonhardt* in: Staudinger-BGB, § 528 Rn. 17. Bisher einschränkend

Dadurch wird exakt der Zustand herbeigeführt, der bestehen würde, wenn die betreffende Zuwendung nicht erfolgt wäre. Es besteht kein Anlass, dem Beschenkten zwingend das Verwertungsrisiko aufzubürden.

c) Entreicherung, § 818 Abs. 3 BGB

Dem Rückforderungsanspruch kann grundsätzlich der Einwand des Wegfalls der Bereicherung nach § 818 Abs. 3 BGB entgegengehalten werden. Danach wird die Herausgabepflicht reduziert oder entfällt ganz, falls der Beschenkte das Geschenk ersatzlos und ohne Ersparnis an anderer Stelle verbraucht hat.[593] Möglicherweise ist aber die verschärfte Haftung des Beschenkten nach den §§ 814 Abs. 4, 819 Abs. 1 BGB zu beachten.[594] Bei Rechtshängigkeit oder Bösgläubigkeit kann der Entreicherungseinwand nicht erhoben werden.

Nach der in dieser Arbeit vertretenen Auffassung liegt in der schenkweisen Übertragung eines Hausgrundstücks unter Vorbehalt eines dinglichen Wohnungsrechts gemäß § 1093 Abs. 1 Satz 1 BGB eine Auflagenschenkung i. S. v. § 525 BGB.[595] Der Wert der Auflage ist als eine den unentgeltlichen Teil der Zuwendung vermindernde Verrechnungsposition zu erfassen.[596] D. h. der kapitalisierte Wert des Wohnungsrechts mindert den Wert des dem Beschenkten übertragenen Hausgrundstücks.[597]

d) Anwendbarkeit des § 822 BGB

Die Rechtslage ist strittig, wenn das verschenkte Grundstück von dem Beschenkten zwischenzeitlich an einen Dritten ebenfalls unentgeltlich weitergegeben wurde. Typisch sind hier die Fälle, in denen die beschenkten Abkömmlinge die Schenkung bereits an die eigenen Kinder weitergeleitet haben. Soweit die

---

im Hinblick auf den Wortlaut von § 818 Abs. 2 BGB *Hörlbacher* ZEV 1995, 202 (202, 204 f.), und *Skibbe* ZEV 1994, 255 (255 f.), die beide aber eine entsprechende vertragliche Vereinbarung für zulässig halten. Unter anderem auf die Frage, ob angesichts des aktuellen Urteils des *BGH* noch vertragliche Modifikationsregelungen vonnöten sind, geht *Krauß* NotBZ 2010, 141 (141, 143), in seiner Anmerkung ein. Ein Formulierungsvorschlag findet sich bei *Eupen* GE 2010, 1398 (1402).

593 *Herrmann* in: Erman-BGB, § 528 Rn. 3.

594 Vgl. *BGH* v. 19.12.2000 – X ZR 146/99 – NJW 2001, 1207 (1208); *LG Karlsruhe* v. 5.8.1993 – 5 S 115/93 – NJW 1994, 137 (138).

595 Siehe oben Teil C/III./2./a)/cc).

596 *Sefrin* in: jurisPK-BGB, § 528 Rn. 26.

597 Vgl. *VGH Baden-Württemberg* v. 15.4.1999 – 7 S 909/98 – NJW 2000, 376 (377).

§§ 818 Abs. 4, 819 Abs. 1 BGB nicht eingreifen, ist der Beschenkte gemäß § 818 Abs. 3 nicht mehr bereichert. Ist der ursprüngliche Schenker, der Großvater oder die Großmutter, bedürftig geworden, weil er aus dem laufenden Einkommen die Kosten für die Unterbringung in dem Pflegeheim nicht aufzubringen vermag, ist fraglich, ob er das Geschenk auch von dem Zweitbeschenkten gemäß § 822 BGB herausfordern kann. Nach § 822 BGB schuldet, soweit die Verpflichtung des Bereicherungsschuldners zur Herausgabe des Erlangten ausgeschlossen ist, ein Dritter die Herausgabe, falls dieser seinerseits das Erlangte vom Bereicherungsschuldner unentgeltlich erlangt hat. Mittelbar würde sich durch die Zulassung des bereicherungsrechtlichen Durchgriffs auf den Zweitbeschenkten im Wege der Überleitung nach § 93 SGB XII eine Eingriffsbefugnis des Sozialhilfeträgers auf das Grundstück ergeben.

Das OLG Düsseldorf[598] hat die Frage nach der Anwendbarkeit des § 822 BGB im Rahmen des § 528 BGB im Wege einer am Wortlaut orientierten Auslegung des § 528 Abs. 1 Satz 1 BGB verneint.[599] Nach dem Wortlaut sei Anspruchsgegner der Herausgabe nur der Beschenkte und nicht eine dritte Person. Die Rechtsfolgenverweisung in Abs. 1 Satz 1 diene ausschließlich der näheren Bestimmung des Anspruchs des Schenkers und keinesfalls der Schaffung weiterer Ansprüche gegen Dritte. Eine solche enge Auslegung erscheine im Interesse des Beschenkten sachgerecht, weil § 528 BGB eine Durchbrechung des Grundsatzes der Rechtsbeständigkeit der Schenkung und des Vertrauensschutzes aus Billigkeitserwägungen heraus vorsehe. Diesem Ausnahmecharakter der Norm müsse Rechnung getragen werden. Darüber hinaus bestehen nach *Koch*[600] verfassungsrechtliche Bedenken im Hinblick auf Art. 14 Abs. 1 Satz 2 GG gegenüber einer weiten Auslegung der §§ 528, 822 BGB. Mittels der Überleitung eines zivilrechtlichen Anspruchs würden dem Sozialhilfeträger Zugriffsmöglichkeiten auf das Eigentum Dritter gewährt werden, die auf dem Gebiet des öffentlichen Rechts nicht zu erzielen seien.

Der Bundesgerichtshof[601] vertritt demgegenüber mit Blick auf den Normzweck den Standpunkt, dass im Rahmen des § 528 Abs. 1 Satz 1 BGB auch § 822 BGB entsprechend anwendbar sei. Dass § 822 BGB von der Verweisung in § 528 Abs. 1

598 Urteil v. 24.5.1984 – 18 U 220/83 – FamRZ 1984, 887 (890).

599 Vgl. ferner bereits *OLG Dresden* v. 28.1.1907 – 1 O 196/06 – SächsArch 1908, 480 (481).

600 *Koch* JR 1993, 313 (316).

601 Grundlegend *BGH* v. 3.2.1989 – V ZR 190/87 – BGHZ 106, 354 (356 ff.); Anschluss *OLG Koblenz* v. 13.6.1990 – 5 U 75/90 – NJW-RR 1991, 1218 (1218); bestätigt durch *BGH* v. 23.9.1999 – X ZR 114/96 – NJW 2000, 134 (136).

Satz 1 BGB erfasst sei, entspricht auch der überwiegenden Auffassung im Schrifttum[602]. Geboten sei eine weite Auslegung, die den Zweck der Vorschrift wahrt. Auch wenn der Schenker selbst notbedürftig wird, soll er noch in der Lage sein, seinen Unterhalt zunächst aus dem eigenen Vermögen zu bestreiten. Müsste ein Dritter, an den der Schenkungsgegenstand unentgeltlich weitergegeben worden ist, diesen nicht herausgeben, würde dieser Zweck verfehlt. Das OLG Düsseldorf stelle den Wortlaut über den Billigkeitszweck.

Der herrschenden Meinung ist darin beizupflichten, dass der Zweitbeschenkte indessen nicht schutzwürdiger als der Erstbeschenkte ist. Die Herausgabepflicht eines unentgeltlichen Zweiterwerbers nach § 822 BGB in einem ursprünglichen Bereicherungsfall beruht auf der gleichen Interessenbewertung, nämlich dass derjenige, der unentgeltlich das erlangt hat, was der unmittelbar Bereicherte hätte herausgeben müssen, nicht schutzwürdig ist.[603] Daher besteht kein Grund für eine Besserstellung des Dritten für den Fall des § 528 BGB als bei sonstiger Bereicherungshaftung. § 822 BGB fügt sich aber nicht nur „sinnfällig"[604] in die Regelung des § 528 BGB ein, sondern seine Anwendung im Rahmen des Schenkungsrückforderungsanspruchs verhindert darüber hinaus, dass § 528 BGB durch unentgeltliche Weitergabe des Geschenks zu Lasten etwaiger Unterhaltsverpflichteter oder der Allgemeinheit umgangen werden könnte.[605] Der Sozialhilfeträger erlangt dadurch auch nicht etwa eine unstatthafte Eingriffsbefugnis in Rechte Dritter. Vielmehr partizipiert er nur an den Vorteilen der geringeren Rechtsbeständigkeit des unentgeltlichen Erwerbs, die in erster Linie dem Schenker zur Sicherung seiner Existenz durch das Privatrecht zuteil wird.[606] Der Bundesgerichtshof hat seine Rechtsprechung zur Zulassung des Durchgriffs auf den Zweitbeschenkten denn auch konsequenterweise erweitert.[607] Hat der Erstbeschenkte mit der Zuwendung

602 Vgl. *Eckebrecht* JA 2003, 209 (214 f.); *Eichenhofer* NDV 1999, 82 (86); *Herrmann* in: Erman-BGB, § 528 Rn. 3; *Knütel* JR 1989, 378 (379), der die Entwicklungsgeschichte des Rückforderungsrechts des verarmten Schenkers sehr anschaulich darstellt; *ders.* NJW 1989, 2504 (2505); *Koch* in: MüKo-BGB, § 528 Rn. 8; *Reymann* ZEV 2006, 55 (59); *Rundel* MittBayNot 2003, 177 (178); *Schellhorn* in: Schellhorn/Schellhorn/Hohm, § 2 SGB XII Rn. 34; *Weidenkaff* in: Palandt-BGB, § 528 Rn. 6; *Wimmer-Leonhardt* in: Staudinger-BGB, § 528 Rn. 20; a. A.: *Koch* JR 1993, 313 (314 ff.).

603 Vgl. *BGH* v. 3.2.1989 – V ZR 190/87 – BGHZ 106, 354 (358).

604 *BGH* v. 3.2.1989 – V ZR 190/87 – BGHZ 106, 354 (358).

605 Treffend *BGH* v. 3.2.1989 – V ZR 190/87 – BGHZ 106, 354 (358).

606 Vgl. *Eichenhofer* NDV 1999, 82 (86).

607 *BGH* v. 10.2.2004 – X ZR 117/02 – BGHZ 158, 63–69.

eine andere Sache erworben und diese unentgeltlich dem Zweitbeschenkten zugewendet, haftet letzterer auf Wertersatz, kann sich aber durch Herausgabe des Schenkungsgegenstandes befreien. Schließlich ist festzuhalten, dass § 528 Abs. 1 Satz 1 BGB auch einen Anspruch auf Herausgabe des Geschenks gegenüber einem Zweitbeschenkten gewährt.

4. Einschränkungen des Rückforderungsanspruchs

Für den Schenkungsrückforderungsanspruch können Einschränkungen in Gestalt einer Abwendungsbefugnis des Beschenkten gemäß § 528 Abs. 1 Satz 2 BGB sowie eines Rückforderungsausschlusses nach § 529 BGB bestehen.

a) Abwendungsbefugnis, § 528 Abs. 1 Satz 2 und 3 BGB

Nach § 528 Abs. 1 Satz 2 BGB hat der Beschenkte die Befugnis, wenn er das Schenkungsobjekt behalten möchte, die reale Herausgabe des Geschenks durch Zahlung des für den Unterhalt erforderlichen Betrags abzuwenden. Infolge der Ausübung der Abwendungsbefugnis wandelt sich das Schuldverhältnis kraft Gesetzes um, so dass keine Partei einseitig die Rückkehr zum ursprünglichen Anspruch aus § 528 Abs. 1 Satz 1 BGB herbeiführen kann. Unterschiedliche Auffassungen werden allerdings zu der Rechtsfrage vertreten, ob die Unterhaltspflicht der Höhe nach auf den Zuwendungswert beschränkt ist und damit von selbst erlischt, wenn der Gesamtbetrag der Unterhaltsleistungen diesen Betrag erreicht. Teilweise[608] wird eine solche Begrenzung abgelehnt, so dass die Unterhaltspflicht auch dann nicht erlöschen würde, wenn der zu zahlende Gesamtbetrag den Wert des Geschenks übersteigt. Andere erblicken keinen sachlichen Grund, weshalb der sich kraft Abwendung ergebende Ersatzanspruch wertmäßig höher sein soll als der ursprüngliche Herausgabeanspruch selbst.[609] Diese Rechtsauffassung erscheint angesichts des Normzwecks vorzugswürdig. Ist bereits der Rückforderungsanspruch aus

---

608 *Gehrlein* in: Bamberger/Roth BeckOK-BGB, § 528 Rn. 5; *Germer* BWNotZ 1987, 61 (63); *Krauß* ZEV 2001, 417 (422); *ders.* MittBayNot 2005, 349 (350); *Hörlbacher* ZEV 1995, 202 (203); *Metzger* in: RGRK-BGB, § 528 Rn. 7; *Ruby* ZEV 2005, 102 (106); *Zeranski* S. 28.

609 *Franzen* FamRZ 1997, 528 (530); *Herrmann* in: Erman-BGB, § 528 Rn. 4; *Koch* in: MüKo-BGB, § 528 Rn. 22; *Mühl/Teichmann* in: Soergel-BGB, § 528 Rn. 12; *Sefrin* in: jurisPK-BGB, § 528 Rn. 55; *Wimmer-Leonhardt* in: Staudinger-BGB, § 528 Rn. 29.

§ 528 Abs. 1 Satz 1 BGB im Falle wiederkehrenden Unterhaltsbedarfs auf den Wert der Zuwendung begrenzt, kann für die Unterhaltspflicht nichts anderes gelten. Treffend wird insoweit angeführt, dass das Gesetz in Abs. 1 Satz 1 der Vorschrift die Rückabwicklung der Schenkung nach Bereicherungsrecht vorgesehen hat und angesichts dessen dem Schenker nicht zugemutet werden soll, eine Vermögenseinbuße hinzunehmen, die über seine eigene Bereicherung hinausgeht.[610] Die Abwendungsbefugnis würde jedoch bei laufenden Unterhaltszahlungen ohne Begrenzung der Zahlungspflicht auf den Geschenkwert ein für den Beschenkten nicht kalkulierbares Risiko bergen.[611] Durch die in Satz 2 eingeräumte Befugnis sollte der Beschenkte hingegen in der Weise privilegiert werden, dass er sich dafür entscheiden kann, den Schenkungswert nur zeitabschnittsweise und nur bis zur Grenze des erforderlichen Unterhalts zu gewähren.[612] Der vorstehende Meinungsstreit wird allerdings nur in wenigen Fällen zum Tragen kommen. Denn ist der Herausgabeanspruch aus § 528 Abs. 1 Satz 1 BGB von vornherein schon auf Geldzahlung gerichtet, wie etwa bei der Schenkung von Geld oder weil bei einem real unteilbaren Schenkungsgegenstand Teilwertersatz in Geld gemäß § 818 Abs. 2 BGB geschuldet wird, kommt die Abwendungsbefugnis nicht in Betracht. In diesen Fällen liegt schon keine Pflicht zur Naturalrestitution vor, die durch Geldzahlung abgewendet werden könnte. Weil es sich bei einem Hausgrundstück um einen real unteilbaren Schenkungsgegenstand handelt, kann der Beschenkte von der Abwendungsbefugnis gemäß § 528 Abs. 1 Satz 2 BGB nur Gebrauch machen, wenn der Unterhaltsbedarf den Wert des Hausgrundstücks insgesamt übersteigt. Lediglich dann, wenn der Sozialhilfeträger als neuer Gläubiger die Erstattung seiner Aufwendungen für die Heimunterbringung und Pflege des Schenkers und Sozialhilfeempfängers erst nach dessen Tode verfolgt[613], dürften diese akkumuliert wohl im Einzelfall einen Gesamtbetrag in entsprechender Höhe erreichen.[614] Hat der Sozialhilfeträger bereits zu Lebzeiten des Leistungsberechtigten von der Schenkung Kenntnis erlangt, stellen die ungedeckten Heim- und Pflegekosten regelmäßig einen wiederkehrenden Unterhaltsbedarf dar, so dass der Rückforderungsanspruch von vornherein auf sukzessive Geldleistungen zielt und

610 Vgl. *Franzen* FamRZ 1997, 528 (530); *Wimmer-Leonhardt* in: Staudinger-BGB, § 528 Rn. 29.

611 Vgl. *Mühl/Teichmann* in: Soergel-BGB, § 528 Rn. 12.

612 *Koch* in: MüKo-BGB, § 528 Rn. 22.

613 Dazu unter Teil C/III./5.

614 Nach hier vertretener Ansicht ist der Unterhalt für die Zeit vor Ausübung der Befugnis aus § 528 Abs. 1 Satz 2 BGB allerdings in einer Summe zu zahlen, siehe dazu im Folgenden.

für die Abwendungsbefugnis kein Raum ist. Der Anwendungsbereich von § 528 Abs. 1 Satz 2 BGB ist demnach sehr beschränkt.

Dennoch soll der Vollständigkeit halber noch auf Satz 3 der Vorschrift eingegangen werden. Für den nach § 528 Abs. 1 Satz 2 BGB zu gewährenden Unterhalt finden nach Satz 3 die §§ 760, 1613 und 1615 BGB entsprechende Anwendung. Die in Satz 3 enthaltene Verweisung ist allein auf Satz 2 der Norm anwendbar, weil § 760 BGB sinnvollerweise ausschließlich auf die dem Beschenkten nach Satz 2 zukommende Befugnis zur Abwendung der Herausgabe des Geschenks durch Zahlung des erforderlichen Unterhalts bezogen sein kann.[615] Gemäß den §§ 528 Abs. 1 Satz 3, 760 Abs. 1 und 2 BGB ist der Unterhalt grundsätzlich als Rente vierteljährlich im Voraus zu entrichten. Die Verweisung in § 528 Abs. 1 Satz 3 BGB ist nur auf die Zeit nach Ausübung der Abwendungsbefugnis anzuwenden.[616] Erstens wäre eine Anwendung der Vorschrift des § 760 BGB auch auf die Zeit davor unmöglich, weil Abs. 1 eine Vorauszahlungspflicht begründet. Zum zweiten wären dem Beschenkten für Manipulationen zum Nachteil des Schenkers Tür und Tor geöffnet, wollte man § 1613 Abs. 1 BGB für die Zeit vor Ausübung der Abwendungsbefugnis heranziehen. § 1613 Abs. 1 BGB enthält das sog. Nachforderungsverbot, nach welchem Unterhalt für die Vergangenheit nur ausnahmsweise bei Verzug oder Rechtshängigkeit verlangt werden kann. Dem Beschenkten stünde es frei, die Erfüllung des Herausgabeanspruchs aus § 528 Abs. 1 Satz 1 BGB möglichst lange zu verweigern und gleichzeitig ebenfalls so lange wie möglich die Ausübung der Abwendungsbefugnis hinauszuzögern. Dadurch könnte der Beschenkte seine Leistungspflicht verringern. Allerdings folgert der Bundesgerichtshof daraus, dass für die Abwendungsbefugnis von Anfang an kein Raum sei, wenn der Anspruch nach § 528 Abs. 1 Satz 1 BGB zur Deckung eines

615 Diese Auffassung geht zurück auf *Oertmann* in: Oertmann-BGB, § 528 Rn. 3a und entspricht der allgemeinen Meinung: vgl. zur Rechtsprechung *BGH* v. 29.3.1985 – V ZR 107/84 – BGHZ 94, 141 (144); *ders.* v 20.12.1985 – V ZR 66/85 – BGHZ 96, 380 (384); *OLG Düsseldorf* v. 24.5.1984 – 18 U 220/83 – FamRZ 1984, 887 (889); *OLG Karlsruhe* v. 18.3.1994 – 15 U 251/93 – NJW-RR 1995, 571 (571); vgl. zur Literatur *Brähler-Boyan/Mann* NJW 1995, 1866 (1870); *Koch* in: MüKo-BGB, § 528 Rn. 24; *Probst* JR 1996, 196 (196); *Mühl/Teichmann* in: Soergel-BGB, § 528 Rn. 11; *Weidenkaff* in: Palandt-BGB, § 528 Rn. 7; *Zeranski* S. 27 und 107. Für eine Anwendbarkeit auch auf Satz 1: *Franzen* FamRZ 1997, 528 (531 f.); *Hermann* in: Erman-BGB, § 528 Rn. 4; *Seyfarth* S. 48 ff.; *Vollkommer* EWiR 1994, 235 (236); *ders./Schwaiger* JZ 1996, 633 (634 f.). Zum Streitstand siehe auch Teil C/III./5./c)/cc).

616 Vgl. *Koch* in: MüKo-BGB, § 528 Rn. 25; *Wimmer-Leonhardt* in: Staudinger-BGB, § 528 Rn. 31; *Zeranski* S. 27 f.

abgeschlossenen Zeitraumes der Unterhaltsbedürftigkeit geltend gemacht wird.[617] Er hat diese Einschränkung vorgenommen, obwohl in beiden den Entscheidungen zugrunde liegenden Fällen der Rückforderungsanspruch bereits auf Teilwertersatz gerichtet war, so dass von der Abwendungsbefugnis ohnehin kein Gebrauch hätte gemacht werden können. Unabhängig davon, dass es einer derartigen Einschränkung der Befugnis nach § 528 Abs. 1 Satz 2 BGB also in beiden Fällen nicht bedurft hätte, entbehrt sie jeglicher dogmatischen Grundlage. Weder dem Wortlaut noch dem Normzweck lassen sich Anhaltspunkte für die Auffassung der Rechtsprechung entnehmen.[618] Vielmehr ist zur Vermeidung unadäquater Ergebnisse der Unterhalt für die Zeit vor Ausübung der Befugnis aus § 528 Abs. 1 Satz 2 BGB in einer Summe zu zahlen. Der Unterhalt für die Zeit danach ist unter Beachtung des § 1613 BGB als Rente für drei Monate im Voraus zu entrichten, wenn es um die Deckung fortlaufender Heimunterbringungskosten und Pflegekosten geht. Mit dem Tode des Schenkers erlischt der Unterhaltsanspruch gemäß § 1615 Abs. 1 BGB. Es bedarf folglich keiner Einschränkung des Geltungsbereiches von § 528 Abs. 1 Satz 2 BGB *per se*, sondern es ist ausreichend, für die Frage der Anwendbarkeit der Verweisung in Satz 3 maßgeblich auf den Zeitpunkt der Ausübung der Abwendungsbefugnis abzustellen.

b) Ausschluss des Rückforderungsanspruchs, § 529 BGB

Der Rückforderungsausschluss gemäß § 529 BGB greift ein, wenn der Schenker seine Bedürftigkeit schuldhaft[619] selbst herbeigeführt hat, vgl. § 529 Abs. 1, 1. Alt. BGB, seit der Schenkung zehn Jahre verstrichen sind, vgl. § 529 Abs. 1, 2. Alt. BGB, oder anzunehmen ist, dass im Falle der Rückgewähr der Notbedarf des Beschenkten gefährdet wäre, vgl. § 529 Abs. 2 BGB. Die Ausschlusstatbestände des § 529 BGB sind nicht abschließend. Der Herausgabeanspruch unterliegt einer Beschränkung unter dem Gesichtspunkt von Treu und Glauben, wenn der zu erwartende Verkaufswert den Notbedarf des Schenkers nicht nennenswert zu lindern vermag.[620] Der Beschenkte muss den Ausschluss geltend machen, denn

617 *BGH* v. 29.3.1985 – V ZR 107/84 – BGHZ 94, 141 (144); *ders.* v. 20.12.1985 – V ZR 66/85 – BGHZ 96, 380 (384).

618 Vgl. *Koch* in: MüKo-BGB, § 528 Rn. 23; *Wimmer-Leonhardt* in: Staudinger-BGB, § 528 Rn. 31.

619 Vorsätzlich oder durch grobe Fahrlässigkeit.

620 *Mittelmann/Ehmann* in: Plagemann, MüAnwHdb SozR, § 39 Rn. 36.

hierbei handelt es sich um eine Einrede, nicht um eine Einwendung.[621] Wurde der Anspruch aus § 528 Abs. 1 Satz 1 BGB auf den Sozialhilfeträger übergeleitet, gilt die Vorschrift natürlich auch zu seinen Lasten.

aa) Schuldhafte Herbeiführung der eigenen Bedürftigkeit, § 529 Abs. 1, 1. Alt. BGB

Die Vorschrift des § 529 Abs. 1, 1. Alt. BGB hat den Zweck, einen Ausgleich zwischen dem Bedürfnis des Schenkers und dem Vertrauen des Beschenkten auf die Rechtsbeständigkeit des schenkweisen Erwerbs zu schaffen.[622] Grobe Fahrlässigkeit liegt nach ständiger Rechtsprechung des Bundesgerichtshofes[623] vor, wenn die im Verkehr erforderliche Sorgfalt in besonders schwerem Maße verletzt und dasjenige nicht beachtet wird, was jedem einleuchten musste. Darunter fallen Verschwendungen, Glücksspiel oder auch der mutwillige Verzicht auf eine Erwerbstätigkeit.[624] Die Einrede kann jedoch nicht erhoben werden, wenn die Bedürftigkeit durch die Schenkung oder frühere Schenkungen ausgelöst wurde oder bei Vollziehung der Schenkung vorhersehbar war.[625] In diesen Fällen fehlt es an einem schutzwürdigen Vertrauen des Beschenkten auf die Rechtsbeständigkeit der Zuwendung. Der Schenker muss seine Bedürftigkeit vielmehr nach Vollziehung der Schenkung herbeigeführt haben.

bb) Zehnjahresfrist, § 529 Abs. 1, 2. Alt. BGB

Ferner ist der Anspruch des verarmten Schenkers auf Herausgabe des Geschenks gemäß § 529 Abs. 1, 2. Alt. BGB ausgeschlossen, wenn zur Zeit des Eintritts der Bedürftigkeit seit der Leistung des geschenkten Gegenstandes zehn Jahre verstrichen sind. Die Zehnjahresfrist ist folglich ein „Dreh- und Angelpunkt"[626] bei der Wiederherstellung der Nachrangigkeit der Sozialhilfe. Der Leistung i. S. d. § 529 Abs. 1, 2. Alt. BGB steht aus systematischen Gründen der Vollzug der Schenkung

---

621 *BGH* v. 19.12.2000 – X ZR 146/99 – NJW 2001, 1207 (1208); für die Einordnung als Einreden *Hermann* in: Erman-BGB, § 529 Rn. 1; eingehend *Koch* in: MüKo-BGB, § 529 Rn. 6; *Mansel* in: Jauernig-BGB § 529 Rn. 5; *Rundel* MittBayNot 2003, 177 (179); a. A. hinsichtlich § 529 Abs. 1, 2. Alt. BGB *Wimmer-Leonhardt* in: Staudinger-BGB, § 529 Rn. 1.

622 *BGH* v. 5.11.2002 – X ZR 140/01 – NJW 2003, 1384 (1388).

623 *BGH* v. 11.5.1953 – IV ZR 170/52 – BGHZ 10, 14 (16) m. w. N.

624 *BGH* v. 19.12.2000 – X ZR 146/99 – NJW 2001, 1207 (1209); *ders.* v. 5.11.2002 – X ZR 140/01 – NJW 2003, 1384 (1386).

625 *BGH* v. 5.11.2002 – X ZR 140/01 – NJW 2003, 1384 (1386).

626 Formulierung bei *Gühlstorf/Ette* ZfF 2008, 13 (13).

i. S. d. § 528 Abs. 1 BGB[627] gleich. Vom Zeitpunkt der Schenkungsvollziehung an besteht ein Schwebezustand, weil der Beschenkte eine unabhängige Erwerbsposition erlangt hat, deren Fortbestand der Ungewissheit über die Entstehung des Rückforderungsanspruchs unterliegt.[628] Eben dieser Schwebezustand soll auf zehn Jahre begrenzt sein. Aufgrund der Begriffsidentität wird auch zum Leistungsbegriff des § 529 Abs. 1, 2. Alt. BGB teilweise[629] vertreten, der geschenkte Gegenstand sei erst mit Eintritt des Leistungserfolges geleistet. Nach wohl herrschender Ansicht[630] reiche die Vornahme aller erforderlichen Leistungshandlungen für den Fristbeginn aus. Der Bundesgerichtshof hat in seinen Urteilen vom 26.10.1999 – X ZR 69/97[631] – und vom 19.12.2000 – X ZR 128/99[632] – auf die nach dem Wortlaut geforderte „Leistung des geschenkten Gegenstandes" abgestellt, ohne Stellung zu beziehen, ob es im Rahmen des § 529 Abs. 1, 2. Alt. BGB auf die Leistungshandlung oder den Leistungserfolg ankommt. Bei einer Grundstücksschenkung wird für den Fristbeginn wie im Rahmen des § 528 Abs. 1 BGB nicht die Eigentumsumschreibung maßgeblich sein, sondern bereits die Entstehung eines Anwartschaftsrechts genügen, so dass letztlich auf den Zeitpunkt des Eingangs des Antrags auf Eigentumsumschreibung beim Grundbuchamt abzustellen ist.[633] Der Bundesgerichtshof[634] hat jüngst entschieden, dass bei der Schenkung eines Grundstücks die Stellung des Eintragungsantrags durch den Beschenkten zur Leistung des Schenkungsgegnstandes i. S. v. § 529 Abs. 1, 2. Alt. BGB ausreicht.

627 Zum Vollzugsbegriff siehe bereits Teil C/III./2./b).

628 *Schippers* RNotZ 2006, 42 (46).

629 *Herrmann* in: Erman-BGB, § 529 Rn. 2 mit Verweis auf § 518 Rn. 5; *Koch* in: MüKo-BGB, § 529 Rn. 3 mit Verweis auf § 518 Rn. 11 ff.; *Krauß* ZEV 2001, 417 (423); *Sefrin* in: jurisPK-BGB, § 529 Rn. 7.

630 *OLG Köln* v. 26.6.1985 – 26 U 6/85 – FamRZ 1986, 988 (989) m. w. N.; *VG Düsseldorf* v. 10.6.2008 – 21 K 2144/07 – Rn. 37 zitiert nach juris; *Gehrlein* in: Bamberger/Roth BeckOK-BGB, § 529 Rn. 3; *Rundel* MittBayNot 2003, 177 (179); *Schippers* RNotZ 2006, 42 (45 f.); *Wimmer-Leonhardt* in: Staudinger-BGB, § 529 Rn. 8.

631 BGHZ 143, 51 (54 f.).

632 BGHZ 146, 228 (234).

633 Dies entspricht der typischen Abgrenzung beider Rechtsauffassungen. Diejenigen, die den Eintritt des Leistungserfolgs für den Vollzug voraussetzen, stellen ganz überwiegend auf die Umschreibung im Grundbuch ab. Eine davon abweichende Sichtweise findet sich allerdings bei *Krauß* ZEV 2001, 417 (423), der zwar für den Fristlauf ebenfalls den Leistungserfolg fordert, es aber als noch ungeklärt betrachtet, ob für diesen nicht schon der Eingang des Umschreibungsantrags ausreicht. Er überträgt die Problematik somit auf eine andere Ebene.

634 Urteil v. 19.7.2011 – X ZR 140/10 – MDR 2011, 1088–1089.

Nach von der Rechtsprechung[635] zur parallel formulierten Vorschrift des § 2325 Abs. 3 BGB entwickelten Grundsätzen hindert jedoch ein uneingeschränkter Nießbrauchsvorbehalt das Anlaufen der Frist. Die Schenkung gilt als nicht vollzogen, obwohl sogar der Eintritt des rechtlichen Leistungserfolgs, die Eintragung des Eigentumsübergangs, unter Umständen schon mehr als ein Jahrzehnt zurückliegt. Eine Leistung i. S. v. § 2325 Abs. 3 BGB sei erst dann gegeben, wenn der Erblasser und Schenker nicht nur seine Eigentümerstellung aufgegeben, sondern auch darauf verzichtet habe, das Grundstück im Wesentlichen weiterhin zu nutzen. Der Erblasser muss den Genuss des geschenkten Gegenstandes tatsächlich aufgeben. Behält er sich bei einer Grundstücksschenkung den Nießbrauch i. S. v. § 1030 BGB vor, verbleibt die wirtschaftliche Nutzungsbefugnis bei ihm. Das nutzungsentkleidete Eigentum am Grundstück ist lediglich als „rechtlicher Torso“[636] anzusehen. Diese Rechtsprechung muss auch für alle sonstigen dinglichen und schuldrechtlichen Nutzungsvorbehalte gelten.[637] Demzufolge ist die Einräumung eines Wohnungsrechts dem Nießbrauch gleichzustellen. Ob auch im Rahmen des § 529 Abs. 1, 2. Alt. BGB die Frist nicht anläuft, wenn eine Grundstücksschenkung unter Nutzungsvorbehalt vorliegt, ist bislang nicht von der Rechtsprechung entschieden worden.[638]

Soweit in der Literatur überhaupt auf die Übertragbarkeit der Rechtsprechung eingegangen wird, stößt die Vorstellung überwiegend auf Ablehnung.[639] Im Vordergrund steht dabei der berechtigte Einwand, dass keine vergleichbare Interessenlage bestehe. § 2325 Abs. 1 BGB soll eine Aushöhlung des Pflichtteilsanspruchs durch lebzeitige Schenkungen des Erblassers verhindern.[640]

---

635 *BGH* v. 27.4.1994 – IV ZR 132/93 – BGHZ 125, 395–399.

636 *Gühlstorf/Ette* ZfF 2008, 13 (13 f.).

637 Vgl. die Fallgruppen bei *Jülicher/Klinger* NJW-Spezial 2004, 253 (253); *Schippers* behandelt lediglich zur sprachlichen Vereinfachung nur den Nießbrauchsvorbehalt, siehe RNotZ 2006, 42 (43) in Fn. 4.

638 Der BGH hat jüngst in seinem Urteil v. 19.7.2011 – X ZR 140/10 – MDR 2011, 1088–1089, entschieden, dass der Beginn der Zehnjahresfrist nach § 529 Abs. 1, 2. Alt. BGB nicht dadurch gehindert werde, dass sich der Schenker an dem verschenkten Grundstück ein lebenslanges Nutzungsrecht vorbehalte.

639 Vgl. *Herrler* DNotZ 2009, 408 (409); *Koch* in: MüKo-BGB, § 529 Rn. 3; sowohl Argumente gegen als auch für eine Gleichbehandlung anführend *Krauß* ZEV 2001, 417 (423); *Mensch* BWNotZ 2009, 162 (168); rezipierend *Ruby* ZEV 2005, 102 (103); *Rundel* MittBayNot 2003, 17 (179 f.); umfassend *Schippers* RNotz 2006, 42 (44 ff.); *Wimmer-Leonhardt* in: Staudinger-BGB, § 529 Rn. 8; a. A.: *Gühlstorf/Ette* ZfF 2008, 13 (13 f.), die ohne weiteren Nachweis von einer einhelligen Meinung ausgehen.

640 *Koch* in: MüKo-BGB, § 529 Rn. 3.

Betroffen sind Gestaltungen, durch die einerseits Pflichtteilsergänzungsansprüche eines vielleicht missliebigen Angehörigen vereitelt werden und andererseits faktisch alles beim Alten bleibt.[641] Der Pflichtteilsberechtigte ist in erhöhtem Maße schutzbedürftig und -würdig, weil er keinen Einfluss auf die Schenkung hat. Der Ausschlusstatbestand in Abs. 3 stellt mithin eine „zeitliche Hürde" zur Verstärkung dieses Drittschutzes dar. Demgegenüber kommt der Frist des § 529 Abs. 1, 2. Alt. BGB der Zweck einer „zeitlichen Schwelle"[642] zu, bei deren Überschreiten das Bestandsinteresse des Beschenkten das Unterhaltsinteresse des Schenkers überwiegt. Der Schenker hat lediglich die Folgen seiner eigenen Entscheidung zu tragen und ist gegenüber dem Pflichtteilsberechtigten weniger schutzwürdig. Ein Nießbrauchsvorbehalt eines Erblassers als Einschränkung einer lebzeitigen Grundstücksschenkung hindert also das Anlaufen der Zehnjahresfrist nach § 2325 Abs. 3 BGB, um eine gesetzlich garantierte gewisse Mindestbeteiligung des Pflichtteilsberechtigten gegen eine Aushöhlung des Nachlasses abzusichern. Eine solchermaßen eingeschränkte Grundstücksschenkung ist mit Blick auf den von § 528 Abs. 1 BGB bezweckten Selbstschutz geradezu wünschenswert und kann somit nicht fristschädlich sein. Schließlich erscheint eine Übertragbarkeit der Rechtsprechung auf § 529 Abs. 1, 2. Alt. BGB ausgeschlossen.

Selbst wenn ein umfassender Nutzungsvorbehalt den Fristlauf auch im Rahmen des § 529 Abs. 1, 2. Alt. BGB hindern können sollte, ist zu berücksichtigen, dass der Schenker sich gegebenenfalls nur ein anteiliges Wohnungsrecht vorbehält. Auch die meisten Gestaltungen in der juristischen Praxis werden nicht eindeutig sein.[643] Deshalb finden sich bereits zum Leistungsbegriff i. S. d. § 2325 Abs. 3 BGB in Literatur und Rechtsprechung unterschiedliche Ansätze, um für solche Fälle eine Wesentlichkeitsgrenze zu bestimmen. Einigen Stimmen in der Literatur zur Folge beginne die Zehnjahresfrist jedenfalls nicht zu laufen, wenn die dem Wohnungsrecht unterliegende Nutzfläche verglichen mit der Restwohnfläche überwiegt.[644] Andere sehen die Grenze für unschädliche Eigennutzung bei 10–30 %.[645] Nicht mit der Rechtsprechung des Bundesgerichtshofes vereinbar

---

641 *OLG Bremen* v. 25.2.2005 – 4 U 61/04 – NJW 2005, 1726 (1726).

642 Die Bezeichnungen „zeitliche Hürde" und „zeitliche Schwelle" wurden eingeführt von *Schippers* RNotZ 2006, 42 (48 f.).

643 Vgl. *Schindler* ZEV 2005, 290 (294).

644 *Kerscher/Riedel/Lenz* Pflichtteilsrecht, § 9 Rn. 104.

645 Für eine Grenzziehung bei 25 % *Cornelius* Pflichtteilsergänzungsanspruch, Rn. 736; vgl. auch *Mayer* ZEV 1994, 325 (329).

dürfte der u. a. von *Mayer*[646] vertretene gespaltene Fristlauf sein.[647] Nach Ansicht des OLG Bremen[648] werde der Fristbeginn nicht dadurch gehemmt, dass das Wohnungsrecht lediglich an zwei Zimmern des Hauses (sowie im Übrigen teilweise ein Mitbenutzungsrecht) eingeräumt wird, da der Erblasser einen spürbaren Vermögensverlust erlitten hat. Bereits zuvor hatte das OLG Celle[649] ein auf einen sehr kleinen Teil des Grundstücks (rund 2,34 %) beschränktes Wohnungsrecht nicht als wesentliche Weiternutzung angesehen. Allen Ansätzen ist gemein, dass ein Wohnungsrecht in untergeordnetem Umfang keine Fristhemmung herbeiführen kann. Im Rahmen eines Übergabevertrags, der aus der Motivation des Übergebers heraus geschlossen wurde, die Nachfolge des Grundbesitzes lebzeitig zu regeln, wird aber ein anteiliges Wohnungsrecht in der Regel nur an wenigen Zimmern bzw. an einem geringen prozentualen Anteil an der Gesamtwohnfläche bestellt werden. Sogar wenn die Rechtsprechung zu § 2325 Abs. 3 BGB auf den Ausschlusstatbestand des § 529 Abs. 1, 2. Alt. BGB übertragbar sein sollte, so ist zumindest bei Grundstücksschenkungen unter nur an Teilen des Schenkungsgegenstandes vorbehaltenen Wohnungsrechten regelmäßig eine Hemmung des Fristlaufs nicht anzunehmen.

Die Bedürftigkeit des Schenkers muss innerhalb der Zehnjahresfrist eingetreten sein.[650] Es genügt nicht, dass vor Ablauf der Frist eine Vermögenserschöpfung bereits sicher vorauszusehen ist.[651] Tritt innerhalb der Frist ein wiederkehrender Bedarf ein, ist die Geltendmachung des Rückforderungsanspruchs auch wegen des nach Fristablauf ununterbrochen fortdauernden Bedarfs möglich.[652] Folglich kann sich der Beschenkte nicht auf die § 529 Abs. 1, 2. Alt. BGB berufen, wenn der Schenker innerhalb der Zehnjahresfrist Sozialhilfe zur Deckung der Heimunterbringungs- und Pflegekosten in Anspruch nimmt.

646 ZEV 1994, 325 (329).

647 Vgl. dazu *Schindler* ZEV 2005, 290 (294 f.) m. w. N.

648 Urteil v. 25.2.2005 – 4 U 61/04 – NJW 2005, 1726 (1726).

649 Beschluss v. 27.5.2003 – 6 U 236/02 – DnotI-Report 2004, 17 (17); vgl. zudem *OLG Düsseldorf* v. 18.12.1998 – 7 U 78/98 – NJWE-FER 1999, 279 (279).

650 *BGH* v. 26.10.1999 – X ZR 69/97 – BGHZ 143, 51 (54), *ders.* v. 19.12.2000 – X ZR 128/99 – BGHZ 146, 228 (234 f.).

651 *BGH* v. 26.10.1999 – X ZR 69/97 – NJW 2000, 728 (729).

652 *Koch* in: MüKo-BGB, § 529 Rn. 3.

cc) Gefährdung des angemessenen Unterhalts des Beschenkten, § 529 Abs. 2 BGB

Für die Einrede gemäß § 529 Abs. 2 BGB reicht als Voraussetzung die bloße Gefährdung des eigenen angemessenen[653] Unterhalts oder der Erfüllung der gesetzlichen Unterhaltspflichten des Beschenkten aus. Es wäre unsinnig, die Bedürftigkeit des Schenkers auf Kosten der Bedürftigkeit des Beschenkten abzuwenden. Der Ausschluss entspricht in seinen Voraussetzungen denen des § 519 Abs. 1 BGB.[654] Unter Gefährdung wird die begründete Besorgnis verstanden, dass bei Erfüllung des Rückforderungsanspruchs die Mittel des Beschenkten zur Deckung seines eigenen angemessenen Unterhalts oder seiner gesetzlichen Unterhaltspflichten nicht ausreichen werden.[655] Der Beschenkte hat zur Erfüllung grundsätzlich auch den Stamm seines Vermögens – sein Grundstück – einzusetzen, wenn sonst keine Mittel vorhanden sind. Aber er braucht den Stamm seines Vermögens jedenfalls dann nicht zu verwerten, wenn dies für ihn mit einem wirtschaftlich nicht mehr vertretbaren Nachteil verbunden wäre.[656] Die Bemessung des dem Beschenkten verbleibenden angemessenen Unterhalts richtet sich nach den einschlägigen familienrechtlichen Bestimmungen.[657]

c) Pflicht- und Anstandsschenkungen i. S. v. § 534 BGB

Nach der Einrede des § 534 BGB unterliegen Schenkungen, durch die einer sittlichen Pflicht oder einer auf den Anstand zu nehmenden Rücksicht entsprochen wird, nicht der Rückforderung.

aa) Pflichtschenkung, § 534, 1. Alt. BGB

Der Begriff der sittlichen Pflicht ist restriktiv auszulegen. Eine Schenkung erfolgt nicht schon dann aus sittlicher Pflicht, wenn sie im Rahmen des sittlich noch zu Rechtfertigenden bleibt. Entscheidend ist vielmehr, ob umgekehrt das Unterlassen

---

653 Die Bezeichnung „standesmäßiger Unterhalt" geht auf ein Redaktionsversehen zurück und ist als „angemessener Unterhalt" zu lesen, vgl. *BGH* v. 11.7.2000 – X ZR 126/98 – NJW 2000, 3488 (3489) m. w. N.; *ders.* v. 6.9.2005 – X ZR 51/03 – NJW 2005, 3638 (3638).

654 Vgl. im Einzelnen *Koch* in: MüKo-BGB, § 519 Rn. 2.

655 Vgl. *BGH* v. 19.12.2000 – X ZR 146/99 – NJW 2001, 1207 (1209).

656 *BGH* v. 15.1.2002 – X ZR 77/00 – Rn. 15 zitiert nach juris, Festhaltung an *BGH* v. 11.7.2000 – X ZR 126/98 – NJW 2000, 3488 (3490).

657 *BGH* v. 11.7.2000 – X ZR 126/98 – NJW 2000, 3488 (3489); *ders.* v. 19.12.2000 – X ZR 146/99 – NJW 2001, 1207 (1209).

der Zuwendung dem Schenker als Verletzung der für ihn sittlich bestehenden Pflicht zu Last zu legen wäre.[658] Eine solche besondere Pflicht für die Zuwendung muss aus den konkreten Umständen des Falles erwachsen sein und in den Geboten der Sittlichkeit wurzeln, wobei das Vermögen und die Lebensstellung der Beteiligten sowie ihre persönlichen Beziehungen untereinander zu berücksichtigen sind.[659] Regelmäßig werden anerkennende Zuwendungen im Verhältnis zwischen Eltern und Kindern lediglich aus verwandtschaftlicher Verbundenheit erbracht. Eine sittliche Verpflichtung könnte etwa anzunehmen sein, wenn ein Pflegender schwerwiegende persönliche Opfer erbringt und deswegen selbst in eine Notlage gerät. Ein schwerwiegendes persönliches Opfer läge beispielsweise darin, dass der Pflegende mit Rücksicht auf die zu erbringende Pflege seine Berufstätigkeit aufgibt. Demnach werden Zuwendungen, deren Beweggrund Pflegeleistungen waren, häufig der Rückforderung nach § 528 Abs. 1 Satz 1 BGB unterliegen.[660] Besteht der Beweggrund dagegen in der lebzeitigen Regelung der Grundbesitznachfolge, kann hierin in keinem Fall eine Pflichtschenkung gesehen werden.

bb) Anstandsschenkung, § 534, 2 Alt. BGB

Für die Frage, ob eine Anstandsschenkung vorliegt, spielt die örtliche oder gesellschaftliche Verkehrssitte eine große Rolle. Denn eine Schenkung aus Anstand gemäß § 534, 2. Alt. BGB ist gegeben, wenn die Zuwendung nach den Anschauungen, wie sie in den dem Schenkenden sozial gleichstehenden Kreisen vorherrschen, nicht unterbleiben könnte, ohne dass dort der Schenkende an Achtung und Ansehen verlieren würde.[661] Ohne weiteres sind der Vorschrift des § 534, 2. Alt. BGB von daher gebräuchliche Gelegenheitsgeschenke des täglichen Lebens oder übliche Geschenke unter nahen Verwandten zuzuordnen.[662] In den Fällen, in denen sich Zuwendungen nicht bereits generell durch typische Merkmale als Anstandsschenkungen erweisen, ist eine einzelfallbezogene Prüfung erforderlich. Auch eine belohnende Schenkung kann einer Anstandspflicht i. S. d. § 534, 2. Alt. BGB entsprechen, wenn das Geschenk nicht erheblich über das Maß an

---

658 *BGH* v. 7.3.1984 – IVa ZR 152/82 – NJW 1984, 2939 (2940); *ders.* v. 9.4.1986 – IVa ZR 125/84 – NJW 1986, 1926 (1926).

659 *BGH* v. 7.3.1984 – IVa ZR 152/82 – NJW 1984, 2939 (2940); *ders.* v. 9.4.1986 – IVa ZR 125/84 – NJW 1986, 1926 (1926).

660 So schon die Einschätzung von *Germer* BWNotZ 1987, 61 (64).

661 *BGH* v. 19.9.1980 – V ZR 78/79 – MDR 1981, 129 (129) m. w. N.; *Herrmann* in: Erman-BGB, § 534 Rn. 3; *Koch* in: MüKo-BGB, § 534 Rn. 4.; *Mühl/Teichmann* in: Soergel-BGB, § 534 Rn. 3.

662 *BGH* v. 19.9.1980 – V ZR 78/79 – MDR 1981, 129 (129).

Freigebigkeit hinausgeht, was der Beschenkte als Ausgleich für eigene Leistungen vom Schenkenden anständigerweise erwarten durfte.[663]

5. Fortbestand des Anspruchs nach dem Tode des Schenkers

Der Fortbestand des Anspruchs aus § 528 Abs. 1 Satz 1 BGB über den Tod des Schenkers hinaus setzt zunächst voraus, dass der Anspruch zur Entstehung gelangt und anschließend nicht wieder untergegangen ist.[664] Der Schenkungsrückforderungsanspruch wegen Verarmung des Schenkers geht unter, wenn der in Anspruch genommene Beschenkte das Geschenk herausgibt und Erfüllung gemäß § 362 Abs. 1 BGB eintritt. Schränkt sich der verarmte Schenker dagegen in seiner Lebensführung unterhalb der Grenze eines angemessenen Unterhalts ein, ohne den Notbedarfsanspruch aus § 528 Abs. 1 Satz 1 BGB zu verfolgen oder Hilfe Dritter in Anspruch zu nehmen, kann der Notbedarf jedenfalls für die Vergangenheit nicht mehr gedeckt werden und der Anspruch erlischt deshalb. Verstirbt der Schenker, nachdem er sich zu Lebzeiten durch Selbstbeschränkung beholfen hat, scheidet auch die Entstehung des Notbedarfsanspruchs für die Zukunft aus. Der Anspruch erlischt mit dem Tode des Schenkers.[665] Besondere Probleme ergeben sich, wenn der Notbedarf des Schenkers durch Sozialhilfeleistungen gedeckt wurde und er später verstirbt. Es geht um die Frage, ob der Rückforderungsanspruch aus § 528 Abs. 1 Satz 1 BGB über seinen Tod hinaus fortbesteht oder aber erlischt. Dabei ist hinsichtlich des Zeitpunkts der Überleitung des Notbedarfsanspruchs auf den Sozialhilfeträger zu differenzieren, ob die Überleitung bereits zu Lebzeiten gegenüber dem Schenker selbst oder erst nach seinem Tode gegenüber dem Erben erfolgt ist. Der Fortbestand des Notbedarfsanspruchs ist weiterhin für den Fall zu erörtern, dass der Anspruch zwar nicht auf den Sozialhilfeträger übergeleitet, aber vor dem Tod des Schenkers durch diesen geltend gemacht wurde. Schließlich wird

663 *BGH* v. 19.9.1980 – V ZR 78/79 – MDR 1981, 129 (129).

664 Tritt die Bedürftigkeit des Schenkers erst nach dem Tode des Beschenkten ein, richtet sich der Rückforderungsanspruch gegen die Erben des Beschenkten, vgl. *BGH* v. 7.6.1991 – V ZR 214/89 – MDR 1991, 1175 (1175).

665 Untergang infolge Zweckfortfalls: *BGH* v. 14.6.1995 – IV ZR 212/94 – NJW 1995, 2287–2288; *Haarmann* FamRZ 1996, 522 (524); *Herrmann* in: Erman-BGB, § 528 Rn. 6; *Koch* in: MüKo-BGB, § 528 Rn. 11; *Kollhosser* ZEV 1995, 391 (393); *ders.* ZEV 2001, 289 (290); *Wimmer-Leonhardt* in: Staudinger-BGB, § 528 Rn. 24; *Zeranski* S. 109. Dagegen folgert *Seyfarth* S. 103 f., ein Erlöschen aus den §§ 1613, 1615 BGB.

auf die ebenfalls mögliche, wenngleich seltenere Konstellation eingegangen, dass ein sonstiger Dritter den Unterhalt des verarmten Schenkers sichergestellt hat.

a) Überleitung durch den Sozialhilfeträger vor dem Tode des Schenkers

Zunächst geht es darum, wie sich der Tod des Schenkers auf den Bestand des zuvor auf den Sozialhilfeträger übergeleiteten Rückforderungsanspruchs wegen Notbedarfs auswirkt. Hierfür sind eine Entscheidung des OLG Düsseldorf von 1984 und ein höchstrichterliches Urteil aus dem Jahre 1985 von Belang.

aa) OLG Düsseldorf vom 24.5.1984 – 18 U 220/83 – FamRZ 1984, 887–891

In seinem Urteil vom 24.5.1984 – 18 U 220/83[666] – sprach sich das OLG Düsseldorf für die Unvereinbarkeit der Annahme, der auf den Sozialhilfeträger übergeleitete Rückforderungsanspruch nach § 528 Abs. 1 Satz 1 BGB erlösche trotz der Überleitung mit dem Tode des Schenkers, mit dem Grundsatz der Subsidiarität der Sozialhilfe aus. Dem vereinfachten Sachverhalt zufolge hatte der klagende Sozialhilfeträger die Differenz zwischen der Rente des Vaters des Beklagten zu 1 und Schwiegervaters der Beklagten zu 2 und den Pflegekosten im Alterskrankenheim übernommen. Bis zur Einlieferung hatten die Beklagten den Vater bzw. Schwiegervater versorgt und verpflegt, wofür sie 100,- DM monatlich erhielten. Dem Beklagten zu 1 wurden in diesem Zeitraum auch zwei größere Geldbeträge von seinem Vater übergeben. Von dem ersten Betrag erwarb er ein Fahrzeug mit einem verbliebenen Wert von 5.000,- DM. Den zweiten Betrag i. H. v. 25.000,- DM legte er in Form von Sparbriefen auf dem Oderkonto[667] der Eheleute an. Der Sozialhilfeträger leitete den Anspruch des Leistungsberechtigten auf Herausgabe eines Geschenks von 30.000,- DM gegen den Beklagten zu 1 vor dem Tode des Vaters auf sich über.[668] Die Vorinstanz hielt es für erforderlich, die Rückforderung aus allgemeinen Billigkeitserwägungen heraus zu versagen.

666 FamRZ 1984, 887–891.

667 Bei einem Oderkonto sind alle Inhaber berechtigt, auch ohne den anderen Inhaber über das Konto zu verfügen.

668 Den Schenkungsrückforderungsanspruch des Leistungsberechtigten gegen die Schwiegertochter, die Beklagte zu 2, leitete der Sozialhilfeträger erst nach dem Tode des Schenkers unter Hinweis auf die §§ 528, 822 BGB und auf die Sparkassenbriefe auf sich über. Zur Überleitung nach dem Tode des Leistungsberechtigten siehe Teil C/III./5./c). Zur Anwendbarkeit des § 822 BGB im Rahmen des § 528 BGB siehe bereits Teil C/III./3./d).

Sie lehnte die vor Überleitung entstandenen Ansprüche mit einschränkender Wortinterpretation aus der Formulierung des § 528 Abs. 1 Satz 1 BGB „soweit der Schenker nach der Vollziehung der Schenkung außerstande ist" ab. Dagegen wandte sich der Senat in den Entscheidungsgründen. Durch diese Formulierung werde der Anspruch auf Rückgabe des Geschenks lediglich an den Notbedarf des Schenkers gebunden und nicht zeitlich dahin eingeengt, dass für Ansprüche, die in der Vergangenheit liegen, kein Ersatz verlangt werden könne. Ferner verlangten Billigkeitsgesichtspunkte gerade die Rückforderung des Geschenks. Der Sozialhilfeträger sei ohne schuldbefreiende Wirkung für den Schuldner ausschließlich aus sozialstaatlichen Erwägungen in Vorlage mit den Heimpflegekosten getreten. Andernfalls hätte der Schuldner die Möglichkeit, sich allein durch Leistungsverweigerung oder durch den Versuch, seine finanziellen Verhältnisse möglichst lange vor dem Sozialhilfeträger zu verheimlichen, der Rückforderung zu entziehen. Einzelne könnten auf Kosten der Allgemeinheit Vermögen in erheblichem Umfang bilden, obwohl die in § 528 BGB normierte Einzelfallgerechtigkeit die Rückgängigmachung einer Schenkung im höherrangigen Interesse zur Behebung des Notbedarfs des Schenkers fordere.

bb) BGH vom 20.12.1985 – V ZR 66/85 – BGHZ 96, 380–384

Von zentraler Bedeutung ist die Entscheidung des Bundesgerichtshofes vom 20.12.1985 – V ZR 66/85[669], in der er die postmortale Verfolgung eines vor dem Tode des Schenkers zur Erstattung der Sozialhilfeaufwendungen übergeleiteten Notbedarfsanspruchs aus § 528 Abs. 1 Satz 1 BGB anerkannte. Die Mutter des Beklagten hatte diesem durch notariellen Vertrag im Wege der Teilerbauseinandersetzung[670] sowie im Wege vorweggenommener Erbfolge schenkweise den ihr zustehenden Miteigentumsanteil an einem Grundstück unter Einräumung eines lebenslänglichen unentgeltlichen Nießbrauchsrechts an dem gesamten Grundbesitz übertragen. Nachdem mehr als acht Jahre vergangen waren, wurde die inzwischen pflegebedürftige Mutter in einem Altenheim aufgenommen. Der klagende Sozialhilfeträger trug ein Jahr lang die Kosten für die Unterbringung in dem Heim und leitete den Rückforderungsanspruch aus § 528 Abs. 1 Satz 1 BGB der Mutter gegen den Beklagten auf sich über. Einen Monat nach der Anzeige der Überleitung verstarb die Mutter des Beklagten. Der Kläger verlangte mit der Klage Zahlung

669 BGHZ 96, 380–384.

670 Der Beklagte und seine Mutter waren in ungeteilter Erbengemeinschaft Eigentümer eines Hausgrundstücks.

restlicher Unterbringungskosten. Das Berufungsgericht[671] vertrat die Auffassung, einen auf den Sozialhilfeträger übergegangenen Anspruch könne dieser nur unter denselben Voraussetzungen geltend machen wie der Leistungsberechtigte, so dass mit dem Tod der Mutter ihr Bedarf als maßgebliche Voraussetzung für § 528 Abs. 1 Satz 1 BGB entfallen sei. Die Zweckbestimmung, den Unterhalt des Schenkers sicherzustellen, entfalle, wenn der Schenker sterbe, bevor der Anspruch durchgesetzt sei. Das Ergebnis decke sich außerdem damit, dass auch der Rentenanspruch des § 528 Abs. 1 Satz 2 BGB mit dem Tode des Schenkers, mit Ausnahme der Nachforderung fälliger Ansprüche, gemäß § 528 Abs. 1 Satz 1 i. V. m. § 1615 Abs. 1 BGB erlösche. Dem folgte der Bundesgerichtshof jedoch nicht, sondern bejahte das Fortbestehen des auf den Sozialhilfeträger übergeleiteten Rückforderungsanspruchs des Schenkers auch nach dessen Tode. Vordergründig beruht die Argumentation des V. Senats auf dem Zweck von § 528 Abs. 1 Satz 1 BGB und dem Grundsatz der Nachrangigkeit der Sozialhilfe. Der Zweck des Rückforderungsanspruchs, das verschenkte Vermögen des verarmten Schenkers zur Befriedigung seines Unterhaltsbedürfnisses zu verwerten, bleibe gewahrt, selbst wenn der Schenkungsgegenstand erst nach dem Ableben des Schenkers und Leistungsberechtigten an den Sozialhilfeträger zurückgewährt werde. Wegen des sozialhilferechtlichen Nachrangigkeitsprinzips trete der Sozialhilfeträger für den Dritten nur „in Vorlage“. Mit diesem Prinzip sei die Annahme unvereinbar, der übergeleitete Herausgabeanspruch erlösche trotz der Überleitung mit dem Tode des Leistungsberechtigten, da die Folge ansonsten wäre, dass die öffentliche Hand die Aufwendungen endgültig tragen müsste.[672] Der Schuldner hätte nämlich die Möglichkeit, sich der Erfüllung seiner Herausgabeverpflichtung zu entziehen, indem er ihre Erfüllung lange genug verzögere. Weiterhin lasse sich das Erlöschen des übergeleiteten Anspruchs nicht damit rechtfertigen, dass auch der Rentenanspruch nach § 528 Abs. 1 Satz 2 BGB mit dem Tode des Schenkers erlösche. Für die Abwendungsbefugnis bestehe kein Raum, wenn der Anspruch von vornherein auf Zahlung für einen abgeschlossenen Zeitraum der Unterhaltsbedürftigkeit gerichtet ist. Ferner könne aus der betreffenden Regelung der § 528 Abs. 1 Satz 3 i. V. m. § 1615 Abs. 1 BGB nichts für den auf einmalige Zahlung gerichteten Anspruch aus § 528 Abs. 1 Satz 1 BGB hergeleitet werden, da sich die in Satz 3 enthaltene Verweisung allein auf Satz 2 beziehe. Schließlich sei nicht einzusehen, dass der Beschenkte einerseits die Erfüllung des Herausgabeanspruchs nach § 528

671 *OLG Hamm* v. 13.2.1985 – 11 U 125/84.

672 Vgl. bereits *OLG Düsseldorf* v. 24.5.1984 – 18 U 220/83 – FamRZ 1984, 887–891, siehe Teil C/III./5./a)/aa).

Abs. 1 Satz 1 BGB verweigert, und er andererseits die Ausübung der Abwendungsbefugnis nach § 528 Abs. 1 Satz 2 BGB und damit die Begründung einer Rentenzahlungspflicht hinauszögert, um auf diese Art und Weise seine Zahlungspflicht möglichst gering zu halten.

Der Bundesgerichtshof hat dieses Ergebnis in zwei weiteren erwähnenswerten Entscheidungen[673], auf die noch eingegangen wird, bekräftigt.

cc) Bewertung

Der Auffassung des Bundesgerichtshofes ist im Ergebnis zuzustimmen.[674] Weder durch die Leistung von Sozialhilfe noch durch den Tod des Hilfeempfängers geht der Rückforderungsanspruch unter. Nimmt der Schenker unterhaltssichernde Leistungen des Sozialhilfeträgers in Anspruch, wandelt sich das bipolare Verhältnis zwischen Schenker und Beschenktem, das von persönlichen Erwägungen geprägt ist, zum tripolaren Verhältnis.[675] Infolge der Sozialhilfeleistungen fällt der Notbedarf als anspruchsbegründende Voraussetzung weg.[676] Der ursprüngliche Zweck des § 528 Abs. 1 Satz 1 BGB, den verarmten Schenker zu befähigen, aus eigenen Mitteln seinen Unterhaltsbedarf zu decken, ist nicht mehr erreichbar. Allerdings muss dem Grundsatz der Nachrangigkeit der Sozialhilfe gemäß § 2 SGB XII Geltung verschafft werden. Hiernach tritt der Sozialhilfeträger für den Drittverpflichteten lediglich in Vorleistung[677]. Nur soweit und solange der Beschenkte dem Notbedarf des Schenkers nicht abhilft, wird Sozialhilfe geleistet. Die Hilfeleistungen sollen also keineswegs den Beschenkten begünstigen und zu einer Befreiung von seiner Herausgabeverpflichtung führen. Die das bipolare Verhältnis kennzeichnende Entscheidungsfreiheit des Schenkers, ob er den Beschenkten in Anspruch nehmen oder sich in seiner Lebensführung einschränken möchte, ist im tripolaren Verhältnis nicht schutzwürdig. Vielmehr kommt dem Nachrangigkeitsprinzip eine Ausstrahlungswirkung auf den zivilrechtlichen Anspruch aus § 528

---

673 *BGH* v. 14.6.1995 – IV ZR 212/94 – NJW 1995, 2287–2288, siehe Teil C/III./5./c)/bb)/(3); *ders.* v. 25.4.2001 – X ZR 229/99 – BGHZ 147, 288–296, siehe Teil C/III./5./d).

674 Uneingeschränkte Zustimmung erfährt die Entscheidung u. a. von *Gitter* JR 1986, 412 (412); *Karpen* MittRhNotK 1988, 131 (141); *Zeranski* NJW 1998, 2574 (2575); *ders.* S. 110 ff.

675 Dieses Begriffspaar verwendet *Krauß* ZEV 2001, 417 (417).

676 *Kollhosser* ZEV 1995, 391 (393), und *Zeranski* NJW 1998, 2574 (2575), sprechen von einer nur formalen Bedarfsdeckung.

677 Die Formulierung „in Vorleistung treten“ oder auch „in Vorlage treten“ wird seit BGHZ 96, 380–384, ständig verwendet.

Abs. 1 Satz 1 BGB zu. Der Zweck des Rückforderungsanspruchs ändert sich mit der Inanspruchnahme der Sozialhilfe dahingehend, dass nunmehr die Möglichkeit der Geschenkrückforderung den Regress des Sozialhilfeträgers sichern soll, damit nicht die Allgemeinheit die Kosten endgültig zu tragen braucht. Bis zur Überleitung ist der Schenker noch Inhaber des Anspruchs, allerdings für den Ausgleichszweck des Sozialhilfeträgers.[678] Aufgrund dieser Erweiterung des Normzwecks besteht der Anspruch aus § 528 Abs. 1 Satz 1 BGB trotz Behebung der Notlage durch den Träger der Sozialhilfe fort.

Prinzipiell entfällt eine aktuelle Notlage mit dem Tode des Schenkers. Dieses Ergebnis erscheint jedoch nicht sachgerecht, wenn der Notbedarf des Schenkers zu Lebzeiten von dem Sozialhilfeträger gedeckt wurde und der Schenker nach Überleitung des Rückforderungsanspruchs, aber vor Erstattung der Sozialhilfeleistungen, verstirbt. Der durch den Übergang in das tripolare Verhältnis modifizierte Zweck, die Regresssicherung, wurde nicht erreicht. Das herauszugebende Geschenk soll weiterhin für den Ausgleich der Leistung des in § 528 Abs. 1 Satz 1 BGB bezeichneten Unterhalts durch die öffentliche Hand verwertet werden. Darüber hinaus würde die Annahme, der Anspruch gehe mit dem Tode des Leistungsberechtigten und Schenkers unter, dem Beschenkten gestatten, sich im Wege einer Verzögerungstaktik dem Sozialhilferegress zu entziehen. Daher ist der Fortbestand des Rückforderungsanspruchs geboten. Schließlich kann auch der Hinweis des Berufungsgerichts auf § 528 Abs. 1 Satz 3 BGB der Norm kein Erlöschen des Anspruchs begründen. Wie bereits dargelegt[679], ist der Anwendungsbereich von Satz 3 eingeschränkt. Satz 3 gilt sinnvollerweise nur für den Rentenanspruch des Satz 2. Zielt der Rückforderungsanspruch auf einmalige Zahlung ab, kann folgerichtig ein Erlöschen des Anspruchs nicht aus Satz 2 und 3 i. V. m. § 1615 Abs. 1 BGB abgeleitet werden.

Damit gilt, dass der Rückforderungsanspruch aus § 528 Abs. 1 Satz 1 BGB auch nach dem Tod des Schenkers verfolgt werden kann, wenn er zuvor vom Sozialhilfeträger auf sich übergeleitet und geltend gemacht worden ist.[680]

---

678 *Kollhosser* ZEV 1995, 391 (393 f.), sieht in dieser formalen Inhaberstellung eine treuhänderischen Bindung.

679 Siehe Teil C/III./4./a).

680 Statt aller *Krauß* ZEV 2001, 417 (419).

b) Geltendmachung vor dem Tode des Schenkers

Die Rechtsprechung hatte sich bisher vornehmlich mit Fällen zu befassen, in denen ein Sozialhilfeträger die Pflegekosten des verarmten Schenkers übernommen und den Notbedarfsanspruch aus § 528 Abs. 1 Satz 1 BGB auf sich übergeleitet hat. Im Rahmen seines Kostenfestsetzungsbeschlusses nach § 91a ZPO vom 16.9.1993 – V ZR 246/92[681] – ging der V. Senat des Bundesgerichtshofes ein gutes Stück über den bisher erreichten Stand richterlicher Auslegung des § 528 BGB hinaus[682] und machte in Fortführung von BGHZ 96, 380–384[683] weitergehende Ausführungen zur Auswirkung von Drittleistungen auf den Rückforderungsanspruch wegen Notbedarfs. Nach Ansicht der Karlsruher Richter sei nicht die Überleitungsanzeige des Sozialhilfeträgers dafür entscheidend, dass der einmal entstandene Rückforderungsanspruch wegen Notbedarfs nicht mit dem Tode des Schenkers erlösche. Vielmehr bestehe der Anspruch fort, wenn ein Dritter, um die Not des Schenkers abzuwenden, „anstelle des säumigen Beschenkten quasi in Vorlage" getreten ist.

In dem zugrunde liegenden Fall hatten die unbekannten Erben einer verstorbenen Schenkerin als Kläger – vertreten durch eine Nachlasspflegerin – Zahlungsansprüche wegen Notbedarfs gemäß § 528 BGB, hilfsweise Rückübereignung eines geschenkten Hausgrundstücks nach Widerruf wegen groben Undanks gemäß den §§ 530 f. BGB geltend gemacht. Die Schenkerin war nach der unentgeltlichen Übertragung ihres Wohnungseigentums[684] an den Beklagten pflegebedürftig geworden und konnte die Kosten ihrer Heimunterbringung nicht bestreiten. Die nicht gedeckten Kosten wurden von dem zuständigen Sozialhilfeträger übernommen, ohne dass vor oder nach dem Tod der Schenkerin eine Anspruchsüberleitung erfolgt war. Offenbar sollte die erstrittene Leistung an den Sozialhilfeträger abgeführt werden.[685] Die Pflegerin der Hilfeempfängerin hatte die Rückforderungsansprüche wegen Notbedarfs noch zu Lebzeiten gegen den Beklagten ohne Erfolg geltend gemacht. Die Klage scheiterte auch in zweiter Instanz. Nachdem die Mutter des Beklagten die mit dem Hauptantrag geforderte Klagesumme beglichen hatte, erklärten die Revisionskläger die Hauptsache für erledigt. Sie beantragten, dem Beklagten die Kosten des

---

681 BGHZ 123, 264–267.

682 *Kollhosser* ZEV 1994, 50 (50); vgl. auch *Schmidt* JuS 1994, 435 (435); *Vollkommer* EWiR 1994, 235 (236).

683 Siehe bereits Teil C/III./5./a)/bb).

684 Das der Übertragung zugrunde liegende Kausalgeschäft wurde von den Gerichten als eine gemischte Schenkung angesehen.

685 *Kollhosser* ZEV 1994, 50 (50).

Rechtsstreits aufzuerlegen. Die zweitinstanzlichen Prozessbevollmächtigten des Beklagten schlossen sich der Erledigungserklärung an.

Der Bundesgerichtshof kam zu dem Ergebnis, dass der zu Lebzeiten der Schenkerin entstandene Notbedarfsanspruch nach § 528 BGB nicht durch deren Tod weggefallen sei. Es könne nicht zugunsten des Beschenkten ausschlagen, dass Dritte oder die öffentliche Hand zunächst die hilfsbedürftige Schenkerin versorgen mussten, weil der Beschenkte die ihn gemäß § 528 Abs. 1 Satz 1 und 2 BGB treffende Pflicht trotz Aufforderung und sogar Klageankündigung nicht oder nicht rechtzeitig erfüllt hat. Maßgeblich sei nicht die Überleitungsanzeige des Sozialhilfeträgers, sondern vielmehr, dass der Beschenkte nach Geltendmachung des Rückforderungsanspruches nicht durch „verzögerliche Weigerung" die Kosten für den notwendigen Lebensbedarf des Schenkers Dritten oder der Allgemeinheit soll aufbürden können. Dies entspreche dem allgemeinen Rechtsgedanken des Bürgerlichen Gesetzbuches, der in den §§ 843 Abs. 4, 1615 Abs. 1 BGB zum Ausdruck komme, nach welchem ein Unterhaltsanspruch nicht dadurch ausgeschlossen werde oder untergehe, dass zunächst ein anderer für den Verpflichteten eingetreten ist.[686] Ansonsten käme man zu dem nicht hinnehmbaren Ergebnis, dass der in Vorlage tretende Dritte mit dem Tode des Schenkers die Möglichkeit verlöre, für die erbrachten Leistungen Ersatz zu erhalten, und der Schuldner aus seiner Säumnis den Vorteil der Befreiung von seiner Schuld erzielen würde.

Charakteristisch für Kostenfestsetzungsbeschlüsse nach § 91a ZPO sind eine nur knapp skizzierte Sachverhaltsdarstellung und eine geringere Begründungsdichte gegenüber einem Urteil.[687] Diese Merkmale offenbart auch diese Entscheidung. Dennoch gelangt der Senat zu einem angemessenen Ergebnis. Er sieht in den §§ 843 Abs. 4, 1615 Abs. 1 BGB einen allgemeinen Rechtsgedanken normiert, der zumindest auch für Unterhaltsansprüche gelten soll. § 843 Abs. 4 BGB enthält den schadensrechtlichen Grundsatz der untersagten Vorteilsausgleichung[688], der besagt, dass Leistungen Dritter, die nach ihrer Zweckbestimmung dem Verletzten und nicht dem Schädiger zugutekommen sollen, nicht zum Untergang des Schadensersatzanspruches führen. Wendet man diesen Grundsatz auf den Rückforderungsanspruch des verarmten Schenkers an, dann hängen die Rechtsfolgen, wenn ein Dritter den Notbedarf des verarmten Schenkers deckt, davon ab, welche

686 Der Unterhalt kann entweder durch Sachleistungen oder finanzielle Zuwendungen sichergestellt werden.

687 *Kollhosser* ZEV 1994, 50 (50); *Seyfarth* S. 105.

688 Vgl. *Spindler* in: Bamberger/Roth BeckOK-BGB, § 843 Rn. 35; *Wagner* in: MüKo-BGB, § 843 Rn. 79.

Zweckbestimmung der Dritte für seine Leistung trifft – ob er den Beschenkten begünstigen will[689] oder nicht.[690] Der einmal entstandene Rückforderungsanspruch gemäß § 528 Abs. 1 Satz 1 BGB erlischt demnach nicht, wenn eine Drittleistung gegeben ist, die – wie im Regelfall – ihrem Zweck nach nur dem Schenker helfen, nicht aber den Beschenkten entlasten soll. Zwar ist durch die Deckung des Notbedarfs der bisherige Zweck nicht mehr erreichbar. Hat der Dritte nur in Vorlage treten wollen, so ändert sich der Zweck dahingehend, dass der Rückforderungsanspruch fortan die freiwilligen unterhaltssichernden Leistungen des Dritten kompensieren soll. Die Privatautonomie wird durch Art. 2 Abs. 1 GG garantiert.[691] Daher ist die privatautonome Zweckbestimmung des Leistenden zu achten.[692]

Aus § 1615 Abs. 1 i. V. m. § 1613 Abs. 1 BGB folgt, dass Unterhaltsansprüche über den Tod hinaus fortbestehen, sofern der Schuldner mit ihnen in Verzug gesetzt worden war. Zwar gelten diese Vorschriften nach § 528 Abs. 1 Satz 3 BGB entsprechend. Aber die Verweisung bezieht sich ausschließlich auf die Abwendungsbefugnis des Beschenkten nach Satz 2 und nicht auf den generellen Rückforderungsanspruch nach Satz 1.[693] Die Anwendung der Vorschriften auf Satz 1 einerseits zwar abzulehnen, aber den zum Ausdruck kommenden Rechtsgedanken andererseits dennoch heranzuziehen, erscheint umständlich und zweifelhaft.

Hat der Schenker den Anspruch gemäß § 528 Abs. 1 Satz 1 BGB zu Lebzeiten noch geltend gemacht und ist ein Dritter für den Unterhalt des Schenkers bis zu seinem Ableben in Vorlage getreten, kann der Erbe folglich den Notbedarfsanspruch gemäß § 528 Abs. 1 Satz 1 BGB weiterverfolgen, um die Vorleistung des Dritten auszugleichen.

---

689 Dann kommt z. B. eine Leistung als Dritter i. S. v. § 267 Abs. 1 BGB mit Erfüllungswirkung nach § 362 Abs. 1 BGB in Betracht, vgl. *Kollhosser* ZEV 1994, 50 (51).

690 Zutreffend Kollhosser ZEV 1994, 50 (51); *ders.* ZEV 1995, 391 (395); vgl. auch *Haarmann* FamRZ 1996, 522 (523). Dagegen lehnt *Seyfarth* S. 105 f., eine Übertragbarkeit des schadensrechtlichen Grundgedankens auf den Bereich des Unterhaltsrechts ab, da die §§ 1607 Abs. 2 Satz 2, 1615b Abs. 1 Satz 1 (letzterer weggefallen) BGB ausgehöhlt werden würden.

691 *Schmidt* Grundrechte, Rn. 247 und 249.

692 *Kollhosser* ZEV 1995, 391 (395).

693 Siehe bereits Teil C/III./4./a).

c) Überleitung durch den Sozialhilfeträger nach dem Tode des Schenkers

In der Praxis kommt es nicht selten vor, dass der Schenker Sozialhilfe erhalten hat, er aber vor Überleitung oder Durchsetzung des übergeleiteten Rückforderungsanspruchs wegen Notbedarfs verstirbt[694], weil einerseits der Zeitraum zwischen Beginn der Hilfeleistung und dem Tod des Sozialhilfeempfängers aufgrund des hohen Alters des Betroffenen oft kurz ist, andererseits die Aufklärung bestehender Überleitungsmöglichkeiten durch mangelnde Kooperationsbereitschaft auf Seiten der Beteiligten häufig erschwert wird[695]. Für diesen Fall kommt es zunächst darauf an, ob die Überleitung nach dem Tod des Hilfeempfängers und Schenkers überhaupt zulässig ist. Es geht um den Anwendungsbereich des § 93 SGB XII.

In seiner Revisionsentscheidung vom 10.5.1990 – 5 C 63/88[696] – bejahte das Bundesverwaltungsgericht die Überleitung eines Anspruchs nach § 90 BSHG[697], den ein Sozialhilfeempfänger für die Zeit der Hilfegewährung gegen einen anderen hat, auch nach dem Tode des Hilfeempfängers auf den Träger der Sozialhilfe. In dem der Entscheidung zugrunde liegenden Fall hatte der beklagte Sozialhilfeträger über fünf Monate die ungedeckten Kosten der Heimunterbringung der Schwester des Klägers übernommen. Nachdem ermittelt worden war, dass die Hilfeempfängerin rund einem Monat vor ihrer Sozialhilfebedürftigkeit dem Kläger ein Sparguthaben von 30.000,- DM geschenkt hatte, wurde drei Monate nach dem Tode der Hilfeempfängerin der Schenkungsrückforderungsanspruch gegen den Kläger bis zur Höhe der geleisteten Sozialhilfekosten auf den Beklagten übergeleitet. Das OVG Lüneburg[698] hatte die angefochtene Überleitungsanzeige aufgehoben, weil es mit dem Verwaltungsgericht der Ansicht war, nach dem Tode des Hilfeempfängers könne ein sozialhilferechtlicher Anspruchsübergang nicht mehr herbeigeführt werden, weil aus dem Tatbestandsmerkmal „Hilfeempfänger" hervorgehe, dass allein diesem gegenüber eine Überleitung erfolgen könne. Seine aus dem Wortlaut gewonnene Auslegung sah das Berufungsgericht durch § 92c BSHG – nunmehr § 102 SGB XII – bestätigt, nach welchem die Kostenersatzpflicht des Erben in mehrfacher Hinsicht eingeschränkt ist. Dem

---

694 So bereits *Kollhosser* AcP 194 (1994), 231 (249); *Zöller* JA 1996, 369 (370).

695 *Haarmann* FamRZ 1996, 522 (523); vgl. auch *Holzkämper* ZfSH/SGB 1995, 430 (430).

696 BVerwGE 85, 136–139.

697 An dieser Stelle kommt es auf den alten Terminus „Hilfeempfänger" an, weshalb ausnahmsweise die sozialrechtlichen Zitate der Entscheidung beibehalten worden sind.

698 Urteil v. 8.6.1988 – 4 A 48/84 – ZfF 1988, 253 (253).

trat das Bundesverwaltungsgericht[699] entgegen. Die Verwendung des Begriffs „Hilfeempfänger" diene ausschließlich der Identifikation des Anspruchs, dessen Erfüllung nach dem Prinzip der Gleichzeitigkeit[700] die Hilfegewährung entbehrlich gemacht hätte. Nach Ansicht des erkennenden Senats ergebe sich aus dem Sinn und Zweck der Überleitungsvorschrift, dass die dem Sozialhilfeträger zuerkannte Ermächtigung, Ansprüche des Hilfeempfängers gegen einen anderen auf sich überzuleiten, wenn sie die gleiche Zeit betreffen, für die der Sozialhilfeträger Hilfe gewährt hat, nicht auf die Lebenszeiten des Hilfeempfängers begrenzt ist. Die Überleitungsregelung stelle ein rechtliches Instrumentarium zur Verfügung, das dem Sozialhilfeträger ermöglicht, durch einen Gläubigerwechsel den vom Gesetz gewollten Vorrang der Verpflichtungen anderer, die dem Hilfeempfänger die erforderliche Hilfe hätten gewähren können, im Nachhinein wiederherzustellen. Des Weiteren stehe der sozialhilferechtliche Kostenersatzanspruch gegen den Erben der Überleitung nach dem Tode des Hilfeempfängers nicht entgegen, weil die Norm nicht den Anwendungsbereich der Überleitungsregelung betreffe. Während der Kostenersatzanspruch eine erst den Erben als solchen treffende Verbindlichkeit beinhalte, ziele die Anspruchsüberleitung auf die Durchsetzung des Nachrangigkeitsprinzips der Sozialhilfe schon zu Lebzeiten des Hilfeempfängers ab, womit sie im Rang vorgehe. Dieses Rangverhältnis bestehe über den Tod des Hilfeempfängers hinaus fort. Dem Bundesverwaltungsgericht zufolge ergibt sich also aus dem Gesetz keinerlei Anhalt dafür, dass auf die nachträgliche Wiederherstellung des Nachrangs der Sozialhilfe für den Todesfall zugunsten der Erben verzichtet werden sollte. Die Überleitungsanzeige ist demnach auch noch nach dem Tode des Schenkers zulässig; verwaltungs- oder sozialhilferechtliche Aspekte stehen dem nicht entgegen. Offen blieb nach der Entscheidung die zivilrechtliche Fragestellung, ob der Rückgewähranspruch gegen den Beschenkten den Tod des Sozialhilfeempfängers überdauert. Auf die diesbezügliche Rechtsprechung, die anfangs von kontroversen Entscheidungen der Instanzgerichte geprägt war, wird nachfolgend eingegangen.

aa) Erlöschen mit dem Tode des Schenkers

Mehrere Oberlandesgerichte teilen die Auffassung, dass der Sozialhilfeträger den Anspruch des verarmten Schenkers aus § 528 Abs. 1 Satz 1 BGB nach dessen Tod nicht mehr auf sich überleiten kann.

---

699 *BVerwG* v. 10.5.1990 – 5 C 63/88 – BverwGE 85, 136 (138).

700 Siehe bereits Teil B/II./3.

(1) OLG Düsseldorf vom 24.5.1984 – 18 U 220/83 – FamRZ 1984, 887–891

Das OLG Düsseldorf gelangte in seiner Entscheidung vom 24.5.1984 – 18 U 220/83[701] – zu dem Ergebnis, dass mit dem Tode des Schenkers der Rückforderungsanspruch des § 528 Abs. 1 Satz 1 BGB erlischt und nicht mehr wirksam auf den Sozialhilfeträger übergeleitet werden kann. Laut Sachverhalt hatte der Träger der Sozialhilfe zwar den Anspruch des Leistungsberechtigten auf Herausgabe eines Geschenks von 30.000,- DM gegen den Beklagten zu 1 vor dem Tode des Vaters auf sich übergeleitet.[702] Allerdings erfolgte die Überleitung des Schenkungsrückforderungsanspruchs des Hilfeempfängers gegen die Schwiegertochter, die Beklagte zu 2, bzgl. der auf dem Oderkonto der beklagten Eheleute in Sparbriefen angelegten 25.000,- DM erst während des laufenden Verfahrens und nach dem Tode des Schwiegervaters. Gegen die Überleitungsfähigkeit des Rückforderungsanspruchs nach dem Tode des Schenkers spreche nach Überzeugung des Senats die Tatsache, dass die Überleitung nur einen Gläubigerwechsel bewirkt, nicht aber eine Inhaltsänderung des Anspruchs nach sich zieht.[703] Ein Anspruch könnte demzufolge nur übergeleitet werden, wenn er als solcher besteht. In Anbetracht der höchstpersönlichen Natur des Rückforderungsanspruchs und unter Berücksichtigung von Vertrauensschutzgesichtspunkten sei vom Erlöschen des Anspruchs gemäß § 528 Abs. 1 Satz 1 BGB mit dem Tode des Schenkers auszugehen und auch die Vererblichkeit desselben zu verneinen. Der Empfänger könne nach dem Tode des Schenkers nicht mehr damit rechnen, dass zu diesem Zeitpunkt noch eine Überleitung erfolgen werde. Sogar fehle aus seiner Sicht der erforderliche Zusammenhang zwischen Notbedarf des Schenkers und Rückforderung. Anderes habe nur zu gelten, wenn der Rückforderungsanspruch vom Sozialhilfeträger schon zu Lebzeiten auf sich übergeleitet wurde. Demnach liege es also in der Risikosphäre des Sozialhilfeträgers, rechtzeitig die notwendigen Sachverhaltsermittlungen einzuleiten und umgehend den Anspruch überzuleiten, wenn er die Vereitelung der Forderungsrealisierung durch den Tod des Schenkers verhindern will.

(2) OLG Stuttgart vom 22.9.1984 – 12 W 27/84 – BWNotZ 1985, 70–71

Außerdem trat auch das OLG Stuttgart in seinem Beschluss vom 22.9.1984 – 12 W27/84[704] – der Rechtsauffassung bei, dass der Rückforderungsanspruch

701 FamRZ 1984, 887–891, siehe bereits Teil C/III./5./a)/aa).

702 Hierzu und auch zur ausführlicheren Sachverhaltsdarstellung siehe bereits Teil C/III./5./a)/aa).

703 Siehe dazu ausführlich Teil B/II./4.

704 BWNotZ 1985, 70–71.

gemäß § 528 BGB höchstpersönlichen Charakters ist und nur vom Schenker selbst, nicht aber von seinen Erben geltend gemacht werden kann. Der Anspruch aus § 528 BGB diene ausschließlich zur Behebung der aktuellen Notlage des Schenkers, die durch seinen Tod weggefallen sei. Dagegen könne auch nicht erfolgreich geltend gemacht werden, der Rückforderungsanspruch sei unbeschränkt verkehrsfähig und deshalb auch vererblich. Im Gegenteil sei der höchstpersönliche Anspruch aus § 528 BGB in seiner Übertragbarkeit im Hinblick auf § 400 BGB beschränkt. Danach ist eine Zession nicht möglich, soweit die Forderung nicht der Pfändung unterworfen ist. Der Notbedarfsanspruch kann gemäß § 852 Abs. 2 ZPO aber nur dann gepfändet – und damit abgetreten – werden, wenn er durch Vertrag anerkannt oder rechtshängig geworden ist.

(3) OLG Celle vom 7.9.1992 – 20 W 7/92 – NdsRpfl 1993, 11–13

In seinem Beschwerdebeschluss wegen Bewilligung von Prozesskostenhilfe vom 7.9.1992 – 20 W 7/92 – vertrat das OLG Celle[705] den Standpunkt, dass der Rückforderungsanspruch aus § 528 BGB gegen den Beschenkten mit dem Tode des Schenkers jedenfalls im Wege der Konfusion – der Vereinigung von Forderung und Schuld in einer Person[706] – erlösche, wenn der Beschenkte Alleinerbe des Schenkers ist. Nach dem ermittelten Sachverhalt hatte der Sozialhilfeträger, der Antragsgegner, der Mutter der Antragstellerin über drei Jahre laufende Hilfe zum Lebensunterhalt gezahlt. Da die Leistungsberechtigte von ihrer Tochter eine Geldzahlung[707] erhalten hatte, wurde ein Rückforderungsbescheid erlassen, auf den hin die Antragstellerin den geforderten Betrag aus ihrem Vermögen zahlte. Der Bescheid wurde im Verwaltungsrechtsstreit rechtskräftig aufgehoben. Mit der beabsichtigten Klage begehrte die Antragstellerin Rückzahlung des Betrages nach Bereicherungsrecht. Der Antragsgegner verweigerte die Rückzahlung mit Rücksicht auf einen erst nach dem Tode der Leistungsberechtigten übergeleiteten Anspruch aus § 528 BGB gegen die Tochter der Antragstellerin und Alleinerbin der Leistungsberechtigten. Das OLG Celle nimmt eingangs Bezug auf das Revisionsurteil des Bundesverwaltungsgerichts vom 10.5.1990 – 5 C 63/88[708], in der das oberste Gericht entschieden hatte, dass die Überleitung eines Anspruchs aus § 528 BGB verwaltungsrechtlich auch nach dem Tode des Leistungsberechtigten

705 NdsRpfl 1993, 11–13.

706 *Gernhuber* Schuldrecht, Band 3, § 19/3./a), eingehend *Kollhosser/Jansen* JA 1988, 305 (305 ff); *Lehmann* in: Enneccerus, Schuldverhältnisse, § 76 S. 303 f.

707 Im Rahmen der Ablösung eines Leibgedingsrechts.

708 BVerwGE 85, 136–139, siehe bereits Teil C/III./5./c).

möglich ist, weil jedenfalls in bürgerlich-rechtlicher Hinsicht nicht offensichtlich sei, dass derartige Ansprüche mit dem Tode des Leistungsberechtigten erlöschen.[709] Nach den bindenden Feststellungen der Berufungsinstanz schied damals ein Untergang des Notbedarfsanspruchs durch Konfusion aus, da der Kläger nur Miterbe war. Das OLG Celle sieht hierin einen Vorbehalt für den Fall der Konfusion. Daraus geht hervor, dass nach Auffassung des Oberlandesgerichts bereits in verwaltungsrechtlicher Hinsicht eine Überleitung im Konfusionsfall nicht möglich wäre. Sodann besinnt sich der Senat auf die zivilrechtliche Ebene und stellt klar, dass das Wesen des übergeleiteten Anspruchs durch die Überleitung unberührt bleibe, so dass der Sozialhilfeträger nicht durch eine Überleitungsanzeige bereits erloschene Ansprüche wieder zur Entstehung bringen könnte. Es bestünden jedoch gleich zwei Erlöschensgründe für einen Notbedarfsanspruch der Sozialhilfeempfängerin gegen ihre Enkelin. Zum einen erlösche der Anspruch nach § 528 Abs. 1 Satz 3 i. V. m. § 1615 Abs. 1 BGB mit dem Tode des notleidenden Schenkers, weil der Beschenkte nach dem Tode des Schenkers seine Abwendungsbefugnis gemäß § 528 Abs. 1 Satz 2 BGB nicht mehr ausüben könne. Der Senat äußerte aber zugleich, dass sich möglicherweise trotz des entgegenstehenden Wortlauts vertreten ließe, § 528 BGB anspruchsgünstig auszulegen und zugunsten des Sozialhilfeträgers eine teleologische Reduktion der Verweisung des § 528 Abs. 1 Satz 3 BGB auf § 1615 BGB vorzunehmen, weil die veränderte sozialstaatliche Wirklichkeit mit zu bedenken sei. Während es nach der ursprünglichen Konzeption des Rückforderungsanspruchs zu Lasten des verarmten Schenkers ging, wenn er das Geschenk nicht zurückerlangte, werde heute die Allgemeinheit betroffen, weil der Schenker einen Anspruch auf Sozialhilfe hat. Aufgrund dessen, dass zum anderen der Rückforderungsanspruch aus dem selbständigen Rechtsgrund der Konfusion erloschen sei, bedürfe es jedoch keiner endgültigen Stellungnahme des Gerichts. Bereits vor Anspruchsüberleitung sei es infolge des Erbganges in der Person der beschenkten Enkelin als Alleinerbin der Leistungsberechtigten zur Vereinigung von Recht und Verbindlichkeit gekommen. Für eine Ausnahme von dem allgemeinen Rechtsgrundsatz des Erlöschens von Forderungen durch Konfusion beim Erbfall zugunsten des Sozialhilfeträgers finde sich kein rechtsdogmatischer Ansatzpunkt, weil im Sozialrecht keine selbständige Rechtsgrundlage zur Befriedigung des Sozialhilfeträgers aus dem Nachlass eines Leistungsberechtigten existiert.

709 Zur Ausnahme in Fällen der Negativevidenz siehe Teil B/II./3./b).

(4) OLG Frankfurt a. M. vom 1.12.1993 – 21 U 196/92 – NJW 1994, 1805–1806

Das OLG Frankfurt a. M.[710] gelangte in Anlehnung an die bereits dargestellten Entscheidungen des OLG Düsseldorf[711] und des OLG Stuttgart[712] ebenfalls zu dem Ergebnis, dass der Sozialhilfeträger den Rückforderungsanspruch des verarmten Schenkers nach § 528 Abs. 1 Satz 1 BGB nach dessen Tod nicht mehr auf sich überleiten kann. Nach dem zugrundeliegenden Sachverhalt verlangte die Klägerin von der Beklagten teilweise Rückerstattung der Leistungen, die sie als Trägerin der Sozialhilfe an die Leistungesberechtigte für deren Heimunterbringung erbracht hatte. Die Leistungsberechtigte hatte innerhalb des Bezugszeitraumes mit notariellem Vertrag ihren aus einem Anteil an einer Eigentumswohnung bestehenden Gesellschaftsanteil unentgeltlich auf die Beklagte, ihre Nichte, übertragen. Erst nach dem Tode der Leistungsberechtigten leitete die Klägerin den angeblichen Anspruch aus § 528 Abs. 1 Satz 1 BGB gegen die Beklagte auf sich über. In seiner Urteilsbegründung nimmt der Senat auch auf die höchstrichterliche Rechtsprechung vom 20.12.1985 – V ZR 66/85[713] – Bezug. Dass demnach der Zweck des § 528 Abs. 1 Satz 1 BGB bei rechtzeitiger Überleitung auch dann gewahrt bleibe, wenn die Geschenkrückgabe erst nach dem Tode des Schenkers und Sozialhilfeempfängers erfolgt und ein anderes Ergebnis nicht mit dem Nachrangigkeitsprinzip und der Zweckbestimmung der Überleitungsregelung vereinbar sei, rechtfertige es nach Auffassung des OLG Frankfurt a. M. nicht, § 528 Abs. 1 Satz 1 BGB für den Sozialhilfeträger bei einer postmortal erfolgten Überleitung anspruchsgünstig weit auszulegen, weil im Unterschied zu dem vom Bundesgerichtshof entschiedenen Fall zum Zeitpunkt der Überleitungsanzeige ein überleitungsfähiger Anspruch aufgrund des höchstpersönlichen Charakters gerade nicht mehr vorgelegen habe. Weiterhin würden die seit Inkrafttreten des Bürgerlichen Gesetzbuches eingetretenen Veränderungen im Sozialstaatssystem zwar zu Belastungen der öffentlichen Hand führen. Es sei aber allein Aufgabe des Gesetzgebers, diesen Veränderungen Rechnung zu tragen. Das Gericht dürfe

---

710 Urteil v. 1.12.1993 – 21 U 196/92 – NJW 1994, 1805–1806.

711 *OLG Düsseldorf* v. 24.5.1984 – 18 U 220/83 – FamRZ 1984, 887–891, siehe Teil C/III./5./c)/aa)/(1).

712 *OLG Stuttgart* v. 22.9.1984 – 12 W 27/ 84 – BWNotZ 1985, 70–71, siehe Teil C/III./5./c)/aa)/(2).

713 BGHZ 96, 380–384, siehe Teil C/III./5./a)/bb).

schon aus verfassungsrechtlichen Gründen keine entsprechend weite Auslegung des § 528 BGB vornehmen.[714]

bb) Kein Erlöschen mit dem Tode des Schenkers

Für eine Vererblichkeit des Rückforderungsanspruchs gemäß § 528 Abs. 1 Satz 1 BGB sind insbesondere das LG Karlsruhe[715] und das OLG Karlsruhe[716] eingetreten. Außerdem wandte sich der Bundesgerichtshof[717] gegen ein Erlöschen des Notbedarfsanspruchs mit dem Tode des Schenkers, soweit es um die Erstattung von Sozialhilfe geht.

(1) LG Karlsruhe vom 5.8.1993 – 5 S 115/93 – NJW 1994, 137–138

Das LG Karlsruhe[718] vertrat in Abkehr von der Argumentation des OLG Düsseldorf[719] die Auffassung, der Sozialhilfeträger könne den Rückgabeanspruch des verarmten Schenkers auch nach dessen Tod auf sich überleiten. Der Kläger hatte dem Onkel des Beklagten seit 1987 in verschiedener Form Sozialhilfe geleistet. Der Leistungsberechtigte hatte im November 1987 praktisch sein ganzes Vermögen an seinen Bruder und zu einem weitaus geringeren Teil auch an dessen Sohn, den Beklagten, verschenkt. Nachdem der Sozialhilfeträger von der Schenkung Kenntnis erlangt hatte, leitete er die Ansprüche des Leistungsberechtigten gegen den Bruder, nach dem Tode des Leistungsberechtigten auch gegen den Beklagten auf sich über. Wie schon das OLG Celle[720] im Jahr zuvor, führte auch das LG Karlsruhe in seinen Gründen zunächst an, dass die seit Inkrafttreten des BGB eingetretenen Veränderungen des Sozialstaatssystems im Zweifel für eine anspruchsgünstige Auslegung des § 528 BGB sprächen. Auch nach dem Wortlaut des Gesetzes sei ein Erlöschen des Notbedarfsanspruchs mit dem Tode des Schenkers nicht angeordnet, da § 528 Abs. 1 Satz 3 i. V. m. § 1615 Abs. 1 BGB lediglich bestimme, dass nach Abwendung der Geschenkherausgabe nach Satz 1 durch die

---

714 Darüber hinaus berief sich das *OLG Frankfurt a. M.* auf die Besonderheit des Falles, dass der Sozialhilfeträger noch zu Lebzeiten der Leistungsberechtigten Kenntnis vom Schenkungsvertrag erlangt hatte.

715 *LG Karlsruhe* v. 5.8.1993 – 5 S 115/93 – NJW 1994, 137–138.

716 *OLG Karlsruhe* v. 18.3.1994 – 15 U 251/93 – NJW-RR 1995, 571–572.

717 *BGH* v. 25.4.2001 – X ZR 229/99 – BGHZ 147, 288–296; *ders.* v. 14.6.1995 – IV ZR 212/94 – NJW 1995, 2287–2288.

718 *LG Karlsruhe* v. 5.8.1993 – 5 S 115/93 – NJW 1994, 137–138.

719 *OLG Düsseldorf* v. 24.5.1984 – 18 U 220/83 – FamRZ 1984, 887–891, siehe Teil C/III./5./c)/aa)/(1).

720 *OLG Celle* v. 7.9.1992 – 20 W 7/92 – NdsRpfl 1993, 11 13, Teil C/III./5./c)/aa)/(3).

Zahlung einer Unterhaltsrente nach Satz 2 die Rentenverpflichtung mit dem Tode des Schenkers entfällt. Im Hinblick auf die wiederholte höchstrichterliche Rechtsprechung[721] gebe es jedoch keinen Raum für eine Abwendungsbefugnis, wenn der Anspruch von vornherein auf Zahlung für einen abgeschlossenen Zeitraum der Unterhaltsbedürftigkeit gerichtet ist. Ferner könne ein Untergang entgegen dem OLG Düsseldorf[722] nicht aus dem vermeintlich höchstpersönlichen Anspruchscharakter gefolgert werden, weil § 528 BGB anders als Ansprüche aus den §§ 847, 1300 BGB nicht auf der Verletzung eines höchstpersönlichen Rechts beruhe. So sei ausschließlich die durch § 852 ZPO geschützte Disposition eine höchstpersönliche, nicht der Anspruch selber. Des Weiteren komme auch nicht in Betracht, das Erlöschen des Anspruchs auf Vertrauensschutzerwägungen zurückzuführen, aus dem Grund, dass der Vertrauensschutz dem Rückgewähranspruch immanent ist, wie § 528 Abs. 1 Satz 1 i. V. m. den §§ 818 Abs. 3, 529 BGB zeigen. Schließlich maß das LG Karlsruhe den praktischen Problemen der Sozialhilfeträger bei der Ermittlung und Feststellung von Ansprüchen aus § 528 Abs. 1 Satz 1 BGB erhebliches Gewicht zu. Der Sozialhilfeträger könne nicht schlicht darauf verwiesen werden[723], rechtzeitig die notwendigen Ermittlungen einzuleiten, um die Vereitelung der Realisierung seiner Forderung durch den Tod des Schenkers und Leistungsberechtigten zu verhindern, weil dem oft Hindernisse entgegenstehen werden.[724] Nach alledem sei zumindest für den Bereich des Sozialrechts von einer Vererbbarkeit des Rückforderungsanspruchs gemäß § 528 BGB auszugehen.

(2) OLG Karlsruhe vom 18.3.1994 – 15 U 251/93 – NJW-RR 1995, 571–572

1994 hatte sich dann das OLG Karlsruhe[725] mit einer erst nach dem Tod des Schenkers erfolgten Überleitungsanzeige auseinanderzusetzen. In dem Rechtsstreit hatte ein Ehemann ein halbes Jahr bevor seine Frau Hilfe zur Pflege in einer Einrichtung in Anspruch nahm, seinem beklagten Enkel schenkweise 15.000,- DM überwiesen. Kurz nach dem Tod des Großvaters erfolgte die Überleitung des

721 *BGH* v. 29.3.1985 – V ZR 107/84 – BGHZ 94, 141 (144); *ders.* v. 20.12.1985 – V ZR 66/85 – BGHZ 96, 380 (384).

722 *OLG Düsseldorf* v. 24.5.1984 – 18 U 220/83 – FamRZ 1984, 887–891, siehe Teil C/III./5./c)/aa)/(1).

723 So aber *OLG Düsseldorf* v. 24.5.1984 – 18 U 220/83 – FamRZ 1984, 887–891, siehe Teil C/III./5./c)/aa)/(1).

724 Der Leistungsberechtigte hatte sich trotz Aufforderung nicht zum Besitz von etwaigen Sparbüchern oder Vermögen geäußert und in dem zuvor gestellten Antrag sogar wahrheitswidrig die Hingabe von Schenkungen verneint.

725 *OLG Karlsruhe* v. 18.3.1994 – 15 U 251/93 – NJW-RR 1995, 571–572.

Schenkungsrückforderungsanspruchs durch die Klägerin auf sich, nachdem sich der Beklagte geweigert hatte, den Betrag zu erstatten. Auch der 15. Zivilsenat des OLG Karlsruhe verneinte zu Beginn seiner Urteilsbegründung ein Erlöschen des Rückforderungsanspruchs durch den Tod des Schenkers gemäß § 528 Abs. 1 Satz 3 i. V. m. § 1615 Abs. 1 BGB, weil sich der Verweis in Satz 3 nur auf die Abwendungsbefugnis des Beschenkten nach Satz 2 und den von ihm gewählten Rentenanspruch beziehe.[726] Für eine Abwendungsbefugnis sahen die Richter keinen Raum, weil der Anspruch von vornherein auf Zahlung für einen abgeschlossenen Zeitraum der Unterhaltsbedürftigkeit gerichtet war – von der Heimunterbringung der Ehefrau des Schenkers bis zu seinem eigenen Ableben.[727] Vielmehr folge aus Sinn und Zweck der Überleitungsregelung und des § 528 Abs. 1 Satz 1 BGB, dass ein Rückforderungsanspruch auch nicht im Falle einer Überleitung nach Ableben des Schenkers erlösche. Der Zweck des Notbedarfsanspruchs, nämlich das verschenkte Vermögen zur Befriedigung des Unterhaltsbedürfnisses des Schenkers oder seines Ehegatten zu verwerten, bleibe gewahrt, auch wenn das Geschenk erst nach dem Tode des Schenkers und Leistungsberechtigten an den Sozialhilfeträger zurückgewährt werde. In Bezug auf die Zweckbestimmung der Überleitungsvorschrift gibt das OLG Karlsruhe im Wesentlichen die Rechtsprechung des Bundesverwaltungsgerichts[728] wieder. Überdies hält es das Gericht für nicht vertretbar, wenn es zu Lasten des Sozialhilfeträgers ginge, dass dieser oft erst nach schwierigen Ermittlungen oder durch Zufälle von Ansprüchen des Leistungsberechtigten nach § 528 Abs. 1 Satz 1 BGB Kenntnis erlangt und er daraus resultierend häufig erst nach dem Tode des Leistungsberechtigten mittels Überleitung einen Gläubigerwechsel herbeiführen kann. Der Schuldner dürfe nicht die Möglichkeit haben, sich seiner Aufwendungserstattungspflicht dadurch zu entziehen, dass er ihrer Erfüllung nicht rechtzeitig nachkommt. Weiterhin würden sich selbst bei Annahme einer höchstpersönlichen Anspruchsnatur Bedenken gegen eine Anspruchsüberleitung auch nach dem Tode des Schenkers nicht begründen lassen, da nach § 93 Abs. 1 Satz 4 SGB XII auch nicht übertragbare Rechte übergeleitet werden können. Letzten Endes bestehe außerdem kein schützenswertes Vertrauen des

726 Vgl. *LG Karlsruhe* v. 5.8.1993 – 5 S 115/93 – NJW 1994, 137–138, mit Hinweis auf *BGH* v. 29.3.1985 – V ZR 107/84 – BGHZ 94, 141 (144); *ders.* v. 20.12.1985 – V ZR 66/85 – BGHZ 96, 380 (384).

727 Gegen das Bestehen einer Abwendungsbefugnis in derartigen Fällen *BGH* v. 29.3.1985 – V ZR 107/84 – BGHZ 94, 141 (144); *ders.* v. 20.12.1985 – V ZR 66/85 – BGHZ 96, 380 (384). Siehe dazu bereits Teil C/III./4./a).

728 *BVerwG* v. 10.5.1990 – 5 C 63/88 – BVerwGE 85, 136–139, siehe Teil C/III./5./c).

Beschenkten darauf, dass die Unterhaltskosten des verarmten Schenkers endgültig von der Allgemeinheit getragen werden, weil der Notbedarfsanspruch vielfältig durch Vertrauensschutz gewährende Normen wie § 818 Abs. 3 und § 529 BGB beschränkt ist.

(3) BGH vom 14.6.1995 – IV ZR 212/94 – NJW 1995, 2287–2288

Mit Urteil vom 14.6.1995 – IV ZR 212/94[729] – hat nunmehr der Bundesgerichtshof entschieden, dass der Rückforderungsanspruch nach § 528 Abs. 1 Satz 1 BGB auch noch nach dem Tode des Schenkers auf den in Vorlage tretenden Sozialhilfeträger übergeleitet werden kann. Er nimmt damit die Vererblichkeit des Anspruchs an und führt auf diese Weise seine rückforderungsfreundliche Rechtsprechung[730] zugunsten des Sozialhilfeträgers konsequent fort. Der Sachverhalt stellte sich so dar, dass der Leistungsberechtigte über einen Zeitraum von elf Monaten Sozialhilfeleistungen durch Übernahme der Kosten seiner Pflege in einem Altenheim erhalten hatte, von denen rund 8.000,- DM ungedeckt blieben. Bereits sieben Jahre zuvor hatte er seinem Sohn, dem Beklagten, und dessen Ehefrau unter Nießbrauchsvorbehalt sein Grundstück übertragen. Die Erwerber verpflichteten sich zu Pflege- und Betreuungsleistungen und wurden je zur Hälfte zu seinen Erben eingesetzt. Acht Monate nach dem Tod des Leistungsberechtigten wurde der streitige Rückforderungsanspruch vom klagenden Sozialhilfeträger auf sich übergeleitet. Das OLG Düsseldorf[731] wies die Berufung des Sozialhilfeträgers zurück. Seiner Ansicht nach gehe die Überleitung ins Leere. Der Rückforderungsanspruch sei höchstpersönlicher Rechtsnatur und deshalb ein nicht ohne weiteres vererbliches Recht. Der Anspruch aus § 528 Abs. 1 Satz 1 BGB sei wie jeder andere vermögensrechtliche Anspruch vererblich, sofern er vom Schenker oder dem Sozialhilfeträger nach einer Überleitung noch zu Lebzeiten geltend gemacht worden ist.[732] Jedenfalls soweit es um die Erstattung von Sozialhilfeleistungen geht, billigte der Bundesgerichtshof die Vererblichkeit des Rückforderungsanspruchs.

---

729 NJW 1995, 2287–2288.

730 Siehe u. a. *BGH* v. 20.12.1985 – V ZR 66/85 – BGHZ 96, 380–384, Teil C/III./5./a)/bb); *ders.* v. 16.9.1993 – V ZR 246/92 – BGHZ 123, 264–267, Teil C/III./5./b).

731 Urteil v. 15.6.1994 – 9 U 271/93 – Leitsatz und Gründe bei juris.

732 Zur Anspruchsüberleitung vor dem Tode des Schenkers vgl. *OLG Düsseldorf* v. 24.5.1984 – 18 U 220/83 – FamRZ 1984, 887–891, und *BGH* v. 20.12.1985 – V ZR 66/85 – BGHZ 96, 380–384, siehe Teil C/III./5./a)/aa) und bb). Zur Geltendmachung vor dem Tode des Schenkers vgl. *BGH* v. 16.9.1993 – V ZR 246/92 – BGHZ 123, 264–267, siehe Teil C/III./5./b).

Die Inanspruchnahme von Sozialhilfe könne nicht ohne Einfluss auf die Vererblichkeit des Anspruchs bleiben, weil der Schenker sich nicht im Interesse des Beschenkten in seiner Lebensführung eingeschränkt habe. Hinzu komme, dass eine Überleitung des Rückforderungsanspruchs in Höhe der gewährten Leistungen auch gegen den Willen des Schenkers vorgenommen werden kann. Unter Bezugnahme auf BVerwGE 85, 136–139[733] führt der IV. Senat weiter aus, dass mit der Gewährung von Sozialhilfe an den Schenker von vornherein und nicht erst durch die Überleitung eine Rechtslage entstehe, die entsprechend der Nachrangigkeit der Sozialhilfe das verschenkte Vermögen mit der Pflicht belastet, die erbrachten Sozialhilfeleistungen zu erstatten. Die Überleitungsanzeige bewirke lediglich die Konkretisierung und Individualisierung dieser materiell-rechtlichen Erstattungspflicht. Aus diesem Grund könne die Haftung des Beschenkten sich nicht danach richten, „ob der Schenker noch lebt oder der Anspruch vor seinem Tod übergeleitet oder geltend gemacht worden ist".

Mithin stellte sich dem Bundesgerichtshof die weitere Frage eines Anspruchsunterganges durch Konfusion, weil der Beklagte zugleich auch Miterbe des Schenkers geworden ist und sich Forderung und Schuld in einer Person vereinigt haben. Er verneinte einen Untergang durch Konfusion wegen des Interesses des Sozialhilfeträgers am Weiterbestehen des Anspruchs aus § 528 Abs. 1 Satz 1 BGB. Zwar ziehe die Konfusion regelmäßig den Forderungsuntergang nach sich. Diese Rechtsfolge sei aber weder im Gesetz normiert noch entspringe sie dem Gebot der Logik, so dass dagegen der Fortbestand der Forderung anzunehmen sei, wo dies mit Rücksicht auf Rechte Dritter an der Forderung geboten erscheine.[734] Obwohl das Gesetz für einige dieser Fälle gemäß den §§ 1976, 1991 Abs. 2, 2143, 2175, 2377 BGB das Bestehen der Forderung fingiere, könne daraus nicht der Gegenschluss gezogen werden, ohne diese gesetzliche Regelungstechnik sei die Forderung unbedingt erloschen. Angesichts der auch über den Tod des Schenkers hinaus fortdauernden materiell-rechtlichen Erstattungspflicht des Beschenkten gegenüber dem Sozialhilfeträger sei auch von dem Fortbestand des Anspruchs aus § 528 Abs. 1 Satz 1 BGB auszugehen, selbst wenn der Beschenkte den Schenker beerbt hat. Denn der Schenker hätte nicht mehr zum Nachteil des Trägers der Sozialhilfe auf den Anspruch verzichten können. Am Ende zieht der Bundesgerichtshof noch eine Parallele zu der Konfusion bei einer mit einem Pfandrecht belasteten Forderung und führt aus, dass die Erbfolge des aus § 528 Abs. 1 Satz 1 BGB haftenden

---

733 Danach stehen verwaltungs- bzw. sozialhilferechtliche Aspekte einer postmortalen Anspruchsüberleitung nicht entgegen, siehe Teil C/III./5./c).

734 Ebenso *BGH* v. 30.4.1980 – V ZR 56/79 – JuS 1981, 295 (295).

Beschenkten in die Rechtsstellung des Schenkers dem Sozialhilfeträger ebenso wenig schaden könne.

cc) Bewertung

Der IV. Senat des Bundesgerichtshofes hat mit Urteil vom 14.6.1995 – IV ZR 212/94[735] – entschieden, dass der Rückforderungsanspruch aus § 528 Abs. 1 Satz 1 BGB jedenfalls insoweit nicht mit dem Tode des Schenkers untergeht, als dieser Sozialhilfeleistungen in Anspruch genommen hat. Dies gilt auch für den Fall, dass eine Anspruchsüberleitung auf den Sozialhilfeträger gemäß § 93 SGB XII erst nach dem Tode des Schenkers vorgenommen wird. Dem ist beizupflichten.[736]

§ 1922 Abs. 1 BGB ordnet für den Erbfall eine Universalsukzession an. Damit ist im Grundsatz die Vererblichkeit der Gesamtheit aller vermögensrechtlichen Beziehungen des Erblassers bestimmt.[737] Für die Annahme von im Einzelfall nichtvererblichen Vermögensrechten bedarf es daher entweder einer entgegenstehenden ausdrücklichen Rechtsvorschrift oder besonderer Anhaltspunkte aus dem Normzweck.[738] Das Gesetz selbst trifft keine Aussage für eine Ausnahme vom Grundsatz der Vererblichkeit von Ansprüchen. Aus der in § 528 Abs. 1 Satz 3 BGB enthaltenen Verweisung auf § 1615 Abs. 1 BGB kann nicht gefolgert werden, dass der Anspruch aus § 528 Abs. 1 Satz 1 BGB mit Ausnahme der Nachforderung fälliger Ansprüche mit dem Tode des Schenkers untergeht. Die Anordnung der entsprechenden Anwendung der §§ 760, 1613, 1615 BGB auf „die Verpflichtung des Beschenkten" bezieht sich nicht auf den Herausgabeanspruch des Schenkers aus Satz 1, sondern ausschließlich auf den Rentenanspruch des Satzes 2.[739] Mit

735 NJW 1995, 2287–2288.

736 *Herrmann* in: Erman-BGB, § 528 Rn. 6, lehnt eine Vererblichkeit des Anspruchs aus § 528 Abs. 1 Satz 1 BGB ab, wenn vor dem Tode des Schenkers keine Überleitung stattgefunden hat.

737 *Hoeren* in: Hk-BGB, § 1922 Rn. 2; *Leipold* in: MüKo-BGB, § 1922 Rn 19; *Stürner* in: Jauernig-BGB, § 1922 Rn. 1.

738 *Kollhosser* ZEV 1995, 391 (392); *Leipold* in: MüKo-BGB, § 1922 Rn 19; *Müller-Christmann* in: Bamberger/Roth BeckOK-BGB, § 1922 Rn. 24; *Vollkommer/Schwaiger* JZ 1996, 633 (634).

739 Ganz überwiegende Ansicht: vgl. zur Rechtsprechung *BGH* v. 29.3.1985 – V ZR 107/84 – BGHZ 94, 141 (144); *ders.* v. 20.12.1985 – V ZR 66/85 – BGHZ 96, 380 (384); *OLG Düsseldorf* v. 24.5.1984 – 18 U 220/83 – FamRZ 1984, 887 (889); *OLG Karlsruhe* v. 18.3.1994 – 15 U 251/93 – NJW-RR 1995, 571 (571); vgl. zur Literatur *Brähler-Boyan/Mann* NJW 1995, 1866 (1870); *Koch* in: MüKo-BGB, § 528 Rn. 24;

der Verweisung auf die §§ 1613, 1615 BGB wird dem Umstand Rechnung getragen, dass Unterhalt grundsätzlich nur für die Gegenwart und nicht für die Vergangenheit verlangt werden kann.[740] § 760 BGB gilt für Leibrenten und sieht nach Abs. 2 eine vierteljährliche Vorauszahlungspflicht vor. Damit passt § 760 BGB nur auf die Abwendungsbefugnis des Beschenkten nach § 528 Abs. 1 Satz 2 BGB. Folglich sind die von der Verweisung umfassten §§ 1613, 1615 BGB auch nicht auf § 528 Abs. 1 Satz 1 BGB anwendbar. Darüber hinaus findet die Auffassung, der Anspruch des verarmten Schenkers sei höchstpersönlich und daher unvererblich[741], weder in § 528 Abs. 1 Satz 1 BGB noch in anderen Vorschriften eine gesetzliche Stütze. Bei höchstpersönlichen Ansprüchen bestimmt die Person des Gläubigers den Inhalt der Leistung.[742] Anspruchsberechtigter ist grundsätzlich der bedürftige Schenker selbst. Ihm steht die Entscheidung über die Inanspruchnahme des Beschenkten frei. Dabei zeigt gerade die Erstreckung des Anspruchs auf die Fälle bedürftiger Verwandter, Ehegatten, Lebenspartner und früherer Ehegatten oder Lebenspartner, dass er nicht höchstpersönlichen Charakters ist.[743] Auch aus der Beschränkung der Pfändbarkeit des Anspruchs nach § 852 Abs. 2 ZPO ergibt

---

Probst JR 1996, 196 (196); *Mühl/Teichmann* in: Soergel-BGB, § 528 Rn. 11; *Weidenkaff* in: Palandt-BGB, § 528 Rn. 7; *Wimmer-Leonhardt* in: Staudinger-BGB, § 528 Rn. 30; *Zeranski* S. 27 und 107. Für eine Anwendbarkeit auch auf Satz 1: offenbar *OLG Celle* v. 7.9.1992 – 20 W 7/92, NdsRpfl 1993, 11 (12); *Franzen* FamRZ 1997, 528 (531 f.); *Hermann* in: Erman-BGB, § 528 Rn. 4; *Seyfarth* S. 48 ff.; *Vollkommer* EWiR 1994, 235 (236). Nach Ansicht von *Vollkommer/Schwaiger* JZ 1996, 633 (634 f.), können die in den §§ 1613 Abs. 1, 1615 Abs. 1 BGB angelegten Wertungen zwar sinnvoll auch für den Anspruch aus § 528 Abs. 1 Satz 1 BGB herangezogen werden. Wenn ein lebzeitiges Rückgabeverlangen tatsächlich nicht möglich war und der Schenker Hilfe von einem Dritten in Anspruch genommen hat, sei die Vererblichkeit des Anspruchs aber gemäß dem in § 1615d BGB enthaltenen Rechtsgedanken anzunehmen. Insoweit rechtfertige die notwendige Funktion als „Regressinstrument" die Vererblichkeit des Anspruchs. Zum Streitstand siehe bereits Teil C/III./4./a).

740 Vgl. *Berger* in: Jauernig-BGB, § 1613 Rn. 1 und § 1615 Rn. 2; *Born* in: MüKo-BGB, § 1613 Rn. 3 und § 1615 Rn. 1 ff; *Kemper* in: Hk-BGB, § 1613 Rn. 1 und § 1615 Rn. 2.

741 *OLG Düsseldorf* v. 24.5.1984 – 18 U 220/83 – FamRZ 1984, 887–891, *OLG Stuttgart* v. 22.9.1984 – 12 W 27/84 – BWNotZ 1985, 70–71, und *OLG Frankfurt a. M.* v. 1.12.1993 – 21 U 196/92 – NJW 1994, 1805–1806, siehe Teil C/III./5./c)/aa).

742 *Busche* in: Staudinger-BGB, § 399 Rn. 11; *Rohe* in: Bamberger/Roth BeckOK-BGB, § 399 Rn. 4; *Roth* in: MüKo-BGB, § 399 Rn. 2.

743 *Koch* in: MüKo-BGB, § 528 Rn. 9; *Zeranski* S. 108.

sich eine Höchstpersönlichkeit nicht.[744] Gemäß § 852 Abs. 2 i. V. m. Abs. 1 ZPO ist der Rückforderungsanspruch nur dann der Pfändung unterworfen, wenn er durch Vertrag anerkannt oder rechtshängig geworden ist. Die Entscheidung über die Inanspruchnahme des Beschenkten soll allein dem Schenker zustehen und nicht von einem Gläubiger gefällt werden.[745] Diese Entscheidungsfreiheit ist aber zumindest gegenüber dem Sozialhilfeträger nicht geschützt. Denn nach § 93 Abs. 1 Satz 4 SGB XII als spezielle Ausprägung des Nachrangigkeitsprinzips des § 2 SGB XII können auch nicht übertragbare Rechte übergeleitet werden.[746] Letzen Endes ist die Höchstpersönlichkeitsansicht rechtssystematisch zweifelhaft, denn sie unterliegt einem Zirkelschluss. Sie setzt bei der Annahme an, der Anspruch sei höchstpersönlicher Natur, und gewinnt anschließend im Wege der Auslegung dieses Begriffs den Inhalt, den sie zuvor durch ihre Annahme hineingelegt hat.[747] Auf die Höchstpersönlichkeit könnte konsequenterweise nur aus einer ermittelten Unübertragbarkeit und Unvererblichkeit geschlossen werden.[748]

Des Weiteren ist die Vererblichkeit auch nicht durch den Inhalt oder Zweck des Schenkungsrückforderungsanspruchs ausgeschlossen. Vielmehr ist dem Bundesgerichtshof darin zuzustimmen, dass sich der Fortbestand des Anspruchs über den Tod des Schenkers hinaus und damit die Möglichkeit der Geltendmachung durch den Sozialhilfeträger trotz fehlender lebzeitiger Überleitung im Wege einer teleologischen Interpretation begründen lässt.[749] Die Billigkeitsregel des § 528 BGB dient nach der ursprünglichen Intention des historischen Gesetzgebers dazu, den Schenker vor den Folgen seiner Freigebigkeit zu bewahren, also das verschenkte Vermögen des bedürftig gewordenen Schenkers für dessen Unterhalt zu verwerten.

---

744 Der *BGH* hat in seinem Urteil v. 9.11.1994 – IV ZR 66/94 – BGHZ 127, 354–360, zumindest die Abtretung des Anspruchs aus § 528 Abs. 1 Satz 1 BGB an den in Höhe des vollen Werts dieses Anspruchs in Vorlage getretenen Zessionar für wirksam erachtet. Dagegen hatte das *OLG Stuttgart* noch in seiner Entscheidung v. 22.9.1984 – 12 W 27/84 – BWNotZ 1985, 70–71, eine nur eingeschränkte Übertragbarkeit gemäß § 400 BGB angenommen und damit den höchstpersönlichen Charakter des Anspruchs begründet, siehe Teil C/III./5./c)/aa)/(2).

745 *Stöber* in: Zöller-ZPO, § 852 Rn. 1.

746 *OLG Karlsruhe* v. 18.3.1994 – 15 U 251/93 – NJW-RR 1995, 571–572, siehe Teil C/III./5./c)/bb)/(2); *Wimmer-Leonhardt* in: Staudinger-BGB, § 528 Rn. 26; *Zeranski* S. 112 f.

747 *Kollhosser* ZEV 1995, 391 (392).

748 Vgl. *Haarmann* FamRZ 1996, 522 (523).

749 *Probst* JR 1996, 196 (196), kritisiert die in seinen Augen mehr ergebnis- als begründungsorientierte Auslegung, auch wenn der *BGH* im Ergebnis wohl richtig entschieden habe.

In Anbetracht der Tatsache, dass es zur Zeit der Entstehung des Bürgerlichen Gesetzbuches keine hinreichende staatliche soziale Sicherung gab[750], kam der in eine Notlage geratene Schenker nicht aus, ohne auf sein verschenktes Vermögen zurückzugreifen. Mit dem Ableben des Schenkers entfiel zugleich seine Notlage mit der Konsequenz, dass es einer Vererblichkeit des Rückforderungsanspruchs i. S. v. § 1922 BGB nicht bedurfte.[751] Der Zweck der Vorschrift ließ sich nach dem Tode des Schenkers nicht mehr realisieren. Vor dem Hintergrund gewandelter sozialstaatlicher Verhältnisse, ist dagegen von einer Normzweckänderung auszugehen, die eine Vererblichkeit gebietet.[752] Im Rahmen der teleologischen Interpretation muss Berücksichtigung finden, dass der verarmte Schenker einen Anspruch auf Sozialhilfeleistungen hat und in der Folge das Risiko der Schenkungsrückforderung nicht mehr ausschließlich zu seinen, sondern zu Lasten der öffentlichen Hand und damit der Allgemeinheit geht. Der staatliche Mechanismus der Sozialhilfe bewahrt den Schenker nunmehr vor der „volle(n) Härte der Armut“[753]. Aufgrund des in § 2 SGB XII verankerten Nachrangigkeitsprinzips tritt der Sozialhilfeträger jedoch nur in Vorlage für den vorrangig verpflichteten Dritten. Denn der Anspruch aus § 528 Abs. 1 Satz 1 BGB zählt zum eigenen verbrauchbaren Vermögen des Schenkers, so dass er sich zuvörderst selbst unter Verwertung des Anspruchs hätte unterhalten müssen. Die Folgen der Freigebigkeit des Schenkers sollen aber nicht der Allgemeinheit aufgebürdet werden.[754] Der veränderte Zweck des Rückforderungsanspruchs liegt darin, dem Träger der Sozialhilfe einen Ausgleich für seine in Vorlage erbrachten Sozialhilfeleistungen zu verschaffen. Diese Zweckänderung lässt aus dem bipolaren Verhältnis zwischen Schenker und Beschenktem ein tripolares Verhältnis werden.[755] Daraus folgt eine anspruchsgünstige Interpretation des § 528 BGB. Eine Abhängigkeit der Inanspruchnahme des Beschenkten aus § 528 Abs. 1 Satz 1 BGB davon, ob zufällig eine Anspruchsüberleitung noch vor oder erst nach dem Tode des Schenkers erfolgen konnte, widerspricht dem Nachrangigkeitsprinzip, dessen Durchsetzung bzw. Wiederherstellung u. a. § 93 SGB XII gewährleistet. Die Sach- und Interessenlage ist in beiden Fällen vergleichbar. Der den todesbedingten Fortfall des Anspruchszwecks hindernde Umstand ist nicht

---

750 Die Sozialhilfe trat an die Stelle der früheren Armenfürsorge.

751 *Kollhosser* ZEV 1995, 391 (391).

752 So auch *Haarmann* FamRZ 1996, 522 (524); *Kollhosser* ZEV 1995, 391 (393 f.); *Krauß* ZEV 2001, 417 (418); *Zeranski* NJW 1998, 2575 (2575 f.); a. A.: *Seyfarth* S. 124 f.

753 *Haarmann* FamRZ 1996, 522 (524).

754 *Gernhuber* EWiR 1995, 749 (750); *Ruby* ZEV 2005, 102 (105).

755 Siehe bereits Teil C/III./5./a)/cc).

erst die Überleitung des Rückforderungsanspruchs, sondern allein schon die Inanspruchnahme der Sozialhilfe.[756] Auch der Standpunkt, der zugunsten des Beschenkten wirkende Vertrauensschutz werde unterlaufen, wenn der Anspruch aus § 528 Abs. 1 Satz 1 BGB über den Tod des Schenkers hinaus fortbesteht[757], hält einer näheren Betrachtung nicht stand. Der Beschenkte kann sich nicht darauf verlassen, dass die Kosten für den pflegebedürftigen Schenker zu Lasten der Allgemeinheit endgültig von dem Sozialhilfeträger getragen werden müssen. Der Beschenkte hätte das Geschenk nach dem Rangverhältnis zuvor zurückgeben müssen. Ein über den in den §§ 818 Abs. 3, 529 Abs. 1 und 2 BGB angesiedelten Vertrauensschutz hinausgehendes Schutzbedürfnis seitens des Beschenkten existiert nicht. Dem Rückforderungsanspruch kann grundsätzlich der Entreicherungseinwand nach § 818 Abs. 3 BGB entgegengehalten werden. Überspitzt formuliert kann der Beschenkte mit dem Geschenk „nach Belieben verfahren“[758]. Ferner schützt § 529 Abs. 1 BGB das Vertrauen des Beschenkten in das Behaltendürfen der Leistung, in dem die Inanspruchnahme ausgeschlossen ist, wenn der Schenker seine Notlage selbst verschuldet hat oder wenn zur Zeit des Eintritts derselben seit der Schenkung zehn Jahre verstrichen sind. § 529 Abs. 2 BGB beinhaltet einen Ausschluss der Rückforderung für den Fall, dass der Beschenkte bei Herausgabe des Geschenks selbst in Not gerät. Der Tod des Schenkers stellt keine weitere Grenze für eine Inanspruchnahme des Beschenkten dar, soweit der Schenker Sozialhilfe in Anspruch genommen hat. Umgekehrt würde der Untergang des Rückforderungsanspruchs mit dem Tode des Schenkers dann, wenn der Sozialhilfeträger Mittel zur Deckung des Notbedarfs zur Verfügung gestellt hat, im Widerspruch zum Zweck der Norm stehen.

Es ist weiterhin festzuhalten, dass nunmehr höchstrichterlich geklärt ist, dass der Rückforderungsanspruch auch nicht in dem Sonderfall erlischt, in welchem der Beschenkte gleichzeitig Erbe des verarmten Schenkers und damit Gläubiger des gegen ihn selbst gerichteten Schenkungsrückforderungsanspruchs wird. Das Zusammenfallen von Forderung und Schuld in einer Person ist im Bürgerlichen Gesetzbuch nicht allgemein geregelt. Der Gesetzgeber hat die Problematik der Konfusion aber erkannt und in den erbrechtlichen Vorschriften der §§ 1976, 1991 Abs. 2, 2143, 2175, 2377 BGB den Fortbestand des Anspruchs mittels einer Fiktion bestimmt. Daher liegt zunächst der Umkehrschluss nahe, dass über

---

756 *Schellhorn* FuR 1995, 308 (308); *Zeranski* NJW 1998, 2575 (2575 f.).

757 *OLG Düsseldorf* v. 24.5.1984 – 18 U 220/83 – FamRZ 1984, 887–891, siehe Teil C/III./5./c)/aa)/(1).

758 Formulierung bei *Haarmann* FamRZ 1996, 522 (523).

die gesetzlich geregelten Ausnahmen hinaus der Anspruch konfusionsbedingt erlischt, weil der Forderungsinhaber nicht sein eigener Schuldner sein kann.[759] Anknüpfend an die den gesetzlichen Fiktionssonderregelungen zugrundeliegenden Interessenlagen sind mittlerweile unter wertenden Gesichtspunkten jedoch weitere Konfusionsfälle anerkannt, in denen die Forderung nicht untergeht[760], so dass die Konfusion nicht als zwingender, weil aus dem Gebot der Logik folgender, Erlöschensgrund anzusehen ist[761]. Sie hat lediglich funktionalen Charakter.[762] Der Fortbestand eines Anspruchs im Konfusionsfall kann sich folglich im Wege einer wertenden Betrachtung ergeben und ist stets dann anzuerkennen, „wenn es aus diesen oder jenen Gründen sinnvoll ist".[763] Mit anderen Worten muss sich die Aufrechterhaltung der Forderung als sachgerecht erweisen. Das ist der Fall, wenn ein schutzwürdiges Interesse an dem Fortbestand der Forderung besteht.[764] Kommt es zur Inanspruchnahme von Vorlageleistungen Dritter durch den notleidenden Schenker zur Sicherung seines Unterhalts, steht das schutzwürdige Interesse des Dritten am Fortbestand der Forderung als Ausgleichs- bzw. Regressmöglichkeit einem Erlöschen des Anspruchs entgegen.[765] Geht es um die Erstattung von Sozialhilfeleistungen würde der Untergang des Anspruchs im Wege der Konfusion die nachträgliche Wiederherstellung des Nachrangigkeitsprinzips aus § 2 SGB XII gegenüber dem beschenkten Erben unmöglich werden lassen. Das Interesse der Allgemeinheit, die Kosten nicht endgültig tragen zu müssen wiegt so schwer, dass Forderung und Schuld trotz Konfusion bestehen bleiben. Aus denselben Gründen, aus denen die Vererblichkeit des Anspruchs aus § 528 Abs. 1 Satz 1 BGB anzunehmen ist, erlischt der Rückforderungsanspruch mithin auch nicht infolge von Konfusion. Der vom Bundesgerichtshof gezogene Vergleich zu der mit einem

---

759 Vgl. *BGH* v. 1.6.1967 – II ZR 150/66 – BGHZ 48, 214 (218); *ders.* v. 30.4.1980 – V ZR 56/79 – JuS 1981, 295 (295); *Lehmann* in: Enneccerus, Schuldverhältnisse, § 76 S. 303; *Servatius* JuS 2006, 1060 (1062).

760 Dazu ausführlich *Kollhosser/Jansen* JA 1988, 305 (306 ff.) m. w. N.

761 *Gernhuber* EWiR 1995, 749 (750); *Vollkommer/Schwaiger* JZ 1996, 633 (636); *Zeranski* NJW 1998, 2575 (2575 f.), erwägt eine doppelte Analogie zu § 2175 BGB, vgl. auch *ders.* S. 122 ff.; beipflichtend *Krauß* ZEV 2001, 417 (420).

762 *Probst* JR 1996, 196 (196).

763 *Gernhuber* EWiR 1995, 749 (750); *ders.* Schuldrecht, Band 3, § 19/3./a); ähnlich *Kollhosser/Jansen* JA 1988, 305 (309 f.); *Larenz* Schuldrecht, AT, § 19/I./2./b); *Servatius* JuS 2006, 1060 (1062 f.).

764 *Lehmann* in: Enneccerus, Schuldverhältnisse, § 76 S. 304; vgl. auch die Beispiele bei *Brox/Walker* BGB AT, § 17 Rn. 7.

765 *Probst* JR 1996, 196 (196), stellt auf die Unterscheidbarkeit der Vermögensmassen ab.

Pfandrecht belasteten Forderung überzeugt dagegen nicht. § 93 SGB XII gewährt dem Sozialhilfeträger lediglich die Möglichkeit, durch Überleitung in die Rechtsstellung des Anspruchsinhabers einzurücken, jedoch kein dem Pfandrecht ähnliches Verwertungsrecht.[766]

Die Sozialhilfeträger erlangen mit dieser Entscheidung Rechtssicherheit. Sie können ohne Rücksicht auf den Zeitpunkt der Überleitungsanzeige solvente Beschenkte erfolgreich in Regress nehmen, wenn sie denn von der den Rückforderungsanspruch begründenden Schenkung erfahren.

d) Sicherstellung des Unterhalts durch einen privaten Dritten

Eine weitere erwähnenswerte Entscheidung des Bundesgerichtshofes zur Geltendmachung des Schenkungsrückforderungsanspruchs nach dem Tode des verarmten Schenkers erging am 25.4.2001 – X ZR 229/99[767]. Der erkennende Senat veranschaulicht in seiner Urteilsbegründung die bestehende Rechtslage im Hinblick auf das Fortbestehen des Rückforderungsanspruchs aus § 528 Abs. 1 Satz 1 BGB nach dem Tod des Schenkers anhand der bereits ergangenen höchstrichterlichen Rechtsprechung und bejaht die Vererblichkeit für den bisher noch nicht entschiedenen Fall, dass ein privater Dritter dem verarmten Schenker den Unterhalt bis zu seinem Tode gesichert hat.[768] Der Vater der Beklagten war von Dezember 1992 an bis zu seinem Tode 1994 in einem Altenkrankenhaus, dessen privater Träger die Klägerin ist, aufgrund eines entgeltlichen Heimvertrages gepflegt worden. Sein Antrag auf Übernahme der Heimpflegekosten beim zuständigen Sozialhilfeträger wurde u. a. wegen vorausgegangener Schenkung von 17.000,- DM an die Beklagte abgelehnt. Nach Ausschlagung des Erbes durch alle bekannten gesetzlichen Erben wurde ein Nachlasspfleger für die unbekannten Erben bestellt, der den Anspruch des Nachlasses gegen die Beklagte aus § 528 Abs. 1 Satz 1 BGB gemäß § 398 BGB an die Klägerin abtrat. Das Landgericht hatte der Rückzahlungsklage stattgegeben, die Berufung der Beklagten blieb erfolglos. Mit der Revision verfolgt sie ihren Antrag auf Abweisung der Klage weiter.

Die umfangreiche rechtliche Nachprüfung des Bundesgerichtshofes baut einerseits darauf auf, dass der Anspruch aus § 528 Abs. 1 Satz 1 BGB zweckgebunden ist, weshalb es für seine Vererblichkeit darauf ankomme, inwieweit sie mit seiner

766 *Zeranski* S. 122.

767 BGHZ 147, 288–296.

768 *Krauß* MittBayNot 2002, 248 (248), spricht daher zutreffend von einer Regressverschärfung.

Zweckbindung vereinbar sei. Wesentliche Bedeutung für die Beurteilung dieser Frage erlangten die Gesichtspunkte der Zweckerreichung bzw. des Zweckfortfalls. Daneben müsse die Vererblichkeit mit der grundsätzlich geschützten Entscheidungsfreiheit des Schenkers, ob er den Rückforderungsanspruch geltend machen will oder nicht, in Einklang zu bringen sein.[769] Der X. Senat geht möglicherweise von einer Gleichsetzung von Pfändbarkeit und Vererblichkeit aus, wenn er sich mit § 852 Abs. 2 ZPO auseinandersetzt[770], wonach der Anspruch mit Rücksicht darauf, dass der Schenker sich wegen des besonderen persönlichen Verhältnisses zu dem Beschenkten oder anderen Motiven gehindert sehen kann, die Rückforderung des Geschenkes zu beanspruchen, der Pfändung entzogen ist, soweit der Anspruch vom Beschenkten zu Lebzeiten des Schenkers nicht vertraglich anerkannt oder vom Schenker eingeklagt wurde. Demgemäß könne der Rückforderungsanspruch auch noch verfolgt werden, wenn er vor dem Tode des Schenkers auf den Sozialhilfeträger übergeleitet[771] oder wirksam abgetreten[772] worden ist, weil sein Zweck noch erreichbar sei und der Schenker durch die Abtretung seinen Willen zur Inanspruchnahme des Beschenkten bekundet hat. Gleiches gelte für den Fall, dass der Anspruch auf Herausgabe des Geschenks noch vom Schenker geltend gemacht worden und ein Dritter für den Unterhalt des Schenkers bis zu seinem Tod in Vorlage getreten ist[773]. Mit der Entscheidung vom 14.6.1995 – IV ZR 212/94[774] – sei in der Rechtsprechung des Bundesgerichtshofes ferner geklärt, dass der Rückforderungsanspruch aus § 528 BGB auch dann nicht mit dem Tode des Schenkers erlösche, wenn eine Geltendmachung oder Überleitung auf den Träger der Sozialhilfe zu seinen Lebzeiten nicht erfolgt ist, was allerdings schon daraus folge, dass die Entscheidungsfreiheit des Schenkers gemäß § 93 Abs. 1 Satz 4 SGB XII ohnehin nicht geschützt sei. Entsprechendes[775] müsse nach Ansicht des Bundesgerichtshofes aber auch dann gelten, wenn der Schenker durch die Entgegennahme unterhaltssichernder Leistungen privater Dritter zu erkennen gegeben hat, dass

769 Dazu *BGH* v. 9.11.1994 – IV ZR 66/94 – BGHZ 127, 354–360.

770 *Kollhosser* ZEV 2001, 289 (292); beipflichtend *Wimmer-Leonhardt* in: Staudinger-BGB, § 528 Rn. 27; a. A. *Koch* in: MüKo-BGB, § 528 Rn. 12.

771 So bereits *BGH* v. 20.12.1985 – V ZR 66/85 – BGHZ 96, 380–384, siehe Teil C/III./5./a)/bb).

772 Vgl. *BGH* v. 9.11.1994 – IV ZR 66/94 – BGHZ 127, 354–360, mit Verweis auf *BGH* v. 20.12.1985 – V ZR 66/85 – BGHZ 96, 380–384.

773 So bereits *BGH* v. 16.9.1993 – V ZR 246/92 – BGHZ 123, 264–267, siehe Teil C/III./5./b).

774 NJW 1995, 2287–2288, siehe Teil C/III./5./c)/bb)/(3).

775 Die Privilegierung des § 93 Abs. 1 Satz 4 SGB XII gilt gerade nicht für private Dritte.

er ohne Schenkungsrückforderung nicht in der Lage war, seinen Unterhalt zu bestreiten. Die Ausübung des Rückforderungsanspruchs stehe dann nicht mehr im Belieben des Schenkers. Er verhielte sich gar widersprüchlich, würde er auf der einen Seite Leistungen Dritter zur Sicherstellung seines notwendigen Unterhalts in Anspruch nehmen und auf der anderen Seite aber den Beschenkten vor der Rückforderung des Geschenks schonen, wodurch er ansonsten zur Finanzierung der Pflegeleistungen imstande wäre. Weiter führt der Senat an, dass auch etwaige Unterhaltsansprüche des Schenkers gegenüber dem Anspruch aus § 528 Abs. 1 Satz 1 BGB nachrangig seien und bereits der Unterhaltsverpflichtete es nicht erdulden müsse, dass der Schenker von einer Rückforderung Abstand nimmt. Nach § 1615 Abs. 1 i. V. m. § 1613 Abs. 1 BGB gingen Unterhaltsansprüche mit dem Tode des Berechtigten zwar unter, sofern der Verpflichtete mit ihnen nicht in Verzug geraten war. Der in § 528 Abs. 1 Satz 3 BGB enthaltene Verweis auf diese Vorschriften aus dem Familienunterhaltsrechts ist nach ständiger Rechtsprechung des Bundesgerichtshofes[776] aber nicht auf den Rückforderungsanspruch nach Satz 1 anwendbar. Die unterhaltssichernde Leistung eines Dritten, die nach ihrer Zweckbestimmung nur dem Schenker, nicht aber dem Beschenkten zu gute kommen soll, ziehe nach dem Rechtsgedanken des § 843 Abs. 4 BGB nicht das Erlöschen des einmal entstandenen Rückforderungsanspruchs nach sich.[777] Schlussendlich erscheine die Gleichstellung der Fälle, in denen ein privater Dritter freiwillig eintritt und den Unterhalt des notleidenden Schenkers sicherstellt, mit denjenigen, in denen ein Sozialhilfeträger dafür einsteht, hinsichtlich der Vererblichkeit des Anspruchs aus § 528 Abs. 1 Satz 1 BGB sachgerecht, weil in beiden Konstellationen der Schenker fremde Hilfe in Anspruch genommen hat, ohne sich zugunsten des Beschenkten einschränken zu können. Obendrein liege ein Einspringen eines privaten Dritten nicht nur im Interesse der Allgemeinheit, sondern sei von der Rechtsordnung gewünscht, wie etwa in den §§ 1607 Abs. 2 Satz 2, 1608 Satz 3 und § 1584 Satz 3 BGB zum Ausdruck komme.

Die höchstrichterliche Klärung der Rechtsfrage, inwiefern es einen Unterschied macht, ob der Schenker Sozialhilfe oder unterhaltssichernde Leistungen privater Dritter in Anspruch genommen hat, bildet ein weiteres Puzzleteil in der

---

776 *BGH* v. 29.3.1985 – V ZR 107/84 – BGHZ 94, 141 (144); *ders.* v. 20.12.1985 – V ZR 66/85 – BGHZ 96, 380 (384); daran festgehalten hat *ders.* v. 15.1.2002 – X ZR 77/00 – Rn. 13 zitiert nach juris. Siehe bereits Teil C/III./4./a).

777 *BGH* v. 16.9.1993 – V ZR 246/92 – BGHZ 123, 264–267, siehe Teil C/III./5./b).

rückforderungsfreundlichen Rechtsprechung des Bundesgerichtshofes[778] und spiegelt das Verantwortungsbewusstsein der Karlsruher Richter wider.[779] Das Risiko der Schenkungsrückforderung hat sich mittlerweile auf das Verhältnis von hilfeleistenden privaten Dritten zum Beschenkten verlagert, da die allgemeine Kassenknappheit zu einer restriktiven Praxis der Sozialhilfeträger unter strenger Beachtung des Nachrangigkeitsprinzips gemäß § 2 SGB XII geführt hat.[780] Die Gleichstellung verdient Zustimmung, weil der freiwillig einspringende private Dritte im öffentlichen Interesse handelt, indem er den Staat entlastet.[781] Eine Schlechterstellung des privaten Dritten wäre nicht interessengerecht. Bereits in BGHZ 123, 264–267[782] wandte der Bundesgerichtshof § 843 Abs. 4 BGB analog an, weil ein privater Dritter Unterhaltsleistungen des Pflegeheims bezahlt hatte. Die Rechtsfolgen der Notbedarfsdeckung richten sich in der Folge danach, welche Zweckbestimmung der private Dritte für seine Leistung vornimmt. Die Vorschrift statuiert damit ein Nachrangigkeitsprinzip bei Leistung eines privaten Dritten.[783] Der ursprüngliche Zweck des Notbedarfsanspruchs, den verarmten Schenker in die Lage zu versetzen, aus eigenen Mitteln seinen Notbedarf zu decken, wird durch die Unterhaltsleistung eines Dritten, der mit seinem Einspringen den eigentlichen Verpflichteten nicht begünstigen möchte, dahingehend modifiziert, dass der Anspruch fortan dazu dient, dem Dritten den Schenkungsgegenstand als Ausgleich für seine Leistung zu verschaffen.[784] Die veränderte Zweckrichtung des Anspruchs erfordert seine Vererblichkeit. Der Erbe erwirbt dann den Anspruch mit der Verpflichtung, dem Dritten das Geschenk zum Ausgleich seiner Unterhaltsleistungen zukommen zu lassen oder ihm den Rückforderungsanspruch durch

---

778 Siehe u. a. *BGH* v. 20.12.1985 – V ZR 66/85 – BGHZ 96, 380–384, Teil C/III./5./a)/bb); *ders.* v. 16.9.1993 – V ZR 246/92 – BGHZ 123, 264–267, Teil C/III./5./b); *ders.* v. 9.11.1994 – IV ZR 66/94 – BGHZ 127, 354–360; *ders.* v. 14.6.1995 – IV ZR 212/94 – NJW 1995, 2287–2288, siehe Teil C/III./5./c)/bb)/(3).

779 Der Urteilsbegründung zustimmend *Gehrlein* in: Bamberger/Roth BeckOK-BGB, § 528 Rn. 4; *Koch* in: MüKo-BGB, § 528 Rn. 14; *Krauß* ZEV 2001, 417 (419 f.); *Schmidt* JuS 2001, 917 (917 f.); vom Ergebnis her folgen dem *BGH* auch *Kollhosser* ZEV 2001, 289 (291); *Vollkommer* EWiR 2002, 329 (330); *Wimmer-Leonhardt* in: Staudinger-BGB, § 528 Rn. 27.

780 *Vollkommer* EWiR 2002, 329 (330).

781 *Kollhosser* ZEV 2001, 289 (291); *Wimmer-Leonhardt* in: Staudinger-BGB, § 528 Rn. 27.

782 Siehe Teil C/III./5./b).

783 *Kollhosser* ZEV 2001, 289 (290); *Wimmer-Leonhardt* in: Staudinger-BGB, § 528 Rn. 27.

784 So bereits *Kollhosser* ZEV 1995, 331 (331); *ders.* ZEV 2001, 289 (290); ebenso *Koch* in: MüKo-BGB, § 528 Rn. 15; *Krauß* ZEV 2001, 417 (418).

Abtretung zu verschaffen.[785] Eine Abtretung ist nach dem Rechtsgedanken des § 399, 1. Alt. BGB ausschließlich im Rahmen seiner Zweckbindung möglich.[786] Zulässig ist daher eine Abtretung zum Ausgleich für die unterhaltssichernden Leistungen Dritter.[787]

Zugleich liegt nach den Grundsätzen des Bundesgerichtshofes in der Inanspruchnahme unterhaltssichernder Leistungen eines privaten Dritten die Ausübung des Rückforderungsanspruchs. Die Entscheidung, den Rückforderungsanspruch geltend zu machen, erfolgt also durch schlüssiges Verhalten. Der Schenker nimmt in diesen Fällen nicht im Interesse des Beschenkten in Kauf, mit weniger als dem angemessenen Unterhalt auszukommen, so dass der durch § 852 Abs 2 ZPO gewährte Schutz für die persönliche Entscheidungsfreiheit des Schenkers über die Geltendmachung des Anspruchs aus § 528 Abs. 1 Satz 1 BGB entfällt.[788] Ansonsten könnte der Beschenkte auch dann nicht zur Rückgabe des Geschenks verpflichtet werden, wenn der Schenker zu Lebzeiten auf die Rückforderung des Geschenks verzichtet und stattdessen die Leistungen eines privaten Dritten in Anspruch genommen hat.[789]

---

785 *Koch* in: MüKo-BGB, § 528 Rn. 15; *Wimmer-Leonhardt* in: Staudinger-BGB, § 528 Rn. 27.

786 Vgl. zur bloß relativen Abtretbarkeit schon *Wüllenkemper* JR 1988, 353 (355 ff.); so auch *Koch* in: MüKo-BGB, § 528 Rn. 17; *Kollhosser* ZEV 1995, 391 (392); *Krauß* ZEV 2001, 417 (418); *Herrmann* in: Erman-BGB, § 528 Rn. 6; *Weidenkaff* in: Palandt-BGB, § 528 Rn. 4; *Wimmer-Leonhardt* in: Staudinger-BGB, § 528 Rn. 36. Das *OLG Stuttgart* v. 22.9.1984 – 12 W 27/ 84 – BWNotZ 1985, 70 (71), sowie das *OLG Frankfurt* a. M. v. 1.12.1993 – 21 U 196/92 – NJW 1994, 1805 (1806), haben sich für eine Abhängigkeit der Abtretbarkeit von den Voraussetzungen der Pfändbarkeit gemäß § 400 BGB i. V. m. § 852 Abs. 2 ZPO ausgesprochen und nehmen damit eine generelle Abtretungssperre an. Dagegen hat das *OLG Düsseldorf* v. 24.5.1984 – 18 U 220/83 – FamRZ 1984, 887 (889), jegliche Beschränkung der Abtretbarkeit verneint.

787 *BGH* v. 9.11.1994 – IV ZR 66/94 – BGHZ 127, 354 (357); *Koch* in: MüKo-BGB, § 528 Rn. 17; *Kollhosser* ZEV 1995, 391 (393, 395); *ders.* ZEV 2001, 289 (291); *Krauß* ZEV 2001, 417 (418); *Wimmer-Leonhardt* in: Staudinger-BGB, § 528 Rn. 36; a. A. *OLG München* v. 30.4.1992 – 1 U 6234/91 – NJW-RR 1993, 250 (250).

788 Nach *Kollhosser* ZEV 2001, 289 (291), lasse sich die Vererblichkeit einfacher ohne eine Anknüpfung an § 852 Abs. 2 ZPO begründen. Zudem hält er eine einschränkende Auslegung von § 852 Abs. 2 ZPO dahingehend für geboten, dass die Regelung nicht auf Pfändungen durch solche Gläubiger des Schenkers anwendbar sei, die für die Sicherung seines Notbedarfs geleistet haben, so dass § 852 Abs. 2 ZPO vorliegend nicht herangezogen werden könne.

789 *Koch* in: MüKo-BGB, § 528 Rn. 13.

Mit der durch die Entscheidung herbeigeführten Rechtssicherheit und Rechtsklarheit werden freiwillige Hilfeleistungen gefördert, weil dem Leistenden eine Regressmöglichkeit gegenüber dem eigentlich Verpflichteten zukommt.[790]

e) Ergebnis

Anhand der vorstehend erörterten Gerichtsentscheidungen wird deutlich, welch ungeheurem Druck das vorrangig auf Rechtsbeziehungen gleichgeordneter und gleichberechtigter Rechtssubjekte ausgerichtete Zivilrecht im modernen Sozialstaat vom Recht der Leistungsverwaltung her ausgesetzt ist.[791] Der Grund dafür liegt darin, dass der Rückforderungsanspruch des Schenkers aus § 528 Abs. 1 Satz 1 BGB gegen den Beschenkten auf Zahlung der entstehenden Pflegeheimkosten vielfach das einzige Zugriffsobjekt für den in Vorlage tretenden Sozialhilfeträger ist.[792] Mittelbar soll durch § 528 Abs. 1 Satz 1 BGB also eine Inanspruchnahme der Allgemeinheit für den Notbedarf des Schenkers verhindert werden. Der Rückgewähranspruch fungiert als sozialhilferechtlicher Erstattungsanspruch. Das bedeutet, dass das geschenkte Vermögen unabhängig vom Willen des Schenkers dem Sozialhilfeträger gegenüber materiell-rechtlich mit der Verpflichtung belastet ist, erbrachte Sozialleistungen zu erstatten.[793] Aber auch für den vorleistenden privaten Dritten stellt der Notbedarfsanspruch regelmäßig die einzige Regressmöglichkeit dar. Die transmortale Fortexistenz des Rückforderungsanspruchs ist für die Fälle anderweitiger unterhaltssichernder Leistungen nunmehr geklärt. Mit der Inanspruchnahme gemäß § 2 SGB XII oder nach dem Rechtsgedanken von § 843 Abs. 4 BGB nachrangiger Hilfeleistungen eines Sozialhilfeträgers oder eines privaten Dritten geht das bipolare Verhältnis zwischen Schenker und Beschenktem in ein tripolares Verhältnis über. Weder der Wegfall des Notbedarfs aufgrund der Unterstützung noch der Tod des verarmten Schenkers führen dabei zum Erlöschen des Anspruchs. Der Zweck des Schenkungsrückforderungsanspruchs, den notleidenden Schenker in die Lage zu versetzen, aus eigenen Mitteln seinen Notbedarf zu decken, ist nicht mehr erreichbar und wird dahingehend modifiziert, dass der Anspruch fortan den Leistungsausgleich zugunsten des Vorleistenden sichern soll. Folglich bleibt der Anspruch aus § 528

790 *Vollkommer* EWiR 2002, 329 (330).

791 *Probst* JR 1996, 196 (196).

792 *Vollkommer* EWiR 1994, 235 (235).

793 *BGH* v. 14.6.1995 – IV ZR 212/94 – NJW 1995, 2287 (2288), siehe Teil C/III./5./c)/bb)/(3); *BFH* v. 7.3.2006 – VII R 12/05 – BFHE 212, 388 (396), unter Verweis auf den *BGH*.

Abs. 1 Satz 1 BGB mit einem geänderten Zweck bestehen, der auch den Erben bindet. Der Erbe erwirbt den Rückforderungsanspruch mit der Verpflichtung, dem Dritten das Geschenk zum Ausgleich seiner Vorleistung zukommen zu lassen oder ihm den Anspruch abzutreten.

Demnach erlischt der Anspruch aus § 528 Abs. 1 Satz 1 BGB nicht mit dem Ableben des verarmten Schenkers, wenn er noch vor dem Tode übergeleitet wurde. Nicht anders ist es zu beurteilen, wenn die Überleitung nicht mehr zu Lebzeiten stattgefunden hat. Einer postmortalen Anspruchsüberleitung gemäß § 93 SGB XII stehen keine verwaltungs- oder sozialhilferechtlichen Aspekte entgegen, so dass der Sozialhilfeträger den Rückgewähranspruch nach dem Tode des Schenkers weiterverfolgen kann. Wurde die Rückforderung noch vom Schenker selbst geltend gemacht und ist ein Dritter zur Behebung der Notlage in Vorleistung getreten, ist der Anspruch ebenfalls mit dem Ziel des Leistungsausgleichs vererblich. Der Fortbestand des Notbedarfsanspruchs ist gleichermaßen für den Fall zu bejahen, dass der Schenker bis zu seinem Tode unterhaltssichernde Leistungen nicht des Sozialhilfeträgers, sondern eines privaten Dritten in Anspruch genommen hat. Im Verhältnis zu einem vorleistenden privaten Dritten ist zudem in dem Bezug der Unterhaltsleistungen die Geltendmachung des Notbedarfsanspruchs zu sehen.

Sogar wenn der rückgabepflichtige Beschenkte zugleich Erbe des verarmten Schenkers wird, geht der Rückforderungsanspruch nicht infolge Konfusion unter, weil das Interesse an dem Fortbestand der Forderung zum Zwecke des Regresses schutzwürdig ist.

6. Durchsetzung des übergeleiteten Anspruchs aus § 528 Abs. 1 Satz 1 BGB

Den Gegenstand des zivilgerichtlichen Verfahrens bilden die anspruchsbegründenden Voraussetzungen des § 528 BGB. Der Sozialhilfeträger trägt die Darlegungs- und Beweislast für die Anspruchsvoraussetzungen.[794] Der Beschenkte ist hingegen für eine eventuell eingetretene Entreicherung i. S. d. § 818 Abs. 3 BGB beweispflichtig. Die Rechtmäßigkeit der Überleitungsanzeige unterliegt nicht der Prüfung durch die Zivilgerichte. Allerdings beruht die Aktivlegitimation des Sozialhilfeträgers auf der Überleitung. Die Wirksamkeit der Überleitungsanzeige richtet sich nach § 39 SGB X. Nach dieser Vorschrift bleibt sogar eine rechtswidrige

794 *BGH* v. 1.2.1995 – IV ZR 36/94 – NJW 1995, 1349 (1350); *OLG Düsseldorf* v. 22.11.1995 – 9 U 71/95 – DNotZ 1996, 652 (654).

Anzeige wirksam, soweit sie nicht zurückgenommen, vgl. Abs. 2, oder nichtig ist, vgl. Abs. 3. Nach § 93 Abs. 1 Satz 1 i. V. m. § 19 Abs. 1 Satz 2 HS. 1 SGB XII darf der Träger der Sozialhilfe auch einen Rückforderungsanspruch überleiten, der dem Ehegatten oder Lebenspartner des Sozialhilfeempfängers zusteht, wenn Schenker und Ehegatte bzw. Lebenspartner nicht getrennt leben. Die Bejahung eines Getrenntlebens hat zur Folge, dass dann für den hilfebedürftigen Ehegatten bzw. Lebenspartner das Einkommen und Vermögen des anderen Ehegatten bzw. Lebenspartners nicht mehr einzusetzen ist. Die Tatsache der Heimunterbringung allein reicht für die Annahme eines Getrenntlebens nicht aus, selbst wenn sie sich über Jahre erstreckt.[795]

Der Schenkungsrückforderungsanspruch aus § 528 Abs. 1 Satz 1 BGB unterliegt grundsätzlich der regelmäßigen Verjährungsfrist gemäß § 195 BGB von drei Jahren. Die Verjährungsfrist beginnt gemäß § 199 Abs. 1 BGB mit dem Schluss des Jahres, in dem der Anspruch entstanden ist (Nr. 1) und der Gläubiger von den anspruchsbegründenden Umständen und der Person des Schuldners Kenntnis erlangt oder ohne grobe Fahrlässigkeit hätte erlangen müssen (Nr. 2). Mit der Entstehung des Rückforderungsanspruchs[796] werden in aller Regel beim Schenker gleichzeitig die subjektiven Voraussetzungen i. S. v. § 199 Abs. 1 Nr. 2 BGB für den Beginn der Verjährungsfrist vorliegen. Der Sozialhilfeträger, der infolge der Anspruchsüberleitung nach § 93 SGB XII in die Gläubigerstellung einrückt, muss sich grundsätzlich den Kenntnisstand des bisherigen Gläubigers zurechnen lassen. Häufig versuchen Schenker und Beschenkter allerdings das sie verbindende Rechtsgeschäft zu verschleiern. Folglich würde der übergeleitete Anspruch in vielen Fällen verjährt sein und der Sozialhilfeträger die Möglichkeit verlieren, den Anspruch geltend zu machen. Auf diese Weise würde das in § 2 SGB XII zum Ausdruck kommende Ziel, die Nachrangigkeit der Sozialhilfe wiederherzustellen, konterkariert werden. Aus diesem Grund erscheint es geboten, eine Ausnahme zuzulassen und allein auf den Kenntnisstand des Sozialhilfeträgers als neuen Gläubiger abzustellen.[797] Dieses Problem hat der Gesetzgeber offensichtlich nicht bei der Neufassung der allgemeinen Verjährungsfristen durch das Schuldrechtsmodernisierungsgesetz[798] erkannt. Denn die Zehnjahresfrist des § 529 Abs. 1 BGB würde in vielen Fällen gegenstandslos

795 *OVG Münster* v. 15.10.1991 – 8 A 1271/89 – NJW 1992, 1123 (1123).

796 Mit Eintritt des Notbedarfs.

797 *Sefrin* in: jurisPK-BGB, § 528 Rn. 59; *Wimmer-Leonhardt* in: Staudinger-BGB, § 528 Rn. 52.

798 BGBl. I 2001, 3138. Vorher betrug die regelmäßige Verjährung des Rückforderungsanspruchs aus § 528 Abs. 1 Satz 1 BGB 30 Jahre.

sein, weil die Verjährungseinrede gemäß den §§ 195, 199 Abs. 1 BGB bereits vor Ablauf dieser Frist erhoben werden könnte.[799]

Die regelmäßige Verjährungsfrist gilt aber nur dann, wenn weder durch Gesetz noch durch Vereinbarung kürzere oder längere Fristen bestimmt sind.[800] Gemäß § 196 BGB verjähren Ansprüche auf Übertragung des Eigentums an einem Grundstück in zehn Jahren. Hierzu gehören nach der Rechtsprechung des Bundesgerichtshofes[801] auch gesetzliche Ansprüche auf Herausgabe einer ungerechtfertigten Bereicherung. In seinem Urteil vom 22.4.2010 – Xa ZR 73/07[802] – stellte der Bundesgerichtshof fest, dass die besondere Verjährungsfrist des § 196 BGB demnach ebenfalls auf einen auf Herausgabe eines Grundstücks gerichteten Schenkungsrückforderungsanspruch nach § 528 Abs. 1 Satz 1 BGB anzuwenden ist, weil sich seine Abwicklung nach Bereicherungsrecht richtet. In der Entscheidung ging es im Kern um die Frage, ob ein auf Teilwertersatz gerichteter Schenkungsrückforderungsanspruch bei Grundstücksschenkung der gleichen Verjährungsfrist unterliegt. Im Schrifttum wurde bisher überwiegend[803] die Ansicht vertreten, die Vorschrift des § 196 BGB sei nicht auf Sekundäransprüche anzuwenden. Der Gesetzgeber habe mit der längeren Frist gegenüber der Regelfrist des § 196 BGB nur dem Umstand Rechnung tragen wollen, dass bei der Abwicklung von Verträgen über Grundstücksrechte vom Willen der Vertragsparteien nicht beherrschbare Zeitverzögerungen[804] auftreten können.[805] Dieser Zweck treffe aber bei der Erbringung von Ersatzleistungen nicht zu, so dass die Regelverjährung nach den §§ 195, 199 BGB gelte. Der Bundesgerichtshof begründet sehr ausführlich und nachvollziehbar[806], warum er dieser Auffassung – jedenfalls im Hinblick auf den Teilwertersatzanspruch – nicht folgt. Seine Argumentation beruht vorwiegend auf dem Zweck der Verjährungsvorschriften. Dieser bestehe vornehmlich darin, den Schuldner vor Beweisnöten zu bewahren, die mit einem zu langen zeitlichen

---

799 *Wimmer-Leonhardt* in: Staudinger-BGB, § 528 Rn. 52 und § 529 Rn. 9 m. w. N.

800 *Brox/Walker* BGB AT, § 31 Rn. 670.

801 Vgl. Urteile v. 25.1.2008 – V ZR 118/07 – NJW-RR 2008, 824 (826); v. 6.2.2009 – V ZR 26/08 – NVwZ-RR 2009, 412 (412).

802 NJW 2011, 218–220.

803 Vgl. *Ellenberger* in: Palandt-BGB, § 196 Rn. 6; *Lakkis* in: jurisPK-BGB, § 196 Rn. 12; *Peters/Jacoby* in: Staudinger-BGB, § 196 Rn. 13.

804 Beispiele: Vermessung des Grundstücks, Notwendigkeit einer steuerlichen Unbenklichkeitsbescheinigung, ggf. Überlastung der Grundbuchämter.

805 Vgl. *Ellenberger* in: Palandt-BGB, § 196 Rn. 1; *Peters/Jacoby* in: Staudinger-BGB, § 196 Rn. 1.

806 Vgl. auch die Bewertung von *Mleczko* jurisPR-FamR 8/2011.

Abstand zum Entstehen des Anspruchsgrunds eintreten können. Weiterhin diene die Verjährung dem Rechtsfrieden und der Rechtsklarheit. Im Immobiliarrecht seien diese Ziele geringer zu gewichten als bei Dienstleistungen und dem Handel mit beweglichen Sachen. Auf der einen Seite reduziere der Formzwang für die Übertragung von Grundstücksrechten die Beweisnot für alle Beteiligten erheblich. Auf der anderen Seite stehe dem Interesse an Rechtsfrieden und Rechtsklarheit bei Übertragungsansprüchen das Interesse an einem der materiellen Rechtslage entsprechenden Ergebnis mit größerer Bedeutung gegenüber. Außerdem beruhten Grundstücksgeschäfte im Vergleich zu Alltagsgeschäften regelmäßig auf einer sorgfältigeren Planung und verfolgten eher langfristige Ziele, so der Senat. Weil Grundstücksgeschäfte Vermögenswerte von größerem Umfang betreffen, würde sich die Beschränkung der Durchsetzbarkeit von Ansprüchen bei Immobiliarrechten im Allgemeinen gravierender auswirken, als es bei Waren- und Dienstleistungsgeschäften des täglichen Lebens der Fall wäre. Schließlich bedürften Verjährungsregelungen grundsätzlich einer generalisierenden Handhabung. Sodann veranschaulicht der Bundesgerichtshof, dass die sich daraus ableitenden Zwecke des § 196 BGB bei einem unmittelbar auf Herausgabe eines Grundstücks gerichteten Schenkungsrückforderungsanspruch in gleicher Weise relevant werden wie für einen Teilwertersatzanspruch. Der Wertersatzanspruch solle dem Gläubiger ein volles Äquivalent für den Erfüllungsanspruch verschaffen. Der Erfüllungsanspruch und der an seine Stelle tretende Wertersatzanspruch beruhten beide auf demselben Lebenssachverhalt und verfolgten dasselbe wirtschaftliche Interesse, so dass es nicht gerechtfertigt sei, unterschiedliche Verjährungsfristen auf sie anzuwenden, wobei es ohne Bedeutung bleibe, ob die Verjährungsfrist für den Sekundäranspruch eine längere oder eine kürzere wäre als für den primären Erfüllungsanspruch. Ein Schenkungsrückforderungsanspruch, mit dem die Herausgabe eines Grundstücks gefordert wird, ist also auch dann § 196 BGB unterworfen, wenn dieser in Gestalt eines Teilwertersatzanspruchs geltend gemacht wird, weil die Höhe des Rückforderungsanspruchs hinter dem Grundstückswert zurückbleibt. Die zehnjährige Verjährungsfrist des § 196 BGB beginnt nach § 200 Satz 1 BGB, soweit nicht ein anderer Verjährungsbeginn bestimmt ist, mit der Entstehung des Anspruchs.

7. Zusammenfassung

Der zu untersuchende Fall einer Grundbesitzübertragung unter Vorbehalt eines dinglichen Wohnungsrechts gemäß § 1093 Abs. 1 Satz 1 BGB in vorweggenommener Erbfolge ist als Auflagenschenkung i. S. v. § 525 Abs. 1 BGB einzuordnen. Für die Vollziehung der Schenkung genügt es, dass der Schenker alle seinerseits erforderlichen Leistungshandlungen freiwillig vorgenommen hat. Bei einer Grundstücksschenkung reicht der Erwerb eines Anwartschaftsrechts aus. Der Schenkungsvollzug kann daher bereits mit der Auflassung gemäß § 925 Abs. 1 BGB vorliegen. Da die Bindung des § 873 Abs. 2 BGB allerdings keine Verfügungsbeschränkung bewirkt, muss der Auflassungsempfänger den Eintragungsantrag selbst beim Grundbuchamt einreichen oder es muss zu seinen Gunsten eine Auflassungsvormerkung eingetragen werden, die nach den §§ 883 Abs. 2, 888 BGB Schutz vor Zwischenverfügungen bietet.

Mehrere gleichzeitig Beschenkte haften gleichrangig nebeneinander als Gesamtschuldner gemäß § 421 BGB. Die Inanspruchnahme eines Beschenkten löst einen internen Ausgleichsanspruch entsprechend § 426 Abs. 1 BGB aus. Es ist möglich, das Haftungsrisiko im Innenverhältnis durch Vereinbarung davon abweichend zu verteilen.

Grundsätzlich ist der Anspruch auf Herausgabe des Geschenks wegen Verarmung des Schenkers aus § 528 Abs. 1 Satz 1 BGB auf Naturalrestitution nach § 818 Abs. 1 BGB gerichtet. Bei einem Hausgrundstück als real unteilbarem Schenkungsgegenstand hat der Beschenkte im Umfang der Bedürftigkeit Wertersatz in Geld nach § 818 Abs. 2 BGB bis zur Höhe des Geschenkwerts zu leisten. Ein Anspruch auf vollständige Herausgabe besteht nur dann, wenn der bereits entstandene Unterhaltsbedarf genauso groß oder größer ist als der Wert der Schenkung. Bei wiederkehrendem Bedarf richtet sich der Anspruch auf wiederkehrende Leistungen in einer dem Bedarf entsprechenden Höhe, bis der Wert des Schenkungsgegenstandes aufgezehrt ist. Eine Befreiung von der Teilwertersatzpflicht in Geld aus den §§ 528 Abs. 1 Satz 1, 818 Abs. 2 BGB durch Herausgabe des ganzen Geschenks in natura ist möglich. Ferner ist § 822 BGB im Rahmen des § 528 Abs. 1 Satz 1 BGB entsprechend anwendbar. Die Rückgabe kann durch Zahlung einer Geldrente nach § 528 Abs. 1 Satz 2 und 3 BGB abgewendet werden. Eine einseitige Rückkehr zum ursprünglichen Herausgabeanspruch aus § 528 Abs. 1 Satz 1 BGB ist nach Ausübung der Abwendungsbefugnis ausgeschlossen. Die Unterhaltspflicht ist der Höhe nach auf den Zuwendungswert beschränkt. Der Anwendungsbereich der Abwendungsbefugnis ist allerdings sehr eng. Denn ist der Herausgabeanspruch aus § 528 Abs. 1 Satz 1 BGB von vornherein schon auf Geldzahlung gerichtet, kommt die Abwendungsbefugnis nicht in Betracht. Die in Satz 3 genannten Vorschriften sind auch nur auf Satz 2 der Vorschrift anwendbar. § 528 Abs. 1 Satz 3 BGB ist weiterhin restriktiv auszulegen. Der Unterhalt für die Zeit vor Ausübung der Befugnis aus § 528 Abs. 1 Satz 2 BGB ist in einer Summe zu zahlen.

Die Rückforderung kann insbesondere nach § 529 BGB ausgeschlossen sein. Für den Lauf der Zehnjahresfrist nach § 529 Abs. 1, 2. Alt. BGB kommt es auf den Schenkungsvollzug an, so dass bei einer Grundstücksschenkung für den Fristbeginn wie im Rahmen des § 528 Abs. 1 BGB bereits die Entstehung eines Anwartschaftsrechts genügt. Die zur parallel formulierten Vorschrift des § 2325 Abs. 3 BGB von der Rechtsprechung entwickelten Grundsätze, wonach ein uneingeschränkter Nießbrauchsvorbehalt das Anlaufen der Frist hindert, gelten auch für alle sonstigen dinglichen und schuldrechtlichen Nutzungsvorbehalte. Die Rechtsprechung ist jedoch auf § 529 Abs. 1, 2. Alt. BGB mangels vergleichbarer Interessenlage nicht übertragbar. Außerdem dürfte in der überwiegenden Anzahl der Fälle, in denen bloß ein anteiliges Wohnungsrecht vorbehalten wurde, keine wesentliche Weiternutzung durch den Schenker angenommen werden können.

Der Schenkungsrückforderungsanspruch wegen Verarmung des Schenkers erlischt nicht in jedem Fall mit dem Ableben des verarmten Schenkers. Er kann vor allem bei Inanspruchnahme von Sozialhilfeleistungen auch noch nach dem Tode des Schenkers vom Sozialhilfeträger geltend gemacht werden. Beerbt der Beschenkte den Schenker, erlischt der Schenkungsrückforderungsanspruch nicht durch Konfusion.

Sowohl ein unmittelbar auf Herausgabe eines Grundstücks gerichteter Schenkungsrückforderungsanspruch gemäß § 528 Abs. 1 Satz 1 BGB als auch ein Teilwertersatzanspruch unterliegen der besonderen Verjährungsfrist des § 196 BGB.

Teil D: Ausblick für die Kautelarpraxis

Der Übergabevertrag unter Vorbehalt eines dinglichen Wohnungsrechts zählt zum Alltag in der kautelarjuristischen Praxis. Er dient als Beleg für eine wachsende Bedeutung des Sozialrechts in der generellen Gestaltung von Rechtsgeschäften.[807]

Fraglich ist zunächst, ob und inwieweit die Gefahr eines Sozialhilferegresses den Bereich notarieller Beurkundung berührt. Jeder Notar wird in der täglichen Beratungs- und Beurkundungspraxis mit Fragen nach den sozialrechtlichen Konsequenzen von Grundbesitzübertragungen und den dabei möglicherweise vereinbarten Versorgungsleistungen konfrontiert.[808] Das Hauptaugenmerk der Vertragspartner ist dabei nur allzu oft auf die Vermeidung eines Sozialhilferegresses gerichtet.[809] Der Notar ist gehalten, „sein Möglichstes dazu beizutragen, ohne dabei in einen Konflikt zwischen den Interessen (der Parteien des Übergabevertrags) und denen der Allgemeinheit zu geraten“[810]. Ebenso wird ihm aber daran gelegen sein, keine leistungseinschränkenden Klauseln in den Übergabevertrag aufzunehmen, die der rechtlichen Überprüfung nicht standhalten und mitunter einen Haftungstatbestand erfüllen.[811] Von der notariellen Belehrungspflicht nach § 17 Abs. 1 Satz 1 BeurkG wird aber grundsätzlich nur die rechtliche Tragweite des Rechtsgeschäfts umfasst. Gegenstand der Belehrung über die rechtliche Tragweite ist die Belehrung, ob und unter welchen Voraussetzungen der erstrebte rechtliche Erfolg eintritt und welche unmittelbaren Rechtswirkungen sich an ihn knüpfen.[812] Die Amtspflicht des Notars nach § 17 Abs. 1 Satz 1 BeurkG bezieht sich nicht auf die wirtschaftliche oder steuerliche Tragweite des beurkundeten Geschäfts.[813] Sozialrechtliche Konsequenzen von Grundbesitzübertragungen stellen regelmäßig mittelbare wirtschaftliche und rechtliche Folgen des Rechtsgeschäfts dar, auf die

807 Vgl. *Mensch* BWNotZ 2009, 162 (162).

808 *Krauß* MittBayNot 1992, 77 (77).

809 *Mensch* BWNotZ 2009, 162 (162).

810 Vgl. *Mensch* BWNotZ 2009, 162 (162).

811 Vgl. *Mensch* BWNotZ 2009, 162 (162); ein Formulierungsvorschlag für einen entsprechenden Hinweis findet sich z. B. bei *Eupen* GE 2010, 590 (598).

812 *Winkler* § 17 BeurkG Rn. 224 m. w. N.

813 *Haug* Rn. 556; *Winkler* § 17 BeurkG Rn. 237 m. w. N.

sich die Belehrungspflicht nicht bezieht.[814] Allerdings hat der Notar gemäß § 17 Abs. 2 Satz 1 BeurkG bei Bestehen von Zweifeln hinsichtlich der Vereinbarkeit des Rechtsgeschäfts mit dem Gesetz die Bedenken mit den Vertragsschließenden zu erörtern. Könnte also eine Klausel des Übergabevertrags wegen Benachteiligung des Sozialhilfeträgers zur Nichtigkeit nach § 138 Abs. 1 BGB führen, hat der Notar Übergeber und Übernehmer auf seine Bedenken hinzuweisen. Bestehen in einem solchen Fall die Beteiligten auf der Beurkundung, so soll der Notar nach § 17 Abs. 2 Satz 2 BeurkG die Belehrung und die dazu abgegebenen Erklärungen der Vertragspartner in der Niederschrift vermerken.[815] Dies dient auch dem Interesse der eigenen Haftungsvermeidung.[816] Ausnahmsweise kann nach § 24 BNotO eine umfassende Aufklärungs- und Beratungspflicht des Notars über die Gefahren des Sozialhilferegresses bestehen, wenn er einen besonderen Auftrag zur vorsogenden Rechtspflege übernimmt.[817] Maßgeblich ist dabei der jeweilige Beratungsauftrag, die sog. Rogation.[818]

I. Sozialrechtlich bedingte Sittenwidrigkeit, § 138 Abs. 1 BGB

Die Sozialhilfebedürftigkeit ist nicht stets notwendig dem Einzelnen schicksalhaft vorgegeben.[819] Insbesondere bei Rechtsgeschäften, die sich zu Lasten des Sozialhilfeträgers auswirken, kommt daher eine Nichtigkeit wegen Verstoßes gegen die guten Sitten gemäß § 138 Abs. 1 BGB in Betracht. Der Bundesgerichtshof[820] hat im Bereich des Familienrechts Grundsätze zur Sittenwidrigkeit eines Unterhaltsverzichts aufgestellt. In einer Scheidungsvereinbarung hatte die geschiedene Ehefrau auf nachehelichen Ehegattenunterhalt verzichtet mit der Folge, dass sie auf Leistungen der Sozialhilfe angewiesen war, weil in dem Unterhaltsanspruch ihre einzige Einkommensquelle bestanden hätte. Der

814 *Mayer* DNotZ 2008, 672 (686); *Vaupel* RNotZ 2009, 497 (528); vgl. schon *Wahl* S. 297 f.

815 Der Anwendungsbereich von § 4 BeurkG, wonach der Notar die Beurkundung ablehnen soll, wenn sie mit seinen Amtspflichten nicht vereinbar wäre, ist sehr eng. Vgl. auch die fast wörtlich übereinstimmende Vorschrift des § 14 Abs. 2 BNotO.

816 *Mayer* DNotZ 2008, 672 (686 f.).

817 Vgl. *Sandkühler* in: Arndt/Lerch/Sandkühler, § 24 BNotO Rn. 20, 22.

818 *Reithmann* in: Schippel/Bracker, § 24 BNotO Rn. 6.

819 *Eichenhofer* NDV 1999, 82 (82).

820 Urteil v. 8.12.1982 – IVb ZR 333/81 – NJW 1983, 1851–1853.

Senat führte aus, dass ein Verzicht nicht stets schon dann als sittenwidrig angesehen werden könne, wenn er eine Belastung des Sozialhilfeträgers zur Folge hat. Allerdings könne ein Unterhaltsverzicht bei Verschiebung der Unterhaltslast auf den Sozialhilfeträger den guten Sitten zuwiderlaufen und nach § 138 Abs. 1 BGB nichtig sein, auch wenn er nicht auf einer Schädigungsabsicht der Ehegatten gegenüber dem Sozialhilfeträger beruht.[821] Maßgeblich sei der Gesamtcharakter der Verzichtsvereinbarung, der aus der Zusammenfassung von Inhalt, Beweggrund und Zweck entnommen werden könne.

In einem nicht lange zurückliegenden Fall, in dem die Klägerin ihre Eigentumswohnung unmittelbar nach Aufnahme in ein Pflegeheim auf ihre Tochter übertragen und kurz darauf die Bewilligung von Sozialleistungen beantragt hatte, sah das VG Düsseldorf[822] Anhaltspunkte für die Sittenwidrigkeit der Grundbesitzübertragung. Den Beteiligten habe klar gewesen sein müssen, dass das Einkommen und sonstige Vermögen der Klägerin nur für eine kurze Zeitspanne zur Begleichung der Heimkosten ausreichen würde.

Daraus ist zu schließen, dass ein Rechtsgeschäft sich in der Regel nur dann wegen Benachteiligung des Sozialhilfeträgers als sittenwidrig i. S. v. § 138 Abs. 1 BGB darstellt, wenn dadurch bereits bestehende Einkommensquellen oder Vermögensgegenstände trotz zu erwartender Bedürftigkeit nicht ausgeschöpft oder sogar aufgegeben werden.[823]

II. Wegzugsklauseln

Werden dem in einem Pflegeheim lebenden Übergeber (ergänzend) Sozialhilfeleistungen erbracht, kann der Sozialhilfeträger gegebenenfalls einen Anspruch auf Ersttatung ersparter Aufwendungen und nach der Rechtsprechung des Bundesgerichtshofes bei Fremdvermietung einen Anspruch auf Auskehr des Mieterlöses[824] nach § 93 SGB XII auf sich überleiten. Möglicherweise kann die Begründung einer Geldersatzpflicht ohne Verstoß gegen § 138 Abs. 1 BGB durch eine sog. Wegzugsklausel zukünftig oder durch Anpassung bestehender Übergabeverträge verhindert werden. Fraglich ist, ob eine Vertragsgestaltung

821 *BGH* v. 8.12.1982 – IVb ZR 333/81 – NJW 1983, 1851 (1852).

822 Urteil v. 25.1.2008 – 21 K 3379/07 – ZfSH/SGB 2008, 307 (310 f.).

823 *Vaupel* RNotZ 2009, 497 (507); ähnlich schon *Everts* ZEV 2004, 495 (498); *Rosendorfer* MittBayNot 2005, 1, (7 ff.); *Autkor* MittBayNot 2008, 14 (18).

824 Siehe bereits Teil C/II./3./c).

zulässig ist, wonach für den Fall des dauerhaften Wegzugs des Übergebers das Wohnungsrecht entschädigungslos erlischt bzw. bei einem lediglich vorübergehenden Ausübungshindernis entschädigungslos ruht. Dabei handelt es sich um „eine der drängen(d)sten Fragen der letzten Jahre im Zusammenhang mit Überlassungsverträgen“[825].

1. Die Rechtsprechung des Bundesgerichtshofes

Aufgrund zweier Entscheidungen des Bundesgerichtshofes aus den Jahren 2001 und 2003 herrschte große Unsicherheit über die grundsätzliche Zulässigkeit von Wegzugsklauseln.[826] Bisher wurden im Schrifttum überwiegend[827] allein solche Wegzugsklauseln für wirksam gehalten, die nicht explizit auf die Sozialhilfebedürftigkeit des Übergebers oder dessen Aufnahme in ein Pflegeheim, die faktisch mit dem Bezug von Sozialhilfe gleichzustellen ist, sondern generell auf den Wegzug vom Vertragsanwesen abstellen und die sich auf solche Versorgungsleistungen beziehen, die ihrem Inhalt nach sinnvollerweise nur ortsgebunden erbracht werden können. Mit seinem Urteil vom 6.2.2009 – V ZR 130/08[828] – hat der Bundesgerichtshof nunmehr für Klarheit gesorgt.[829]

a) BGH vom 21.9.2001 – V ZR 14/01 – ZEV 2002, 116–117

Zunächst hatte der Bundesgerichtshof im Jahre 2001[830] über einen Sachverhalt zu befinden, der die Frage aufwarf, wer die Kosten der medizinisch notwendigen Unterbringung des Übergebers in einem Pflegeheim zu tragen habe. Der Hofübergabevertrag enthielt ein umfangreiches Pflegerecht. Nach dem Vertragstext hatte die Übernehmerin bei „bestehender Notwendigkeit auch für die Gestellung einer Pflegeperson“ zu sorgen. Ferner beinhaltete die Regelung einen Anspruch auf freie ärztliche Versorgung und freien Krankenhausaufenthalt. Sämtliche Verpflichtungen der Übernehmerin bezüglich etwaiger Kranken- und

825 *Berger* ZNotP 2009, 263 (263).

826 Vgl. *Vaupel* RNotZ 2009, 497 (510); *Volmer* MittBayNot 2009, 276 (277).

827 *Gitter* DNotZ 1984, 595 (603 f.); *Karpen* MittRhNotK 1988, 131 (145); *Krauß* MittBayNot 1992, 77 (101); *Schwarz* ZEV 1997, 309 (315).

828 NJW 2009, 1346–1348.

829 Vgl. auch *Berger* ZNotP 2009, 263 (263); *Herrler* DNotZ 2009, 408 (410); *Litzenburger* ZEV 2009 (256).

830 Urteil v. 21.9.2001 – V ZR 14/01 – ZEV 2002, 116–117.

Heilbehandlungskosten sollten dabei nur insoweit greifen, als die anfallenden Kosten nicht von der gesetzlichen Krankenversicherung des Übergebers getragen werden. Die Auswirkungen auf die Pflegeverpflichtung bei Heimaufenthalt des Übergebers waren vertraglich nicht ausdrücklich geregelt. Das Revisionsgericht gelangte im Wege ergänzender Vertragsauslegung zu dem Ergebnis, dass die Übernehmerin sich an den Kosten der Heimunterbringung in Höhe ihrer ersparten Aufwendungen zu beteiligen habe. Eine einschränkende Auslegung dahingehend, dass die Übernehmerin zwar für die ambulanten, jedoch überhaupt nicht für die stationären Pflegekosten aufkommen solle, liefe darauf hinaus, dass die Vertragsparteien einen Vertrag zu Lasten Dritter, nämlich zu Lasten des Sozialhilfeträgers, abgeschlossen haben würden. Des Weiteren verletze eine einschränkende Auslegung die Interessenlage des Übergebers, weil die Vorstellung zum Sozialfall zu werden, in bäuerlichen Kreisen geradezu unerträglich sei. Eine volle Kostentragungspflicht komme einerseits nicht in Betracht, weil den Leistungen der gesetzlichen Krankenversicherung für den Fall der Heimpflegebedürftigkeit die Renteneinkünfte des Übergebers gleichzustellen seien. Andererseits scheide eine solche Annahme deswegen aus, weil die Vertragsparteien die Pflege auf dem Hof vereinbart hatten.[831] Wegen der Ermittlung der Höhe der ersparten Aufwendungen war die Sache an das Berufungsgericht[832] zurückzuweisen.

Im Schrifttum[833] stieß die Begründung des Bundesgerichtshofes überwiegend auf Ablehnung. Um einen Übergabevertrag als Vertrag zu Lasten Dritter zu qualifizieren, bedürfe es eines unmittelbaren Eingriffs der Vertragspartner in die Rechtsposition eines Dritten. Bloß mittelbare wirtschaftliche Folgen reichten nicht aus.[834] Konsequenz dieses Urteils sei, dass bisher häufig vereinbarte Wegzugsklauseln nicht mehr wirksam vereinbart werden könnten.[835] Nach dieser Entscheidung kam daher in Betracht, auf Vorbehaltsrechte generell zu verzichten,

---

831 *Volmer* MittBayNot 2009, 276 (276), sieht dagegen aufgrund der umfassend formulierten Pflegeverpflichtung Anhaltspunkte für eine volle Kostentragungspflicht.

832 *OLG Hamm* v. 9.11.2000 – 5 U 97/00 – BeckRS 2006, 01809.

833 *Everts* ZEV 2004, 495 (497); *Kornexl* ZEV 2002, 117 (117 f.); *Krauß* MittBayNot 2002, 248 (248), der ausdrücklich auch das Ergebnis kritisiert; *Mayer* MittBayNot 2002, 152 (152 f.); *Rosendorfer* MittBayNot 2005, 1 (7).

834 Es handele sich daher nach *Kornexl* ZEV 2002, 117 (117 f.), um eine nur in ihrem wirtschaftlichen Ergebnis vertretbare Einzelfallentscheidung; ähnlich *Littig* ZErb 2003, 260 (260 f.), der sich dahingehend äußert, „dass die in (der) Entscheidung zum Ausdruck kommende Sichtweise nicht völlig abwegig, sondern für den Leser nachvollziehbar war".

835 Vgl. *Krauß* MittBayNot 2002, 248 (248).

um überleitungsfähige Ansprüche nicht zur Entstehung gelangen zu lassen.[836] Denn es war nicht erkennbar, wie fortan Geldzahlungspflichten für den Fall des Wegzugs des Übergebers vertragsgestalterisch hätten vermieden oder zumindest beschränkt werden können.[837] Allerdings begibt sich der Übergeber mit dem Verzicht auf ein dingliches Wohnungsrecht „seines Schutzes vor weiterer Beleihung und Verschleuderung (seines) Grundstücks“[838]. Auf der anderen Seite vergrößert sich der unentgeltliche Teil der Zuwendung, was sich insbesondere bei der Bemessung des Wertersatzes nach § 528 Abs. 1 Satz 1 i. V. m. § 818 Abs. 2 BGB nachteilig für den Übernehmer auswirken kann.[839]

b) BGH vom 23.1.2003 – V ZB 48/02 – ZEV 2003, 211–212

Dem Beschluss des Bundesgerichtshofes vom 23.1.2003 – V ZB 48/02[840] – lag ein Übergabevertrag des Jahres 1972 mit einer umfassend formulierten Betreuungs- und Pflegeverpflichtung zugrunde. Diese Verpflichtung sollte zwar entfallen, wenn und solange ein Krankenhausaufenthalt notwendig würde. Allerdings sei dieser von der Ausschlussklausel geregelte Fall nicht mit einer dauernden Heimunterbringung gleichzusetzen. Die sich daher ergebende Regelungslücke schloss der Bundesgerichtshof wiederum in der Weise, dass er eine Abschöpfung der ersparten Aufwendungen gewährte, weil aus der vertraglichen Regelung hervorgehe, dass die Übergeberin nicht auf die Inanspruchnahme von Sozialleistungen verwiesen, sondern umfassend von der Familie versorgt werden sollte. Der Ausschluss der Betreuung und Pflege bei Krankenhausaufenthalten erkläre sich daraus, dass insoweit die Dienste des Krankenhauses zur Verfügung stünden und mutmaßlich durch eine Versicherung gedeckt seien. Der Senat rückte jedoch in seinen Entscheidungsgründen von der Annahme eines Vertrags zu Lasten Dritter ab und stellte richtig, dass, soweit er in seinem Urteil aus dem Jahre 2001 seine Bewertung auch darauf gestützt habe, dass eine Vereinbarung, die den Übernehmer von seiner Pflegeverpflichtung bei dauerndem Pflegeheimaufenthalt des Übergebers frei werden lasse, mit Rücksicht auf die Unzulässigkeit eines Vertrags zu Lasten Dritter leer liefe, ein Vertrag zu Lasten Dritter im Rechtsinne nicht in Rede stehe. Beide Entscheidungen hätten gemein, dass eine Auslegung der Betreuungs- und Pflegeverpflichtung

836 *Volmer* MittBayNot 2009, 276 (277).

837 *Littig* ZErb 2003, 260 (260).

838 *Volmer* MittBayNot 2009, 276 (277); vgl. auch *Zimmer* ZEV 2006, 381 (381).

839 Vgl. *Mayer* MittBayNot 2002, 152 (154).

840 ZEV 2003, 211–212.

dahingehend, dass der Übernehmer nicht für die Kosten der stationären Pflege aufzukommen habe, unmittelbar keine Verpflichtungen des Sozialhilfeträgers als Dritten begründe, jedoch wirtschaftlich nachteilige Auswirkungen für ihn habe. Eine bloß mittelbare Beeinträchtigung reiche für die Annahme eines Vertrags zu Lasten Dritter nicht aus. Dennoch entspreche die wirtschaftliche Folge eines völligen Leistungsausschlusses nicht dem Willen der Vertragsparteien. Zur Höhe der ersparten Beträge brauchte nicht abschließend Stellung genommen werden, weil der Senat über eine Rechtsbeschwerde gegen einen den Antrag auf Bewilligung von Prozesskostenhilfe zurückweisenden Beschluss zu entscheiden hatte. Dennoch merkte der Senat an, dass hinsichtlich des Wohnungsrechts nur die ersparten Aufwendungen, etwa für Wasser, Strom und Heizung sowie für in zeitlichen Abständen anfallende Maßnahmen zur Unterhaltung der Wohnung gefordert werden könnten, nicht hingegen der Sachwert des Wohnungsrechts selbst.

Der Bundesgerichtshof hat also seinen Beschluss aus dem Jahre 2003 genutzt, um von der Wertung als Vertrag zu Lasten Dritter Abstand zu nehmen. Auf die im Schrifttum geäußerte Kritik nimmt er jedoch keinen Bezug.[841] Daneben enthält die Entscheidung keine Aussage über die Unzulässigkeit von Wegzugsklauseln aus anderen Gründen.[842] Kritisiert wurde vor allem die willkürlich anmutende Unterscheidung des Heimaufenthalts von demjenigen in einem Krankenhaus.[843] Den Begriff „Pflegeheimaufenthalt“ hätten Übergeber und Übernehmer im Jahr 1972 sicherlich ebenfalls unter „Krankenhausaufenthalt“ subsumiert.[844] Falls der maßgebliche Unterschied im Versicherungsschutz liegen sollte, müsste bei der ergänzenden Vertragsauslegung gemäß den §§ 133, 157 BGB Berücksichtigung finden, dass für den in Rede stehenden Anspruchszeitraum von Dezember 1999 bis Dezember 2001 die Pflegeversicherung schon lange – nämlich seit 1995 – in Kraft getreten war, womit auch der Aufenthalt in einem Pflegeheim jedenfalls im Grundsatz[845] versichert war.[846] Zudem wurde nach Bekanntwerden der Entscheidung befürchtet, die Prozessparteien könnten gezwungen sein, in jedem Fall den Weg zum Bundesgerichtshof zu gehen, weil offen sei, wie häufig man mit Richtigstellungen in anderen höchstrichterlich entschiedenen Rechtsfragen zu rechnen habe.[847]

---

841 Diesen Vorwurf macht *Mayer* dem *BGH* in seiner Anmerkung in MittBayNot 2004, 181 (181).

842 Vgl. *Berger* ZNotP 2009, 263 (264).

843 Vgl. *Krauß* NotBZ 2007, 129 (130); *Volmer* MittBayNot 2009, 276 (277).

844 *Krauß* NotBZ 2007, 129 (130).

845 Die Pflegeversicherung ist keine bedarfsdeckende Vollversicherung.

846 *Volmer* MittBayNot 2009, 276 (277).

847 *Littig* ZErb 2003, 260 (261).

c) BGH vom 6.2.2009 – V ZR 130/08 – NJW 2009, 1346–1348

Der Bundesgerichtshof hat mit seinem Urteil vom 6.2.2009 – V ZR 130/08[848] – nunmehr Vereinbarungen zugelassen, die das ersatzlose Erlöschen bzw. Ruhen des Wohnungsrechts für den Fall vorsehen, dass der Berechtigte es wegen Unterbringung in einem Alten- oder Pflegeheim auf Dauer nicht mehr ausüben kann. Nach dem Sachverhalt war dem Beklagten von seinem Vater ein Grundstück übertragen worden. Der Übergabevertrag sah vor, dass der Sohn seinem Vater das Recht zur alleinigen Nutzung eines bestimmten Zimmers sowie das Recht zur Mitbenutzung der zur gemeinschaftlichen Benutzung durch die Hausbewohner bestimmten Anlagen und Einrichtungen als Wohnungsrecht zu bestellen hatte. Ferner verpflichtete sich der Sohn, die Zimmer, Anlagen und Einrichtungen in „gut bewohnbarem Zustand" zu erhalten, den Vater zu verköstigen und gegebenenfalls zu pflegen. Die Ausübung des Wohnungsrechts durch Dritte wurde ausgeschlossen. Der Anspruch auf Gewährung von Kost und Pflege sollte nur bestehen, „solange der Berechtigte in dem Vertragsanwesen wohne und die Pflege ohne Inanspruchnahme einer bezahlten Pflegeperson möglich" sei. Für den Fall des Umzugs des Vaters in ein Pflege- oder Altersheim sollte die Verpflichtung zur Verköstigung und Pflege „ruhen, (…) ohne dass der Erwerber dafür einen Ausgleich bzw. Ersatz zu leisten" habe. Zwölf Jahre nach Abschluss des Übergabevertrags musste der pflegebedürftig gewordene Vater in ein Heim ziehen. Die Heimkosten übernahm zu einem Teil der Kläger, der Träger der Sozialhilfe. Er machte übergeleitete Ansprüche im Hinblick auf ersparte Aufwendungen gegenüber dem Beklagten geltend.

Das Berufungsgericht hatte die Wegzugsklausel gemäß § 138 Abs. 1 BGB für sittenwidrig gehalten, da sie bezwecke, das vom Übergeber gebildete Vermögen in der Familie zu behalten, statt es zur Deckung der Heimkosten zu verwenden. Die sich aus der Nichtigkeit der Abrede ergebende Vertragslücke sei im Wege der ergänzenden Auslegung dahin zu schließen, dass der Beklagte seinem Vater die ersparten Aufwendungen bzgl. Kost, Pflege und Instandhaltung des Hauses zu erstatten habe.[849]

Der revisionsrechtlichen Nachprüfung durch den Bundesgerichtshof hielt dies nicht stand. Die Senatsrichter hoben noch einmal hervor, dass in einer derartigen Klausel kein Vertrag zu Lasten Dritter zu sehen sei. Darauf folgte eine ausführliche

848 NJW 2009, 1346–1348.

849 Hierin sieht *Krüger* ZNotP 2010, 2 (6), eine unzulässige Vertragsgestaltung gegen den erklärten Willen der Vertragsparteien.

Begründung, warum die getroffene Vereinbarung trotz des für den Sozialhilfeträger nachteiligen Ergebnisses nicht sittenwidrig sei. Der Ausschluss von Zahlungsansprüchen als Ersatz für nicht mehr zu erbringende Naturalleistungen sei nach § 138 Abs. 1 BGB dann unwirksam, wenn er nach Inhalt, Beweggrund und Zweck in einer Weise zu missbilligen ist, dass es dem Anstandsgefühl aller billig und gerecht Denkenden widerspricht. Zwar stehe das auf den Beklagten übertragene Hausgrundstück nicht mehr zur Deckung der Heimunterbringungskosten des Vaters zur Verfügung. Aber selbst der vergleichbare Fall der Schenkung des Hausgrundstücks gemäß § 516 Abs. 1 BGB an den Beklagten seinerzeit, ohne einen Vorbehalt von Kost und Logis durch den Sohn, würde nicht zur Annahme eines von der Rechtsordnung missbilligten Vorgangs berechtigen. Vielmehr könne der zuständige Träger der Sozialhilfe nach § 93 SGB XII bei späterer Verarmung des Schenkers dessen Notbedarfsanspruch aus § 528 Abs. 1 Satz 1 BGB auf sich überleiten und auf diese Weise eine Belastung der Allgemeinheit – eingeschränkt durch die Frist des § 529 Abs. 1, 2. Alt. BGB – verhindern. Diese Wertung müsse erst recht bei einer gemischten Schenkung gelten, bei der der Schenker immerhin eine gewisse Gegenleistung erhält. Deshalb sei eine Regelung, die dadurch geprägt ist, dass der Übernehmer nur den mit den zu erbringenden Versorgungsleistungen verbundenen relativ geringen finanziellen Aufwand in Kauf nimmt, sich aber keinen zusätzlichen Zahlungsverpflichtungen aussetzen möchte, ohne hinzutretende besondere Faktoren nicht unanständig, auch wenn in der Folge der Sozialhilfeträger einspringen müsse.

Schließlich verneint der Bundesgerichtshof Parallelen zu den Fällen sittenwidriger Unterhaltsverzichte. Die Vertragsparteien hätten keine gesetzlich bestehenden Ansprüche abbedungen, sondern lediglich die vertragliche Begründung weitergehender Ansprüche des Übergebers unterlassen.[850]

2. Folgen für die Kautelarpraxis

Nur in Anbetracht der „turbulenten Vorgeschichte“[851] der Beurteilung der Zulässigkeit von Wegzugsklauseln lässt sich die Bedeutung der Entscheidung des

850 Aufgrund des Übergangs von gesetzlichen Unterhaltsansprüchen gemäß § 94 SGB XII liege auch kein Eingriff in ein gesetzliches Konzept zum Nachteil des Sozialhilfeträgers vor.

851 *Berger* ZNotP 2009, 263 (264).

Bundesgerichtshofes aus dem Jahre 2009 erfassen.[852] Auf Basis der Entscheidungen aus den Jahren 2001[853] und 2003[854] wurde bisher angenommen, dass ein gezielter Ausschluss allein für den Fall einer Heimaufnahme nach § 138 Abs. 1 BGB jedenfalls sittenwidrig sei, weil er das Nachrangigkeitsprinzip gemäß § 2 SGB XII bewusst in sein Gegenteil verkehren würde.[855] Diese Sorge wurde nun beseitigt.[856] Das aktuelle Urteil des Bundesgerichtshofes schützt generell die Vertragsautonomie gegenüber dem hoheitlichen Eingriff gemäß § 93 SGB XII i. V. m. § 138 Abs. 1 BGB.[857] Die Entscheidung beruht auf der essentiellen Erkenntnis, dass grundsätzlich niemand verpflichtet ist, sein Vermögen aufzusparen, falls er einmal von der Allgemeinheit finanzierte Sozialhilfeleistungen wird beziehen müssen.[858] Dabei stellt die rechtliche Argumentation des Bundesgerichtshofes einen „Erst-Recht-Schluss" aus dem Gesetz dar. Der Gesetzgeber hat die Regelung der späteren Bedürftigkeit des Übergebers und Schenkers in den §§ 528, 529 BGB derart ausdifferenziert gestaltet, dass „kein Platz für das allgemeine Urteil der Sittenwidrigkeit"[859] ist. Das vom Senat erzielte Ergebnis ist systematisch widerspruchsfrei und in keiner Weise zu beanstanden.[860] Auf der Grundlage dieser Rechtsprechung können zukünftig nicht nur Versorgungsrechte, sondern auch Wohnungsrechte ausdrücklich so gestaltet werden, dass sie ersatzlos erlöschen, wenn sie durch den Übergeber und Berechtigten wegen dauerhafter Unterbringung in einem Alten- oder Pflegeheim nicht mehr geltend gemacht bzw. ausgeübt werden können.[861] Die Entscheidung

852 Zur Bedeutung dieser Entscheidung für die Abfassung sog. Behinderten- bzw. Bedürftigentestamente *Bengel/Spall* ZEV 2010, 195–196; *Litzenburger* ZEV 2009, 256.

853 Urteil v. 21.9.2001 – V ZR 14/01 – ZEV 2002, 116–117.

854 Beschluss v. 23.1.2003 – V ZB 48/02 – ZEV 2003, 211–212.

855 Es handele sich dabei um unzulässige Nachrangvereinbarungen, so *Everts* ZEV 2004, 495 (497). Vgl. auch die Befürchtungen von *Krauß* NotBZ 2007, 129 (130); *Mayer* DNotZ 2008, 672 (684 ff.); *Wirich* ZEV 2008, 372 (376).

856 *Weber* JR 2010, 164 (164); vgl. *Bengel/Spall* ZEV 2010, 195 (196); *Gühlstorf* ZfF 2009, 265 (267); *Vaupel* RNotZ 2009, 497 (511).

857 Vgl. *Litzenburger* ZEV 2009, 256 (256).

858 *Krüger* ZNotP 2010, 2 (6); *Litzenburger* ZEV 2009, 256 (256); *ders.* ZEV 2009, 278 (281); vgl. auch *Vaupel* RNotZ 2009, 497 (511).

859 *Berger* ZNotP 2009, 263 (264).

860 Dies entspricht der verbreiteten Reaktion in der Literatur, z. B. *Berger* ZNotP 2009, 263 (264), der die Entscheidung als Leitfaden für die Vertragsgestaltung und Sozialhilfeverwaltung deklariert; *Gühlstorf* ZfF 2009, 265 (268).

861 *Sefrin* in: jurisPK-BGB, § 528 Rn. 44; vgl. auch *Gühlstorf* ZfF 2009, 265 (267); *Müller-von Münchow* ZEV 2009, 549 (550).

schafft Anreiz dafür, nicht insgesamt auf die Vereinbarung von Gegenleistungen in Übergabeverträgen zu verzichten, sondern lediglich Einschränkungen vorzunehmen.[862] Hierin kann letztlich auch ein Beitrag zur Entlastung der Sozialhilfeträger liegen.[863] Nebenher bietet die Anerkennung von leistungseinschränkenden Klauseln bei der Beratung der Vertragsbeteiligten mehr Planungssicherheit[864] und minimiert das Haftungsrisiko eines Notars[865].

a) Vorsorgende Vertragsgestaltung

Die Kautelarpraxis sieht sich fortan der Aufgabe gegenüber, den vom Bundesgerichtshof eröffneten weiten Gestaltungsspielraum beim Abschluss von Übergabeverträgen[866] sinnvoll zu nutzen. Daher sind die Vor- und Nachteile einzelner Gestaltungsinstrumente gegeneinander abzuwägen. In Betracht zu ziehen sind Erlöschensklauseln, einseitige Verzichtsklauseln in Gestalt von Entschädigungsklauseln und Ruhendvereinbarungen.

aa) Erlöschensklauseln

Im Falle einer Erlöschensklausel wird das Wohnungsrecht unter der auflösenden Bedingung i. S. v. § 158 Abs. 2 BGB vereinbart, dass der Wohnungsberechtigte das Vertragsanwesen auf Dauer verlässt.[867] Mit dem Eintritt der Bedingung erlischt das Wohnungsrecht. Nach der Formulierung wäre es gleich, aus welchem Grunde der Übergeber und Wohnungsberechtigte das Haus verlässt. Von einer derart weitgefassten Klausel würden auch alle diejenigen Fälle einbezogen, in denen der Übernehmer sich ungebührlich verhält und den Übergeber aus dem

---

862 Vgl. z. B. den Erfahrungsbericht von *Herrler* DNotZ 2009, 408 (415 f.); *Volmer* MittBayNot 2009, 276 (278), spricht von einer „generalpräventiv positive(n) Wirkung", weil der „Vermeidungsstrategie durch vollständigen Verzicht auf Vorbehaltsrechte" kein Auftrieb gegeben werde.

863 *Mayer* in: Staudinger-BGB, § 1093 Rn. 61; *Herrler* DNotZ 2009, 408 (415); *Volmer* MittBayNot 2009, 276 (278), hält umgekehrt eine höhere Belastung der Sozialhilfe für möglich.

864 *Müller-von Münchow* ZEV 2009, 549 (550).

865 *Volmer* MittBayNot 2009, 276 (278); siehe zum Haftungsrisiko eines Notars bereits Teil D.

866 So auch *Litzenburger* ZEV 2009, 256 (256).

867 Vgl. bereits *Everts* ZEV 2004, 495 (498); aus jüngerer Zeit *Auktor* MittBayNot 2008, 14 (18); *Mayer* DNotZ 2008, 672 (684); *Gühlstorf* ZfF 2009, 265 (267); *Mensch* BWNotZ 2009, 162 (170); *Herrler* DNotZ 2009, 408 (415); *Zimmer* ZEV 2009, 382 (383); *Müller-von Münchow* ZEV 2009, 549 (550); *Eupen* GE 2010, 590 (596).

Anwesen „hinausekelt“[868]. Deswegen sollte die Regelung klarstellen, dass Geldersatzansprüche ausgeschlossen werden, es sei denn, der Übernehmer hätte den Auszug zu vertreten.[869] Nach der jüngsten Entscheidung des Bundesgerichtshofes braucht die Klausel nicht mehr allgemein formuliert werden[870], sondern es ist zulässig, im Übergabevertrag das ersatzlose Erlöschen des Wohnungsrechts für den Fall einer dauerhaften auswärtigen Unterbringung in einer Pflegeeinrichtung vorzusehen.

Im Hinblick auf eine beabsichtigte wirtschaftliche Verwertung der dem Wohnungsrecht unterliegenden Räumlichkeiten wird dem Übernehmer sehr daran gelegen sein, den Wegfall des Rechts nach Eintritt der Bedingung durch dessen Löschung im Grundbuch zu dokumentieren.[871] Das Verfahren zur Berichtigung des Grundbuchs kann einerseits durch eine Berichtigungsbewilligung i. S. d. § 19 GBO begründet werden. Sie erfordert, die Unrichtigkeit „lediglich schlüssig darzulegen, weil der Betroffene mit der Beseitigung der Unrichtigkeit zu seinen Lasten einverstanden ist“[872]. Die gesundheitliche Entwicklung des Übergebers und Wohnungsberechtigten ist aber von Unsicherheit geprägt.[873] Häufig wird es der Fall sein, dass der Wohnungsberechtigte zwischenzeitlich dement und infolgedessen geschäftsunfähig geworden ist.[874] Gegebenenfalls kann eine Berichtigungsbewilligung i. S. d. § 19 GBO nicht beigebracht werden.[875] Auf der anderen Seite besteht die Möglichkeit, als Ersatz für die Berichtigungsbewilligung den Nachweis für die Grundbuchunrichtigkeit in Form des § 29 GBO zu erbringen.[876] Um bei Bedingungseintritt die Unrichtigkeit des Grundbuchs in entsprechender Form gegenüber dem Grundbuchamt nachweisen zu können, wird empfohlen[877],

---

868 *Everts* ZEV 2004, 495 (498) m. w. N.; *Sefrin* in: jurisPK-BGB, § 528 Rn. 44.

869 *Auktor* MittBayNot 2008, 14 (18).

870 Es ist kein „Verstecken“ notwendig, so *Weber* JR 2010, 164 (165).

871 Vgl. *Müller-von Münchow* ZEV 2009, 549 (550).

872 *Holzer* in: Hügel BeckOK-GBO, § 22 Rn. 17.

873 *Müller-von Münchow* ZEV 2009, 549 (550).

874 Diese Einschätzung stellt *Zimmer* ZEV 2006, 381 (381 f.), seiner Untersuchung zu der Frage, wie die Löschung vertraglich vereinbarter Rückübertragungsrechte vor dem Tode der Berechtigten herbeigeführt werden kann, voran.

875 Diese Befürchtung deutete bereits *Everts* ZEV 2004, 495 (498), an; *Zimmer* ZEV 2009, 382 (383), spricht insofern von „nicht unerheblichen Schwierigkeiten“.

876 Im Verhältnis zur Berichtigungsbewilligung, die die formelle Wahrheit nachweise, erlaube § 22 Abs. 1 GBO ausnahmsweise auch den Nachweis der materiellen Wahrheit, so *Holzer* in: Hügel BeckOK-GBO, § 22 Rn. 17.

877 *Auktor* MittBayNot 2008, 14 (18); *Eupen* GE 2010, 590 (597); *Zimmer* ZEV 2009, 382 (383); *Sefrin* in: jurisPK-BGB, § 528 Rn. 44.

zusätzlich eine Verpflichtung des Übergebers zur Löschung des Wohnungsrechts im Grundbuch im Übergabevertrag mit aufzunehmen.[878] *Müller-von Münchow*[879] rät dazu, die Grundbuchunrichtigkeit durch öffentliche Urkunde – namentlich durch eine Meldebescheinigung – nachzuweisen, vgl. §§ 22 Abs. 1 Satz 1, 29 Abs. 1 Satz 2 und Abs. 3 GBO. Der Übergeber könnte dem Übernehmer im Übergabevertrag eine Einzelvollmacht erteilen, mit der er den Übernehmer beauftragt und bevollmächtigt, ihn für den Fall des Bezugs einer neuen Wohnung bei der zuständigen Meldebehörde anzumelden. *Müller-von Münchow* schildert, dass dieses Verfahren in seiner beurkundungsrechtlichen Praxis in Burgkunstadt, Bayern, anerkannt sei. Ausgangspunkt seiner Überlegungen ist, dass der nicht nur vorübergehende Umzug des Wohnungsberechtigten in ein Alten- und Pflegeheim grundsätzlich nach den §§ 11 Abs. 1, 16 Abs. 2 MRRG einen meldepflichtigen Bezug einer neuen Wohnung darstellt. Nach schleswig-holsteinischem Landesrecht besteht eine allgemeine Meldepflicht gemäß § 11 Abs. 1 LMG SH. Auf Antrag erteilt die Meldebehörde dem Betroffenen nach § 7 Abs. 2 LMG SH eine Meldebescheinigung. Wie der bayerische hat auch der schleswig-holsteinische Gesetzgeber von der bundesrechtlich in § 16 Abs. 2 MRRG eingeräumten Möglichkeit einer Ausnahme von der Meldepflicht im Landesrecht in § 22 Abs 1 Satz 1 LM SH Gebrauch gemacht. Nicht anzumelden hat sich demnach, wer in Pflegeheimen aufgenommen wird, solange er für eine andere Wohnung im Inland gemeldet ist. Eine derartige Befreiung hindere aber eine Ummeldung nicht. Die beschriebene Einzelvollmacht im Übergabevertrag sei folglich mit dem Zusatz zu versehen, dass der Übernehmer die Anmeldung vorzunehmen habe, „auch solange noch keine melderechtliche Verpflichtung bestehen sollte".

Die Vertragsdurchführung bringt demnach wegen der hohen Wahrscheinlichkeit, dass die Mitwirkung des Übergebers infolge fehlender Geschäftsfähigkeit nicht möglich ist, einige Probleme für die Praxis mit sich. Abgesehen davon birgt die Vereinbarung einer Erlöschensklausel im Übergabevertrag die Gefahr, dass der Sozialhilfeträger auf andere Regressmöglichkeiten, insbesondere auf Herausgabeansprüche gemäß § 528 Abs. 1 Satz 1 BGB oder auf Unterhaltsansprüche, zurückgreift.[880] Das Hausgrundstück stellt nicht selten vor der Schenkung im Wege der vorweggenommenen Erbfolge den

878 Formulierungsvorschlag bei *Zimmer* ZEV 2009, 382 (383).

879 ZEV 2009, 549 (550).

880 *Auktor* MittBayNot 2008, 14 (18); *Litzenburger* ZEV 2009, 256 (256); *Mayer* DNotZ 2008, 672 (686); *Volmer* MittBayNot 2009, 276 (278); aus diesem Grunde von der Vereinbarung einer Erlöschensklausel abratend *Eupen* GE 2010, 590 (597).

einzigen werthaltigen Vermögensgegenstand des Übergebers dar.[881] Der Herausgabeanspruch des Schenkers wegen Notbedarfs ist allerdings zeitlich begrenzt. Nach Ablauf der Zehnjahresfrist gemäß § 529 Abs. 1, 2. Alt. BGB ist dem Sozialhilfeträger der Regress hierüber verwehrt. *Vaupel*[882] würde sogar so weit gehen, den Wert der Schenkung deutlich zu reduzieren, indem umfassende Versorgungsleistungen verbunden mit einer weitreichenden Leistungsausschlussklausel vereinbart werden. Zu berücksichtigen ist schließlich noch, dass die Höhe eines gemäß § 818 Abs. 2 BGB in eine Zahlungspflicht umgewandelten Rückforderungsanspruchs aus § 528 Abs. 1 Satz 1 BGB auf den Wert des Schenkungsgegenstands begrenzt ist, während sich der Geldersatzanspruch bei umgewandelten Versorgungsrechten nach der Höhe der ersparten Aufwendungen bemisst.[883] Wenn ein Zugriff des Sozialhilfeträgers auf schenkweise übertragendes Vermögen nach Ablauf der Frist des § 529 Abs. 1, 2. Alt. BGB ausscheidet, könnte der Sozialhilfeträger Unterhaltssprüche des Übergebers gegen seine Abkömmlinge nach § 94 Abs. 1 Satz 1 SGB XII auf sich überleiten. Daher bietet es sich an, das Haftungsinnenverhältnis zwischen mehreren Abkömmlingen um einer gerechten Lastenverteilung willen abweichend zu § 1606 BGB zu regeln.[884]

bb) Einseitige Verzichtsklauseln in Gestalt von Entschädigungsklauseln

Eine vorsorgende Vertragsgestaltung könnte auch in der Vereinbarung einer einseitigen Verzichtsklausel zugunsten des Wohnungsberechtigten bestehen. Dadurch wird ihm eine einseitige Aufgabemöglichkeit hinsichtlich des Wohnungsrechts eröffnet. Die Verzichtsklausel kann in eine Entschädigungsklausel gekleidet werden. Bei dieser Konstruktion entsteht bei Erklärung des Verzichts ein Anspruch auf einen ausdrücklich bestimmten Wertersatz, während für den Fall der Nichtausübbarkeit bzw. Nichtausübung des Verzichts ein Geldersatzanspruch ausdrücklich ausgeschlossen wird.[885] Wenn der Wohnungsberechtigte infolge Pflegebedürftigkeit in ein Heim umsiedeln muss und er den Verzicht nicht erklärt, gelangt der Ersatzanspruch nicht zur Entstehung. Dieser Sachverhalt ist der Problematik einer Erbschaftsausschlagung durch

881 In derart gelagerten Fällen hält *Eupen* GE 2010, 1398 (1398), darum auch eine Schenkung als nicht empfehlenswert.

882 RNotZ 2009, 487 (511).

883 *Volmer* MittBayNot 2009, 276 (278).

884 *Volmer* MittBayNot 2009, 276 (278).

885 Vgl. *Everts* ZEV 2004, 495 (498); auf diesen rekurrierend *Eupen* GE 2010, 590 (597).

einen Sozialhilfeempfänger[886] gleichzustellen. Während inzwischen zwei Oberlandesgerichte[887] die Sittenwidrigkeit einer zum Nachteil des Sozialhilfeträgers wirkenden Erbschaftsausschlagung durch den Betreuer eines Sozialhilfeempfängers festgestellt haben, verneint die Literatur[888] nahezu einhellig die Sittenwidrigkeit. Die Entschließungsfreiheit des vorläufigen Erben überwiege das öffentliche Interesse an der Annahme einer „werthaltigen Erbschaft"[889], obwohl dies den Fortbestand einer bereits gegebenen Sozialhilfebedürftigkeit nach sich zieht. Aufgrund der Ähnlichkeit beider Fallkonstellationen wird ebenso wenig eine Sittenwidrigkeit der Nichtausübung des Verzichts auf das Wohnungsrecht angenommen.[890] Demgegenüber ist vor dem Hintergrund der aktuellen Entscheidung des OLG Hamm[891] zu befürchten, dass auch die Vereinbarung einer einseitigen Verzichtsklausel in Gestalt einer Entschädigungsklausel als Verstoß gegen § 138 Abs. 1 BGB einzuordnen ist. Allerdings streitet wiederum gegen die Annahme eines Verstoßes gegen die guten Sitten, dass eine Entschädigungsklausel nicht selten einen praktischen Anwendungsbereich hat, nämlich dann, wenn ein späterer Ortswechsel des Wohnungsberechtigten denkbar ist.[892] Mithin bestünde ein legitimes Interesse an der Vereinbarung. Des Weiteren kann der Sozialhilfeträger das Verzichtsrecht nicht auf sich überleiten. Wie auch beim zugrunde liegenden Wohnungsrecht fehlt es an der Überleitungsfähigkeit.[893]

Dennoch ist die Praxistauglichkeit der Vereinbarung einer einseitigen Verzichtsklausel in Gestalt einer Entschädigungsklausel zweifelhaft, weil dem Übergeber und Wohnungsberechtigten häufig ein Betreuer bestellt wird. Im Rahmen der rechtlichen Betreuung nach den §§ 1896 ff. BGB wäre der Betreuer zur Erklärung des Verzichts berechtigt.[894] Folglich könnte der Ersatzanspruch ausgelöst werden,

---

886 Eingehend *Ivo* FamRZ 2003, 6–9; *Vaupel* RNotZ 2009, 497 (507 f.).

887 *OLG Stuttgart* v. 25.6.2001 – 8 W 494/99 – ZEV 2002, 367–369, das die Erbschaftsausschlagung den von der Rechtsprechung zur Sittenwidrigkeit von Unterhaltsverzichten zwischen Eheleuten entwickelten Grundsätzen unterwirft; Anschluss *OLG Hamm* v. 16.7.2009 – I-15 Wx 85/09 – FGPrax 2009, 265–266, welches sich ausführlich mit den Argumenten der Gegenauffassung auseinandersetzt.

888 *Ivo* FamRZ 2003, 6 (6) m. w. N; *Mayer* ZEV 2002, 369 (369 f.); *Vaupel* RNotZ 2009, 497 (507 f.).

889 *Ivo* FamRZ 2003, 6 (8).

890 *Everts* ZEV 2004, 495 (498); *Eupen* GE 2010, 590 (597).

891 Beschluss v. 16.7.2009 – I-15 Wx 85/09 – FGPrax 2009, 265–266.

892 Hierauf weist *Everts* ZEV 2004, 495 (498), zutreffend hin.

893 *Everts* ZEV 2004, 495 (498).

894 *Everts* ZEV 2004, 495 (499), diskutiert daher die Vereinbarung des Rechts zum Verzicht als höchstpersönliches Recht. Es bestünde aber die Gefahr, dass die dem

den wiederum der Sozialhilfeträger auf sich überleiten würde. Schließlich droht die Entschädigungsklausel leerzulaufen, wenn davon auszugehen ist, dass die Kinder als Übernehmer über § 94 Abs. 1 Satz 1 SGB XII i. V. m. den §§ 1601 ff. BGB in Regress genommen werden.[895]

cc) Ruhendvereinbarungen

In Betracht zu ziehen ist auch die Vereinbarung einer Ruhendverpflichtung. Danach ruht das Wohnungsrecht, solange der Berechtigte die Wohnung, gleich aus welchem Grund, auf Dauer verlassen hat.[896] Geldersatzansprüche werden bis auf die Ausnahme, dass der Übernehmer den Wegzug zu vertreten hat, ausgeschlossen. Die Kehrseite einer solchen Vereinbarung ist, dass die Wohnungsrechtsräumlichkeiten nach Aufnahme in eine stationäre Pflegeeinrichtung rechtlich blockiert sind. *Eupen*[897] hält dies für „hinnehmbar", angesichts eines ansonsten vom Sozialhilfeträger überleitbaren Anspruchs. Vielmehr lässt sich eine Ruhendverpflichtung mit einer Erlöschensklausel sinnvoll kombinieren, indem das Wohnungsrecht nur für den Fall eines bloß vorübergehenden Ausübungshindernisses bis zur Rückkehr in die Wohnung ruht.[898] Die bereits dargestellten[899] Praxisprobleme und Gefahren bleiben davon unberührt.

b) Behandlung von „Altfällen"

In absehbarer Zukunft mag es so sein, dass Übergabeverträge regelmäßig das Erlöschen des Wohnungsrechts mit der dauerhaften auswärtigen Unterbringung in einem Alten- oder Pflegeheim vorsehen, weil es oftmals im Interesse der Vertragspartner liegen wird, späteren Auseinandersetzungen mit dem Sozialhilfeträger über Ersatzansprüchen zu entgehen.[900] In vielen „Altfällen" fehlt es aber an einer ausdrücklichen Regelung. In Betracht kommt eine nachträgliche Vereinbarung über das Erlöschen des Wohnungsrechts.[901] Dabei ist allerdings darauf Acht zu

---

Wohnungsrecht unterliegenden Räumlichkeiten bei demenzbedingter Geschäftsunfähigkeit des Wohnungsberechtigten „rechtlich völlig blockiert" sein könnten.

895 *Everts* ZEV 2004, 495 (499).

896 *Eupen* GE 2010, 590 (597).

897 GE 2010, 590 (598).

898 Ein praxistauglicher Formulierungsvorschlag findet sich z. B. bei *Vaupel* RNotZ 2009, 497 (511).

899 Siehe Teil D/II./2./a)/aa).

900 Vgl. die Einschätzung von *Gühlstorf* ZfF 2009, 265 (268).

901 So auch *Zimmer* ZEV 2009, 382 (384).

geben, dass nicht etwa besondere Umstände vorliegen, die zur Sittenwidrigkeit führen. Ein Verzicht auf das Wohnungsrecht kann vom Übergeber wegen § 138 Abs. 1 BGB dann nicht wirksam erklärt werden, wenn er entweder bereits in ein Pflegeheim umgezogen ist und Sozialhilfeleistungen bezieht oder seine Sozialhilfebedürftigkeit zu erwarten ist.[902] In beiden Alternativen macht der Verzicht „nur vor dem Hintergrund der Abwendung eines Sozialhilferegresses Sinn"[903]. Das Gleiche gilt für eine Änderung in Bezug auf die Tragung der Nebenkosten zu Lasten des Wohnungsberechtigten.[904] Daneben kann für den Fall, dass dem Wohnungsberechtigten ein Betreuer bestellt wurde, ein wirksamer Verzicht an § 1908i Abs. 2 Satz 1 i. V. m. § 1804 Satz 1 BGB scheitern, wenn in dem Verzicht eine Schenkung zu sehen ist. Das setzt voraus, dass tatsächlich auf einen geldwerten Vorteil verzichtet wird.[905] Dies ist insbesondere der Fall, wenn der Eigentümer als zur Vermietung der leerstehenden Wohnung berechtigt angesehen wird und er von seiner Vermietungsbefugnis tatsächlich Gebrauch macht. Denn nach der Rechtsprechung des Bundesgerichtshofes[906] sollen die Mieteinnahmen dem Wohnungsberechtigten zustehen. In der Gestattung unentgeltlicher Nutzung des Wohnungsrechts sieht der Bundesgerichtshof[907] dagegen einen Leihvertrag gemäß § 598 BGB.

902 Siehe dazu bereits Teil D/I.
903 *Zimmer* ZEV 2009, 382 (385).
904 *Auktor* MittBayNot 2008, 14 (18).
905 *Mittelmann/Ehmann* in: Plagemann, MüAnwHdb SozR, § 39 Rn. 52.
906 Urteil v. 9.1.2009 – V ZR 168/07 – NJW 2009, 1348–1349.
907 Urteil v. 11.12.1981 – V ZR 247/90 – BGHZ 82, 354–360.

Teil E: Untersuchungsergebnisse

I. Ergebnisse zu den sozialhilferechtlichen Grundlagen (Teil B):

1. Die Rechtmäßigkeit der Überleitungsanzeige hängt nicht von der rechtmäßigen Erbringung der Sozialhilfeleistungen ab.
2. Für den Bestand der Überleitung als solcher kommt es nicht auf das Bestehen und den Umfang des übergeleiteten Anspruchs an. Nur wenn der übergeleitete Anspruch offensichtlich ausgeschlossen ist, führt dies unter dem Aspekt der sog. Negativevidenz zur Rechtswidrigkeit der Überleitungsanzeige. Die öffentlich-rechtlichen Tatbestandsmerkmale der Überleitungsanzeige können im sozialgerichtlichen Verfahren überprüft werden, während das Bestehen einer Forderung der fachgerichtlichen Kontrolle bei der Durchsetzung des übergeleiteten Anspruchs vorbehalten bleibt.

II. Ergebnisse zum dinglichen Wohnungsrecht (Teil C/I.–II.):

1. Das dingliche Wohnungsrecht gemäß § 1093 Abs. 1 Satz 1 BGB ist nicht überleitungsfähig, weil es schon keinen Anspruch i. S. d. § 194 Abs. 1 BGB darstellt.
2. Ein dauerndes, bloß in der Person des Berechtigten liegendes Ausübungshindernis führt nicht generell zum Erlöschen des dinglichen Wohnungsrechts. Ausschlaggebend ist die abstrakte Vermietungsmöglichkeit, weil Im Interesse der Rechtssicherheit und -klarheit der Bestand des Wohnungsrechts als Institut des Sachenrechts eindeutig geregelt sein muss.
3. Ist der Wohnungsberechtige an der Ausübung seines Rechts aus § 1093 Abs. 1 Satz 1 BGB infolge von Krankheit und Pflegebedürftigkeit gehindert, so kommt ihm gegenüber dem Eigentümer kein Anspruch auf Gestattung der Vermietung der dem Wohnungsrecht unterliegenden Räume im Wege der Vertragsanpassung gemäß § 313 Abs. 3 i. V. m. Abs. 1 BGB zu, weil diese Entwicklung bei Vertragsschluss vorhersehbar war.

4. Ferner ergibt eine ergänzende Auslegung gemäß den §§ 133, 157 BGB grundsätzlich keine Verwertungsmöglichkeit des Wohnungsrechts in Gestalt der Befugnis des Wohnungsberechtigten zur Vermietung der Räume an Dritte. Zwar besteht eine Regelungslücke. Diese kann allerdings regelmäßig durch Heranziehung der dispositiven Norm des § 1092 Abs. 1 Satz 1 BGB in sinnvoller Weise geschlossen werden. Der Sozialhilfeträger könnte den Anspruch zudem weder auf sich überleiten noch faktisch durchsetzen. Im Falle der Überleitungsfähigkeit würde der Eigentümer insbesondere durch eine Analogie zu § 1056 Abs. 1 BGB zum Schutze des Mieters in unzumutbarer Weise belastet werden. Auch ginge häufig mit der Herrichtung der Räumlichkeiten derart, dass sie zur Fremdvermietung geeignet wären, ein immenser Kostenaufwand einher. Zusätzlich käme es im Zuge der tatsächlichen Durchsetzung des Anspruchs auf Gestattung der Vermietung durch Aufforderung des Wohnungsberechtigten zur Geltendmachung auch noch darauf an, dass der Sozialhilfeträger die Übernahme sämtlicher anfallender Kosten erklärt.
5. Übertragungen von städtischen Wohngrundstücken, bei denen sich der Übergeber ein dingliches Wohnungsrecht vorbehält, erfüllen in der Regel nicht die Voraussetzungen eines Lebgedinges i. S. v. Art. 96 EGBGB, so dass eine Umwandlung des Wohnungsrechts in einen Anspruch auf Zahlung einer Geldrente aus Art. 96 EGBGB i. V. m. landesgesetzlichen Regelungen und eine Überleitung dieser Ansprüche auf den Sozialhilfeträger deshalb ausscheiden.
6. Ein Zahlungsanspruch lässt sich auch nicht im Zuge der Anpassung des Übergabevertrags, in welchem dem nunmehr stationär pflegebedürftigen Übergeber ein dingliches Wohnungsrecht eingeräumt wurde, nach den Grundsätzen des Wegfalls der Geschäftsgrundlage gemäß § 313 Abs. 3 i. V. m. Abs. 1 BGB begründen, weil es wiederum an der notwendigen Voraussetzung der unvorhergesehenen Änderung der Umstände, die Geschäftsgrundlage geworden sind, fehlt.
7. Eine ergänzende Vertragsauslegung dahingehend, dass der Übernehmer und Eigentümer sowie seine Familienangehörigen die dem Wohnungsrecht unterliegenden Räumlichkeiten, die Zumutbarkeit der Vermietung vorausgesetzt, nur gegen Zahlung einer fiktiven Miete selbst nutzen dürfen, würde zu einer unzulässigen Erweiterung des Vertragsgegenstandes führen. Daneben ergibt sich auch kein Anspruch des Wohnungsberechtigten auf Auskehr tatsächlich erzielter Mieteinnahmen. Insoweit ist schon die Befugnis des Eigentümers im Hinblick auf die §§ 1092 Abs. 1 Satz 2, 1093 Abs. 2 BGB fraglich. Zumindest ließe sich entgegen der Tendenz des Bundesgerichtshofes ein Auskehranspruch wegen verschiedener Gestaltungsmöglichkeiten zur Füllung der Regelungslücke nicht begründen. Dem Übergeber und Wohnungsberechtigte kommt

gegenüber dem Eigentümer lediglich ein Anspruch auf Erstattung der ersparten Aufwendungen zu.

III. Ergebnisse zum Anspruch aus § 528 BGB (Teil C/III.):

1. Die Grundbesitzübertragung unter Vorbehalt eines dinglichen Wohnungsrechts gemäß § 1093 Abs. 1 Satz 1 BGB in vorweggenommener Erbfolge ist als Auflagenschenkung i. S. v. § 525 Abs. 1 BGB einzuordnen.
2. Für die Vollziehung der Schenkung genügt es, dass der Schenker alle seinerseits erforderlichen Leistungshandlungen freiwillig vorgenommen hat. Bei einer Grundstücksschenkung reicht der Erwerb eines Anwartschaftsrechts aus. Der Schenkungsvollzug kann daher bereits mit der Auflassung gemäß § 925 Abs. 1 BGB vorliegen. Allerdings bewirkt die Bindung des § 873 Abs. 2 BGB keine Verfügungsbeschränkung, so dass der Auflassungsempfänger den Eintragungsantrag selbst beim Grundbuchamt einreichen oder zu seinen Gunsten eine Auflassungsvormerkung eingetragen werden muss.
3. Der Beschenkte kann sich von der Teilwertersatzpflicht in Geld aus den §§ 528 Abs. 1 Satz 1, 818 Abs. 2 BGB durch Herausgabe des ganzen Geschenks in natura befreien.
4. Für den Beginn der Zehnjahresfrist nach § 529 Abs. 1, 2. Alt. BGB genügt, wie im Rahmen des § 528 Abs. 1 BGB, bereits die Entstehung eines Anwartschaftsrechts. Die zur parallel formulieren Vorschrift des § 2325 Abs. 3 BGB von der Rechtsprechung entwickelten Grundsätze, wonach es für den Beginn der Frist auf die wirtschaftliche Ausgliederung des Schenkungsgegenstands ankommt, gelten zwar für alle Nutzungsvorbehalte. Eine Übertragung dieser Rechtsprechung auf § 529 Abs. 1, 2. Alt. BGB ist jedoch mangels vergleichbarer Interessenlage nicht möglich. Darüber hinaus wird in es in den meisten Fällen, in denen bloß ein anteiliges Wohnungsrecht vorbehalten wurde, bereits an einer wesentlichen Weiternutzung durch den Schenker fehlen.
5. Im Falle der Inanspruchnahme von Sozialhilfeleistungen kann der Anspruch aus § 528 BGB auch noch nach dem Tode des Schenkers vom Sozialhilfeträger geltend gemacht werden. Beerbt der Beschenkte den Schenker, erlischt der Schenkungsrückforderungsanspruch nicht durch Konfusion.
6. Sowohl ein unmittelbar auf Herausgabe eines Grundstücks gerichteter Schenkungsrückforderungsanspruch gemäß § 528 Abs. 1 Satz 1 BGB als auch ein

Teilwertersatzanspruch unterliegen der besonderen Verjährungsfrist des § 196 BGB.

IV. Ergebnisse hinsichtlich der Vertragsgestaltung (Teil D):

1. Es ist nunmehr zulässig, ein dingliches Wohnungsrecht ausdrücklich so zu gestalten, dass es ersatzlos erlischt, wenn der Berechtigte wegen Unterbringung in einem Alten- oder Pflegeheim dauerhaft an der Rechtsausübung gehindert ist.
2. Das dingliche Wohnungsrecht kann unter der auflösenden Bedingung nach § 158 Abs. 2 BGB vereinbart werden, dass der Wohnungsberechtigte das Vertragsanwesen auf Dauer verlässt. Eine solche Erlöschensklausel birgt insbesondere die Gefahr, dass der Sozialhilfeträger auf andere Regressmöglichkeiten, insbesondere auf Herausgabeansprüche gemäß § 528 Abs. 1 Satz 1 BGB oder auf Unterhaltsansprüche, zurückgreift. Zudem erschwert die hohe Wahrscheinlichkeit, dass die Mitwirkung des Übergebers infolge Geschäftsunfähigkeit unmöglich ist, die Vertragsdurchführung.
3. Als vorsorgende Vertragsgestaltung kommt auch die Vereinbarung einer einseitigen Verzichtsklausel in Gestalt einer Entschädigungsklausel in Betracht. Da diese Konstellation der Problematik einer Erbschaftsausschlagung durch einen Sozialhilfeempfänger gleichzustellen ist, besteht die Befürchtung, dass die Rechtsprechung in dieser Vertragsgestaltung einen Verstoß gegen § 138 Abs. 1 BGB annimmt. Des Weiteren wäre der Betreuer zur Erklärung des Verzichts berechtigt. Schließlich droht die Klausel Leerzulaufen, wenn die Kinder als Übernehmer über § 94 Abs. 1 Satz 1 SGB XII i. V. m. den §§ 1601 ff. BGB in Regress genommen werden könnten.
4. Eine Ruhendverpflichtung lässt sich sinnvoll mit einer Erlöschensklausel kombinieren, indem das Wohnungsrecht nur für den Fall eines bloß vorübergehenden Ausübungshindernisses bis zur Rückkehr des Berechtigten ruht.
5. In „Altfällen“, in denen eine ausdrückliche Regelung fehlt, ist bei der nachträglichen Vereinbarung über das Erlöschen des Wohnungsrechts darauf Acht zu geben, dass nicht etwa besondere Umstände vorliegen, die zur Sittenwidrigkeit führen. Ein wirksamer Verzicht durch den Betreuer des pflegebedürftigen Rechtsinhabers kann an § 1908i Abs. 2 Satz 1 i. V. m. § 1804 Satz 1 BGB scheitern.

Literaturverzeichnis

Arndt, Herbert/ Lerch, Klaus/ Sandkühler, Gerd — Kommentar zur BNotO, 6. Auflage, Köln [u. a.] 2008

Auktor, Christian — Sozialhilferegress beim Wohnungsrecht – zugleich Anmerkung zum Urteil des BGH vom 19.1.2007 – V ZR 163/06, MittBayNot 2008, 14–18

Baur, Fritz Rolf — Überleitung und Bewertung von Wohnungsrechten nach § 90 BSHG, ZfS 1982, 229–331

Baur, Fritz Rolf/ Baur, Jürgen F./ Stürner, Rolf — Sachenrecht, 18. Auflage, München 2009

Beck'scher Online-Kommentar — Kommentar zum BGB, Hrsg. Bamberger, Heinz-Georg/Roth, Herbert, Stand: 1.3.2011, 20. Edititon

Kommentar zur GBO, Hrsg. Hügel, Stefan, Stand: 1.9.2011, 13. Edition

Kommentar zum Sozialrecht, Hrsg. Rolfs, Christian/Giesen, Richard/ Kreikebohm, Ralf/Udsching, Peter, Stand: 1.9.2011, 23. Edition

Bengel, Manfred/ Spall, Lorenz — Anmerkung zum Urteil des OLG Köln vom 9.12.2009 – 2 U 46/09, ZEV 2010, 195–196

Berger, Florian Zur Zulässigkeit von Wegzugsklauseln in Übrlassungsverträgen – Zugleich Anmerkung zu BGH, Urt. v. 6.2.2009 – V ZR 130/08, ZNotP 2009, 263–267

Böhringer, Walter Das Altenteil in der notariellen Praxis, MittBayNot 1988, 103–113

Both, Dirk Anmerkung zum Urteil des BGH vom 29.01.2010 – V ZR 132/09; Pflegeleistung als Gegenleistung für Übertragung eines Grundstücks: Ergänzende Vertragsauslegung bei Umzug des Übergebers in Pflegeheim, jurisPR-MietR 10/2010 Anm. 6

Brähler-Boyan, Christa/ Mann, Horst Zur Überleitung des Rückforderungsanspruchs des verarmten Schenkers auf den Sozialhilfeträger, NJW 1995, 1866–1871

Brox, Hans/ Walker, Wolf-Dietrich Allgemeiner Teil des BGB, 34. Auflage, Köln 2010

Allgmeines Schuldrecht, 34. Auflage, Köln 2010

Brückner, Bettina Wohnungsrecht und subjektives Ausübungshindernis, NJW 2008, 1111–1115

Cornelius, Eike Der Pflichtteilsergänzungsanspruch hinsichtlich der Übertragung von Grundstücken unter dem Vorbehalt von Rechten des Schenkers, Angelbachtal 2003

Hadding, Walther Die Verweisungen auf die Vorschriften über die Herausgabe einer ungerechtfertigten Bereicherung im BGB, FS für Otto Mühl zum 70. Geburtstag, Stuttgart [u. a.] 1981, 225–266

Dellios, Georgios	Zur Präzisierung der Rechtsfindungsmethode bei „gemischten" Verträgen, Regensburg 1981
Doering-Striening, Gudrun	Der Zugriff des Staates – sozialrechtliche Grundlagen, ErbR 2009, 362–370
Dümig, Michael	Anmerkung zum Urteil des BGH vom 19.01.2007 – V ZR 163/06, ZfIR 2007, 638
Eberl-Borges, Christina/ Schüttlöffel, Michael	Sozialstaat oder Verwandtensolidarität – Neuere Entwicklungen des Sozialhilferegresses bei der Unterhaltspflicht erwachsener Kinder und beim Behindertentestament, FamRZ 2006, 589–598
Eckebrecht, Marc	Der Oma ihr klein Häuschen, JA 2003, 209–218
Eckert, Jörn	Sachenrecht, 4. Auflage, Baden-Baden 2005
Ehricke, Ulrich	Zur Bedeutung der Privatautonomie bei der ergänzenden Vertragsauslegung, RabelsZ 60 (1996), 661–690
Eichenhofer, Eberhard	Rückgriff des Sozialhilfeträgers aufgrund vorangegangener Vermögensverfügungen unter Lebenden oder von Todes wegen, NDV 1999, 82–89/111–120
Enneccerus, Ludwig/ Kipp, Theodor/ Wolff, Martin	Lehrbuch des bürgerlichen Rechts, Band 2: Recht der Schuldverhältnisse, 15. Auflage, Tübingen 1958
Erman, Walter	Kommentar zum BGB, Band 1: §§ 1–758, AGG, UKlaG, Hrsg. Westermann, Harm Peter, 12. Auflage, Köln 2008

Kommentar zum BGB,
Band 2: §§ 759–2385, ProdHaftG, ErbbauRG, HausratsVO, VAHRG, LPartG, WEG, EGBGB,
Hrsg. Westermann, Harm Peter,
12. Auflage, Köln 2008

Esser, Josef/ Weyers, Hans-Leo — Schuldrecht,
Band 2: Besonderer Teil, Teilband 1: Verträge,
16. Auflage, Heidelberg 1998

Eupen, Marcel J. — Sozialhilferegress nach Immobilienübertragung mit Wohnungsrecht durch vorweggenommene Erbfolge, GE 2010, 590–598

Sozialhilferegress nach Immobilienschenkung im Wege vorweggenommener Erbfolge,
GE 2010, 1398–1402

Everts, Arne — Wohnungsrecht und Heimaufnahme,
ZEV 2004, 495–499

Fichtner, Otto/ Wenzel, Gerd — Kommentar zum SGB XII – Sozialhilfe (mit AsylbLG), 4. Auflage, München 2009

Flume, Werner — Allgemeiner Teil des BGB,
Band 2: Das Rechtsgeschäft,
4. Auflage, Berlin [u. a.] 1992

Franzen, Martin — Der Rückforderungsanspruch des verarmten Schenkers nach § 528 BGB zwischen Geschäftsgrundlagenlehere, Unterhalts- und Sozialhilferecht, FamRZ 1997, 528–536

Frieser, Andreas — Fachanwaltskommentar Erbrecht,
Hrsg. Frieser, Andreas,
3. Auflage, Köln 2008

Frings, Michael — Überleitungsfähigkeit des Wohnungsrechts auf Sozialhilfeträger?, SRa 2009, 201–204

Germer, Manfred — Rückforderung der Schenkung wegen Verarmung des Schenkers, BWNotZ 1987, 61–65

Gernhuber, Joachim — Handbuch des Schuldrechts, Band 3: Die Erfüllung und ihre Surrogate sowie das Erlöschen der Schuldverhältnisse aus anderen Gründen, 2. Auflage, Tübingen 1994

Kurzkommentar zum Urteil des BGH vom 14.6.1995 – IV ZR 212/94, EWiR 1995, 749–750

Gitter, Wolfgang — Anmerkung zu BGH vom 20.12.1985 – V ZR 66/85, JR 1986, 412

Der Einfluß des Sozialrechts auf die Vertragsgestaltung, DNotZ 1984, 595–615

Grube, Christian/Wahrendorf, Volker — Kommentar zum SGB XII: Sozialhilfe mit AsylbLG, 3. Auflage, München 2010

Grziwotz, Herbert/Dauner-Lieb, Barbara — Anwaltkommentar zum BGB, Band 3 : Sachenrecht, §§ 854–1926, 2. Auflage, Baden-Baden 2008

Gühlstorf, Torsten — Nochmals: Die Überleitung von Ansprüchen aus einem Wohnrecht – Die neuen Entscheidungen des BGH –, ZfF 2009 265–270

Gühlstorf, Torsten/Ette, Holger — Die Überleitung von Ansprüchen aus einem Wohnrecht – Die aktuelle Entscheidung des BGH, ZfF 2007, 265–270

Die „Schenkung“ eines mit einem Nießbrauch belasteten Grundstücks und seine Rückforderung durch den Sozialhilfeträger, ZfF 2008, 13–16

Jauernig, Othmar | Kommentar zum BGB, 13. Auflage, München 2009

Juris Praxiskommentar | Kommentar zum BGB, Band 2: Schuldrecht, Hrsg. Junker, Markus/Beckmann, Michael [u. a.], 5. Auflage, Saarbrücken 2010

Günther, Dirk-Carsten | Schenkungen zu Lasten der Sozialhilfe, NZS 1994, 66–70

Haarmann, Carl-Richard | Die Geltendmachung von Rückforderungsansprüchen aus § 528 BGB durch den Träger der Sozialhilfe nach dem Tode des Schenkers, FamRZ 1996, 522–527

Haug, Karl H. | Die Amtshaftung des Notars: Handbuch der Berufspflichten unter besonderer Berücksichtigung der gesamten Haftpflicht-Rechtsprechung des Bundesgerichtshofes, München 1989

Heidel, Thomas/ Dauner-Lieb, Barbara | Anwaltkommentar zum BGB, Band 1: Allgemeiner Teil mit EGBGB, Bonn 2005

Heiter, Norbert | Rückgewährhaftung mehrerer Beschenkter nach § 528 Abs. 2, JR 1985, 313–319

Henckel, Wolfram | Die ergänzender Vertragsauslegung, AcP 159 (1960), 106–126

Herrler, Sebastian	Das Wohnungsrecht im Überlassungsvertrag – Anmerkungen zu den Urteilen des BGH v. 9.1.2009 – V ZR 168/07 – und v. 6.2.2009 – V ZR 130/08 –, DNotZ 2009, 408–424
Herrmann, Elke	Vollzug von Schenkungen nach § 518 II BGB, Hamburg 1978
	Vollzug von Schenkungen nach § 518 II BGB, MDR 1980, 883–889
Holzkämper, Volker	Die Überleitung des Schenkungsrückforderungsanspruches gemäß § 528 Abs. 1 BGB nach dem Tode des Schenkers, ZFSH/SGB 1995, 430–432
Hörlbacher, Thomas	Die vertragliche Modifizierbarkeit des Rückforderungsanspruchs des Schenkers wegen Notbedarfs nach § 528 BGB, ZEV 1995, 202–206
Hußmann, Wolfram	„Sozialhilferegress": Überleitung und Übergang von Ansprüchen nach der Reform des Sozialrechts durch „Hartz IV", ZEV 2005, 54–60
Ivo, Malte	Die Erbschaftsausschlagung eines Sozialhilfeempfängers, FamRZ 2003, 6–9
Jakoby, Markus	Zur Schenkung im Grundstücksrecht, Rpfleger 1994, 49–51
Jehle, Otto	Anwendungsbereich und Grenzen der Anspruchsüberleitung nach § 90 BSHG, ZfSH 1966, 65–75

Jülicher, Hans-Oskar/ Klinger, Bernhard F. Die Ausschlussfrist beim Pflichtteilsergänzungsanspruch, NJW-Spezial 2004, 253

Karpen, Stefan Die Bedeutung der Vorschriften des Sozialhilferechts für die notarielle Vertragsgestaltung, MittRhNotK 1988, 131–151

Kerscher, Karl-Ludwig/ Riedel, Christopher/ Lenz, Nina Pflichtteilsrecht in der anwaltlichen Praxis: Erfolgreiche Durchsetzung und Abwehr von Pflichtteils- und Pflichtteilsergänzungsansprüchen, 3. Auflage, Bonn 2002

Klinger, Bernhard F./ Maulbetsch, Thomas Vorweggenommene Erbfolge und Sozialhilferegress, NJW-Spezial 2004, 301

Klinger, Bernhard F./ Roth, Wolfgang Wohnungsrecht und auswärtige Heimunterbringung - Zahlungsfalle für den Verpflichteten?, NJW-Spezial 2004, 157

Klinger, Roland/ Kunkel, Peter-Christian/ Peters, Karen Sozialhilferecht: SGB XII mit SGB II und AsylbLG, 2. Auflage, Baden-Baden 2007

Kluge, Friedrich Etymologisches Wörterbuch der deutschen Sprache, 24. Auflage, Berlin [u. a.] 2002

Knütel, Rolf Anmerkung zum Urteil des BGH vom 3.2.1989 – V ZR 190/07, JR 1989, 378–379

§ 822 BGB und die Schwächen unentgeltlichen Erwerbs, NJW 1989, 2504–2509

Koch, Elisabeth Die Bestandskraft von Schenkungen bei späterer Inanspruchnahme von Sozialhilfe, JR 1993, 313–317

Kohler, Walter — Ausgewählte Probleme des Sozialhilferechts im Bereich materieller Vertragsgestaltung und des Betreuungsrechts – Ergebnisse zweier Fortbildungsveranstaltungen am 27. und am 28. Juni 2000, BWNotZ 2001, 54–63

Kollhosser, Helmut — Aktuelle Fragen der vorweggenommenen Erbfolge, AcP 194 (1994), 231–264

Anmerkung zum Beschluss des BGH vom 16.9.1993 – V ZR 246/92, ZEV 1994, 50–51

Verfügbarkeit und Vererblichkeit des Rückforderungsanspruchs aus § 528 Abs. 1 Satz 1 BGB, ZEV 1995, 391–396

Der Rückforderungsanspruch des verarmten Schenkers aus § 528 Abs. 1 Satz 1 BGB – Entstehung, Fortbestand, Vererblichkeit, Pfändbarkeit –, ZEV 2001, 289–293

Kollhosser, Helmut/ Jansen, Christina — Konfusion, JA 1988, 305–311

Kornexl, Thomas — Anmerkung zum Urteil des BGH vom 21.9.2001 – V ZR 14/01, ZEV 2002, 117–118

Krauß, Hans-Frieder — Überlassungen und Übergaben im Lichte des Sozialrechts, MittBayNot 1992, 77–102

Der Rückforderungsnaspruch wegen Verarmung des Schenkers im Kontext des Sozialhilferechts, ZEV 2001, 417–425

Aktuelle gesetzliche Änderungen beim Sozialleistungsregress, MittBayNot 2002, 248–251

Sozialfürsorgerecht 2005: Neuerungen im Rahmen des SGB XII und SGB II, MittBayNot 2004, 330–334

Sozialhilferegress bei Schenkung von Schonvermögen – zugleich Besprechung der Entscheidung des BGH vom 19.10.2004 – X ZR 2/03, MittBayNot 2005, 349–357

Ortsgebundene Leistungen bei Auszug des Berechtigten in ein Pflegeheim – Anmerkung zum Urteil des BGH vom 19.1.2007 – V ZR 163/06, NotBZ 2007, 129–131

Anmerkung zum Urteil vom 17.12.2009 – Xa ZR 6/09; Rückforderung wegen Verarmung: Abwendung der Zahlungspflicht durch Angebot auf Rückübertragung des gesamten Geschenks, NotBZ 2010, 141–143

Kreikebohm, Ralf/ Spellbrink, Wolfgang/ Waltermann, Raimund — Kommentar zum Sozialrecht: EWG-VO 1408/71, SGB I bis SGB XII, SGG, BaföG, BEEG, WoGG, München 2009

Kropholler, Jan — Studienkommentar zum BGB, 12. Auflage, München 2010

Kruse, Jürgen/ Reinhard, Hans-Joachim/ Winkler, Jürgen [u. a.] — Kommentar zum SGB XII: Sozialhilfe, 2. Auflage, München 2009

Krüger, Wolfgang — Hausübergabe gegen Versorgung, ZNotP 2010, 2–6

Lange-Parpart, Stefan Die Reallast als Sicherungsmittel in der notariellen Praxis, RNotZ 2008, 377–408

Larenz, Karl Ergänzende Vertragsauslegung und dispositives Recht, NJW 1963, 737–741

Lehrbuch des Schuldrechts, Band 1: Allgemeiner Teil, 14. Auflage, München 1987

Lehrbuch des Schuldrecht, Band 2: Besonderer Teil, Halbband 1, 13. Auflage, München 1986

Larenz, Karl/ Canaris, Claus-Wilhelm Lehrbuch des Schuldrechts, Band 2: Besonderer Teil, Halbband 2, 13. Auflage, München 1994

Larenz, Karl/ Wolf, Manfred Allgemeiner Teil des Bürgerlichen Rechts, 9. Auflage, München 2004

Littig, Thomas Anmerkung zum Urteil des BGH vom 23.1.2003 – V ZB 48/02, ZErb 2003, 260–261

Rückgriff auf Angehörige im Pflegefall, München 2006

Littig, Thomas/ Mayer, Jörg Sozialhilferegress gegenüber Erben und Beschenkten, Bonn 1999

Litzenburger, Wolfgang Anmerkung zum Urteil des BGH vom 6.2.2009 – V ZR 130/08, ZEV 2009, 256

Das Bedürftigentestament – Erbfolgegestaltung zu Gunsten von Langzeitarbeitslosen (Hartz-IV-Empfängern),
ZEV 2009, 278–281

Marburger, Friedrich/ Schiffer, Harald — Broschüre Arbeitslosengeld II, Sozialgeld, Sozialhilfe, Hrsg. Arbeitskammer des Saarlandes, Abteilung Öffentlichkeitsarbeit,
4. Auflage, Saarbrücken 2010

Maurer, Hartmut — Allgemeines Verwaltungsrecht,
17. Auflage, München 2009

Mayer, Jörg — Die Rückforderung der vorweggenommenen Erbfolge, DNotZ 1996, 604–630

Anmerkung zum Urteil des VG Gießen vom 29.11.1999 – 6 G 2321/99,
DNotZ 2001, 786–791

Pflegeverpflichtung und Sozialhilferegress – Zugleich Anmerkung zum Urteil des BGH vom 21.9.2001 – V ZR 14/01,
MittBayNot 2002, 152–155

Anmerkung zum Beschluss des OLG Stuttgart vom 25.6.2001 – 8 W 494/99,
ZEV 2002, 369–370

Anmerkung zum Urteil des BGH vom 23.1.2003 – V ZB 48/02,
MittBayNot 2004, 181–183

Wohnungsrecht und Sozialhilferegress,
DNotZ 2008, 672–687

Mayer, Norbert — Fragen der Pflichtteilsergänzung bei vorweggenommener Erbfolge – Gestaltungsmöglichkeiten nach der neuesten Rechtsprechung, ZEV 1994, 325–330

Mayer, Ulrich — Abschied vom Altenteil?, Rpfleger 1993, 320–321

Medicus, Dieter/ Petersen, Jens — Bürgerliches Recht, 22. Auflage, Köln 2009

Medicus, Dieter — Allgemeiner Teil des BGB, 10. Auflage, Heidelberg [u. a.] 2010

Mensch, Sebastian — Sozialrechtliche Fragestellungen im Problemkreis der notariellen Praxis, BWNotZ 2009, 162–171

Meyer, Wilhelm — Der Übergabevertrag, Köln 1935

Milzer, Lutz — Varianten von dinglichen Wohnrechten, BWNotZ 2005, 136–145

Mleczko, Klaus — Anmerkung zum Urteil des BGH vom 22.4.2010 – Xa ZR 73/07; Verjährung eines auf Teilwertersatz gerichteten Schenkungsrückforderungsanspruchs bei Grundstücksschenkung, jurisPR-FamR 8/2011 Anm. 2

Müller, Christian — Der Rückgriff gegen Angehörige von Sozialleistungsempfängern, 5. Auflage, Baden-Baden 2008

Müller, Wilhelm — Die gemischte Schenkung, JherJb. 48 (1904), 209–240

Müller-von Münchow, Michael — Löschung eines Wohnungsrechts bei Wegzugsklausel – Ergänzung zu *Zimmer*, ZEV 2009, 549–550

Münchener Kommentar — Kommentar zum BGB,
Band 1, 1. Halbband: §§ 1–240, ProstG,
Hrsg. Säcker, Franz Jürgen/Rixecker, Roland,
5. Auflage, München 2006

Kommentar zum BGB,
Band 2: Schuldrecht Allgemeiner Teil, §§ 241–432,
Hrsg. Säcker, Franz Jürgen/Rixecker, Roland,
5. Auflage, München 2007

Kommentar zum BGB,
Band 3: Schuldrecht Besonderer Teil, §§ 433–610,
Finanzierungsleasing, HeizkostenV,
BetriebskostenV, CISG,
Hrsg. Säcker, Franz Jürgen/Rixecker, Roland,
5. Auflage, München 2008

Kommentar zum BGB,
Band 5: Schuldrecht Besonderer Teil III, §§ 705–853, PartGG, ProdHaftG,
Hrsg. Säcker, Franz Jürgen/Rixecker, Roland,
5. Auflage, München 2009

Kommentar zum BGB,
Band 6: Sachenrecht, §§ 854–1296, WEG,
ErbbauRG,
Hrsg. Säcker, Franz Jürgen/Rixecker, Roland,
5. Auflage, München 2009

Kommentar zum BGB,
Band 8: Familienrecht II, §§ 1589–1921, SGB VIII,
Hrsg. Säcker, Franz Jürgen/Rixecker, Roland,
5. Auflage, München 2008

Kommentar zum BGB,
Band 9: Erbrecht, §§ 1922–2385, §§ 27–35 BeurkG,
Hrsg. Säcker, Franz Jürgen/Rixecker, Roland,
5. Auflage, München 2010

Kommentar zum BGB,
Band 11: Internationales Privatrecht, EGBGB
(Art. 25–248),
Hrsg. Säcker, Franz Jürgen/Rixecker, Roland,
5. Auflage, München 2010

Münder, Johannes Die Überleitung von Ansprüchen in der Sozialhilfe – §§ 90 ff. BSHG, ZfSH/SGB 1985, 248–256

Verwaltungsrechtliche Aspekte der Überleitung von (Unterhalts-) Ansprüchen in der Sozialhilfe, NVwZ 1993, 1031–1036

Der sozialhilferechtliche Übergang von Ansprüchen gegen zivilrechtlich Unterhaltspflichtige, NJW 2001, 2201–2210

Münder, Johannes/ Armbost, Christian/ Berlit, Uwe [u. a.] Lehr- und Praxiskommentar zum SGB XII: Sozialhilfe, 8. Auflage, Baden-Baden 2008

Oertmann, Paul Kommentar zum BGB, Teil 2: Das Recht der Schuldverhältnisse, 3. und 4. Auflage, Berlin 1910

Die Geschäftsgrundlage: ein neuer Rechtsbegriff, Leipzig [u. a.] 1921

Oetker, Hartmut/ Maultzsch, Felix Vertragliche Schuldverhältnisse, 3. Auflage, Berlin [u. a.] 2007

Olzen, Dirk Die vorweggenommene Erbfolge, Paderborn [u. a.] 1984

Palandt, Otto	Kommentar zum BGB, 70. Auflage, München 2011
Plagemann, Hermann	Münchener Anwaltshandbuch Sozialrecht, 3. Auflage, München 2009
Probst, Martin	Anmerkung zum Urteil des BGH vom 14.6.1995 – IV ZR 212/94, JR 1996, 196–197
Prütting, Hanns/ *Wegen, Gerhard/* *Weinreich, Gerd*	Kommentar zum BGB, 6. Auflage, Köln 2011
Regelsberger, Ferdinand	Vertrag mit zusammengesetztem Inhalt oder Mehrheit von Verträgen, JherJb. 48 (1904), 453–466
Reichsgerichtsräte- *kommentar*	Kommentar zum BGB, Band 2, 2. Teil: §§ 414–610, Hrsg. Mitglieder des Bundesgerichtshofes, 12. Auflage, Berlin [u. a.] 1978
Reinicke, Dietrich	Die Bewirkung der schenkweise versprochenen Leistung – Eine Besprechung der Entscheidung des BGH vom 6.3.1970 – V ZR 57/67, NJW 1970, 1447–1450
Reinicke, Michael	Bedarf die Vereinbarung eines unentgeltlichen schuldrechtlichen Wohnrechts auf Lebenszeit der Form des § 518 Abs. 1?, JA 1982, 326–329
Reymann, Christoph	Schwiegerkinderzuwendungen im steuerlichen und zivilrechtlichen Zielkonflikt, ZEV 2006, 55–65

Rosendorfer, Sylvia Überleitung von Ansprüchen aus Überlassungsverträgen auf den Sozialhilfeträger, MittBayNot 2005, 1–10

Rothkegel, Ralf Strukturprinzipien des Sozialhilferechts: Bestand, Bedeutung und Bewertung, Baden-Baden 2000

Der Bedarfsdeckungsgrundsatz der Sozialhilfe, ZfSH/SGB 2000, 259–275

Ruby, Gerhard „Sozialhilferegress“: Der Anspruch auf Herausgabe der Schenkung bei Verarmung des Schenkers als sozialrechtlicher Überleitungsgegenstand, ZEV 2005, 102–106

Rundel, Sylvia Rückforderung wegen Verarmung des Schenkers bei mehreren Beschenkten, MittBayNot 2003, 177–186

Schellhorn, Walter/ Schellhorn, Helmut/ Hohm, Karl-Heinz Kommentar zum SGB XII: Sozialhilfe, 18. Auflage, Köln 2010

Schellhorn, Walter Anmerkung zum Urteil des BGH vom 14.6.1995 – IV ZR 212/94, FuR 1995, 308

Scheuber, Stefanie/ Roth, Wolfgang Wertersatz bei Rückabwicklung einer Grundstücksschenkung, NJW-Spezial 2009, 567

Schiemann, Gottfried Anmerkung zum Urteil des BGH vom 18.5.1999 – X ZR 158/97, JZ 2000, 570–572

Schindler, Andreas — Fristlauf bei pflichtteilsergänzungsrechtlichen Schenkungen, ZEV 2005, 290–295

Schippel, Helmut/ Bracker, Ulrich — Kommentar zur BNotO, 9. Auflage, München 2011

Schippers, Josef Christian — 10-Jahres-Frist und Nießbrauchsvorbehalt beim Rückforderungsanspruch des verarmten Schenkers (§§ 528, 529 BGB) – Kann eine zeitliche „Schwelle“ sich zur „Hürde“ wandeln? –, RNotZ 2006, 42–55

Schmidt, Karsten — Anmerkung zum Urteil des BGH vom 30.4.1980 – V ZR 56/79, JuS 1981, 295

Anmerkung zum Urteil des BGH vom 16.9.1993 – V R 246/92, JuS 1994, 435–436

Anmerkung zum Urteil des BGH vom 25.4.2001 – X ZR 229/99, JuS 2001, 87–88

Schneider, Egon — Anmerkung zum Urteil des OLG Celle vom 13.7.1998 – 4 W 129/98, MDR 1999, 87–88

Schulte, Bernd — Der Nachrang der Sozialhilfe gegenüber Möglichkeiten der Selbsthilfe und Leistungen von dritter Seite – Einsatz der Arbeitskraft, Einsatz von Einkommen und Vermögen, Inanspruchnahme Dritter, NJW 1989, 1241–1246

Schultz, Karlheinz — Aussetzung eines Rechtsstreits bei Anfechtung einer Überleitungsanzeige, MDR 1983, 101–102

Schulz, Erika/ Leidl, Reiner/ König, Hans-Helmut
Auswirkungen der demographischen Entwicklung auf die Zahl der Pflegefälle – Vorausschätzungen bis 2020 mit Ausblick auf 2050, DIW Diskussionspapier Nr. 240, Januar 2001, 1–37

Schulze, Reiner/ Dörner, Heinrich/ Ebert, Ina
Handkommentar zum BGB, 6. Auflage, Baden-Baden 2009

Schulze zur Wiesche, Dieter
Gemischte Schenkung und Schenkung unter Auflage aus steuerlicher Sicht, NJW 1975, 2089–2093

Schwarz, Günter Christian
Privatrechtliche Versorgungsansprüche und sozialhilferechtliches Subsidiaritätsprinzip, ZEV 1997, 309–316

Vermögensübertragung und Pflegefallrisiko, JZ 1997, 545–549

Seibert, Ulrich
Erfüllung und Konvaleszenz – Eine Untersuchung über den Zusammenhang zwischen dem Erfüllungstatbestand des § 362 und den Heilungsvorschriften des BGB, JZ 1981, 380–384

Servatius, Wolfgang
Vormerkung und Erbgang – Ein Lehrstück juristischer Methodenlehre, JuS 2006, 1060–1065

Seyfarth, Sebastian
Schenkungsrückforderung wegen Notbedarfs – Eine Untersuchung zur Geschichte und gegenwärtigen Dogmatik des Rückforderungsanspruchs des verarmten Schenkers gemäß § 528 BGB, Tübingen 1998

Skibbe, Manfred Anmerkung zum Urteil des BGH vom 11.3.1994 – V ZR 188/92, ZEV 1994, 255–256

Soergel, Hans Theodor Kommentar zum BGB, Band 2: Allgemeiner Teil 2: §§ 104–240, 13. Auflage, Stuttgart [u. a.] 1999

Kommentar zum BGB, Band 2: Schuldrecht 1: §§ 241–432, 12. Auflage, Stuttgart [u. a.] 1990

Kommentar zum BGB, Band 2: Schuldrecht 3,1: §§ 516–651, 12. Auflage, Stuttgart [u. a.] 1998

Kommentar zum BGB, Band 16: Sachenrecht 3: §§ 1018–1296, 13. Auflage, Stuttgart [u. a.] 2001

Speckmann, Werner Der Beginn der Zehnjahresfrist für die Berücksichtigung von Schenkungen beim Pflichtteilsergänzungsanspruch, NJW 1978, 358–359

Spellenberg, Ulrich Verbotene Schenkungen gebundener Erblasser in der Rechtsprechung, NJW 1986, 2531–2540

Spiegelberger, Sebastian Vermögensnachfolge, München 1994

Zur Dogmatik der voweggenommenen Erbfolge, FS 50 Jahre Deutsches Anwaltsinstitut e. V., Recklinghausen 2003, 413–437

Spieker, Ulrich Anmerkung zum Beschluss des BFH vom 23.6.2010 – II B 32/10; Schenkungsteuer bei lebzeitigen Verzicht auf dingliches Wohnrecht, jurisPF-FamR 2/2011 Anm. 3

Staudinger, Julius von Kommentar zum BGB, EGBGB: Art. 1, 2, 50–218 (Inkrafttreten, Verhältnis zu anderen Vorschriften, Übergangsvorschriften), Red. Rawert, Peter, Berlin 2005

Kommentar zum BGB, Buch 1: Allgemeiner Teil, §§ 134–163 (Allg. Teil 4), Red. Habermann, Norbert, Berlin 2003

Kommentar zum BGB, Buch 1: Allgemeiner Teil, §§ 164–240 (Allg. Teil 5), Red. Habermann, Norbert, Berlin 2009

Kommentar zum BGB, Buch 2: Recht der Schuldverhältnisse, §§ 397–432 (Erlass, Abtretung, Schuldübernahme, Mehrheit von Schuldnern und Gläubigern), Red. Löwisch, Manfred, Berlin 2005

Kommentar zum BGB, Buch 2: Recht der Schuldverhältnisse, §§ 516–534 (Schenkungsrecht), Red. Martinek, Michael, Berlin 2005

Kommentar zum BGB,
Buch 3, Sachenrecht, ErbbauRG, §§ 1018–1112 (Erbbaurecht, Dienstbarkeiten, Vorkaufsrecht, Reallasten),
Red. Wiegand, Wolfgang,
Berlin 2009

Vaupel, Christian — Der Sozialhilferegress in der notariellen Praxis, RNotZ 2009, 497–528

Vollkommer, Max — Anmerkung zum Urteil des BGH vom 16.9.1993 – V ZR 246/92, EWiR 1994, 235–236

Kurzkommentar zum Urteil des BGH vom 24.4.2001 – X ZR 229/99, EWiR 2002, 329–330

Vollkommer, Max/ Schwaiger, Lutz — Anmerkung zum Urteil des BGH vom 14.6.1995 – IV ZR 212/94, JZ 1996, 633–636

Volmer, Michael — Neue Gestaltungsmöglichkeiten gegen die Überleitung von Versorgungsansprüchen auf die Sozialhilfe, MittBayNot 2009, 276–282

Wahl, Ernst — Vertragliche Versorgungsrechte in Übergabeverträgen und sozialrechtliche Ansprüche, Bayreuth 1989

Weber, Christoph — Anmerkung zum Urteil des BGH vom 6.2.2009 – V ZR 130/08, JR 2010, 164–165

Westermann, Harm Peter — Störungen bei vorweggenommener Erbfolge, FS für Alfred Kellermann zum 70. Geburtstag, 1991, ZGR 1991 Sonderheft 10, 505–527

Westhoff, Franz Fragen zur vorweggenommenen Erbfolge, DB 1972, 809–814

Weyland, Ute Pflegverpflichtung in Übergabeverträgen, MittRhNotK 1997, 55–75

Wilhelm, Elli Übergabe-, Altenteils- und Schenkungsverträge, NDV 1998, 171–179

Wilhelms, Fritz Zur Tatbestandswirkung von Verwaltungsakten, NJ 2005, 337–343

Wimmer-Leonhardt, Susanne Anmerkung zum Urteil des BGH vom 7.11.2006 – X ZR 184/04, ZEV 2007, 136–137

Winkler, Karl Kommentar zum BeurkG, 6. Auflage, München 2008

Wirich, Alexander Das Leibgeding im Landesrecht unter besonderer Berücksichtigung des Wohnrechts, ZEV 2008, 372–376

Wirich, Alexander Aktuelles zu Altenteil und Leibgeding, ZErb 2009, 229–235

Wolf, Gerald Das Leibgeding – ein alter Zopf? – Zugleich eine Besprechung der Entscheidungen des OLG Köln vom 1.4.1992; LG Bamberg vom 15.4.1993 MittBayNot 1993 S. 154 ff.; BayObLG vom 26.4.1993 BayOblGZ 1993 Nr. 46 MittBayNot 1993 S. 208 ff.; Pfälzisches OLG Zweibrücken vom 26.10.1993, MittBayNot 1994, 117–119

Wüllenkemper, Dirk Zur Abtretbarkeit des Rückforderungsanspruchs des verarmten Schenkers, JR 1988, 353–358

Zeranski, Dirk Der Rückforderungsanspruch des verarmten Schenkers, Berlin 1998

Die postmortale Überleitung des Rückforderungsanspruchs des verarmten Schenkers durch den Sozialhilfeträger, NJW 1998, 2574–2576

Zimmer, Maximilian Vertraglich vereinbarte Rückübertragungsansprüche bei Geschäftsunfähigkeit des Übergebers, ZEV 2006, 381–385

Wohnungsrecht und Heimunterbringung, ZEV 2009, 382–385

Zöller, Thomas Anmerkung zum Urteil des BGH vom 14.6.1995 – IV ZR 212/94, JA 1996, 369–372

Zöller, Richard Kommentar zur ZPO, 28. Auflage, Köln 2010

Schriftenreihe zum deutschen und internationalen Erbrecht

Herausgegeben von Christina Eberl-Borges und Rudolf Meyer-Pritzl

Band 1 Tina Meyer-Dulheuer: Gestaltungsformen des Behindertentestamentes. Unter besonderer Betrachtung der Vermächtnislösung und des Berliner Testamentes. 2009.

Band 2 Anna-Kathrin Schwedler: Die ärztliche Therapiebegrenzung lebenserhaltender Maßnahmen auf Wunsch des Patienten. Ein Rechtsvergleich zwischen Deutschland und Frankreich unter besonderer Berücksichtigung des Patientenverfügungsgesetzes in der Bundesrepublik Deutschland. 2010.

Band 3 Miriam Hollstein: Die Nichtigkeit letztwilliger Verfügungen wegen Verstoßes gegen das gesetzliche Verbot aus § 14 Abs. 1, 5 HeimG vor und nach der Föderalisierung des Heimrechts. 2011.

Band 4 Ansgar Kregel-Olff: Der Einfluss der Europäischen Menschenrechtskonvention und der Rechtsprechung des Europäischen Gerichtshofs für Menschenrechte auf das deutsche Erbrecht. 2011.

Band 5 Karl Ehler: Vom nachlassgerichtlichen Vermittlungsverfahren zum Konsiliarverfahren bei der Auseinandersetzung von Erbengemeinschaften. 2013.

Band 6 Ove Reinbender: Sozialhilferegress nach Grundbesitzübertragung in vorweggenommener Erbfolge unter Vorbehalt eines dinglichen Wohnrechts. 2014.

www.peterlang.com